高中体育结构化重组教学

学科核心素养视域下高中体育与健康专项课程教学结构化内容体系研究：以篮球为例

陈峰 著

上海教育出版社
SHANGHAI EDUCATIONAL PUBLISHING HOUSE

序

搞好体育教学,看似简单,实则艰难!

说其简单,是因为在很长一段时间内,不少的体育教学似乎就是"学生来了发个球,学生走了头碰头",懂体育的,不懂体育的,似乎都可以做体育教师。及至今日,尽管对体育教师的资质要求越来越高,教学规范也越来越严,但仍然还有不少体育教师在教自己根本就不擅长的项目。这"看似简单"的背后,反映了体育说起来比做起来重要的流弊从未根除。

说其艰难,是因为长久以来,体育教学在其基本目标上建树甚微。比如,"教者强令,学者顺应"反映出来的身顺心违的问题,"上了十几年体育课却没学会一项技能"隐含的技能教学乏力的问题。这"实则艰难"的背后,反映了体育界对体育教学规律的探寻不够深入。

在探寻体育教学规律的道路上,上海是一个不可忽视的坐标点。2012年,上海市开始推行体育课程教学的"三化"改革。所谓"三化",即小学体育兴趣化、初中体育多样化、高中体育专项化。此项改革希望通过小学阶段的兴趣激发、初中阶段的多样体验、高中阶段的专项提升之贯通路径,切实提升学生的体育素养。

"三化"改革对中小学学校以符合体育教学规律的方式开展工作起到了重要的推进作用。明显的证据就是,其后国家相继出台的《普通高中体育与健康课程标准(2017年版2020年修订)》《义务教育体育与健康课程标准(2022年版)》均有"三化"改革理念的痕迹。"三化"改革让上海市的中小学体育界很是"热闹"了一阵,各种类型的教研活动此起彼伏,多个层次的师资培训持续开展,不同性质的指导文本推陈出新。

在为改革而投入的"热闹"人群中,陈峰老师是一个比较独特的存在。他既为改革而行动,也为改革而沉思。这本《高中体育结构化重组教学》,就是他行与思的成果。通读此书，令人印象深刻是，陈峰老师及其团队以篮球为例，通过"自上而下的解构"与"自下而上的建构"两条路径，形成了一种结构化内容的组建方式。

"结构化"是当前体育与健康课程改革的一个"热词"，也是引导体育与健康课程改革取得突破的一个重要概念。在体育课程与教学的语境中，如何对其含义进行准确阐述，进而引导改革行动冲破迷雾，是一个需要重视的问题。从陈峰老师的这本书中，我们或许可以得到一些启示。

上海体育大学党委常委、副校长

唐炎

2024 年 3 月

前　言

随着《中国学生发展核心素养》《普通高中体育与健康课标准（2017年版2020年修订）》《义务教育课程方案（2022年版）》的相继出台，中国学校体育正式步入了"核心素养"教育时代。此次核心素养导向的体育课程教学改革是在全球信息化时代转型背景下和国际教育发展的真实接轨，是从知识本位走向素养本位的革新，是从以教为主走向以学为主的转型，是从学科割裂走向学科融合的统整，是对以往传统体育课程进行的全面"升级"和"换代"。

自第八次全国课程教学改革以来，以目标统领内容已成为新课程改革的显著标志和明确要求，体育课堂教学逐渐呈现出生动、开放、自主的景象，但同时也暴露出教学实践中的诸多问题，如教师缺乏整体性理念、教学内容选择困难、学生两极分化严重等。这些问题制约了体育与健康新课程改革步伐的有效迈进，也对体育教师的专业化发展产生了不利影响。同时，一线教师感到教学压力大、训练负担重，几乎无成就感可言。

经调查研究发现，导致此现象的主要原因有三：其一，体育教师在课程内容及教材内容的教授过程中，未能充分掌握教学化转换的操作性方法与理论指导；其二，体育教师对于教学内容的整体性与系统化安排缺乏经验；其三，体育专项课程教学内容转化技术及工具的支持不足。通俗一点说，就是大多数高中体育教师不知道180课时的具体教学内容是什么，如何组织编排，而僵化的教学内容设计无法满足学生的需求。为了改变这种情况，我们需要将"死"的、固化的教学内容转变为"活"的、灵动的教学内容，服务一线教师。因此，亟须研究教学设计如何根据课程教学目标转变发生重大改变。

核心素养导向的课程改革带来了深刻的变化，教学内容是实现课程目标的重要载体，与教学目标、方法、过程相互关联、相互支持。教学内容应与教学目标一致，教学方法应与教学内容匹配，教学过程应与内容、方法紧密关联。它们协调一致的关系,有助于教师有效地组织和实施教学,促进学生全面发展和核心素养的达成。

本书以高中体育结构化重组教学为切入点,选取篮球为例,重点讨论专项课程教学内容结构化、专项课程教学结构化内容与结构化内容体系在这场范式层面的体育课程教学改革中的应然进路和应用价值。

高中体育结构化重组教学包括建构专项课程教学结构化内容体系、结构化重组设计以及实施结构化重组教学。通过统筹学习过程,合理安排学习活动的起点、进阶和顺序,可以帮助学生建立结构化的学科思维和认知模式,提升综合运用能力。

结构化重组教学关注学生主动参与和体验式学习,促进运动认知发展,提高学习效果;运用多样化的教学手段和方法,激发学生的学习兴趣,增强学生的学习动机。结构化重组教学全面设计结构化内容、方法和过程,有利于教师了解学生的学习需求和水平,实施个性化教学指导和发展计划,促进学生个性化发展。结构化重组教学助力跨学科内容整合,将体育与健康学科与其他学科(如生物学、心理学、社会学等)相融合,推动学科交叉学习,培养综合能力和综合素养。

全书共分为七章:第一、二章主要探讨高中体育专项课程结构化重组教学,通过分析教师和学生的现状,发现存在的问题和不足,建构篮球课程教学结构化内容体系;第三至第五章从教学实践出发,以"第一性原理"和"金字塔原理"作为高中体育专项课程教学结构化内容体系的建构基础,深入解读体育与健康新教材,运用课程结构化思维对篮球课程的教学进行结构化重组与设计,并探索、优化和佐证实践的经验。第六章介绍篮球课程结构化重组教学的数字化工具的开发流程和使用方法,为体育教学数字化转型提供了实践经验。第七章探讨"迁移"这一教育学的重要命题,实现从篮球课程教学向其他运动专项的辐射和迁移。

本书致力于为高中体育教师提供专项课程整体教学设计的技术与工具,旨在提高教学效果与效率,帮助学生获得更全面、系统的体育知识与技能。通过组织教学内容,使之更具连贯性与系统性,学生能更清晰地了解体育知识的结构与关联,并逐步建立起知识体系。这种教学模式有助于学生从简单到复杂、从基础到深入,系统地掌握相关知识与技能。此外,本书是2020年度上海市教育科学研究项目

(第二批)"学科核心素养视域下高中体育与健康专项课程教学结构化内容体系研究"的应用性实践研究成果。

我们认为,教师通过高中体育结构化重组教学,可以深入探索体育教育教学的本质与规律,推动体育教育改革与发展。结构化重组教学,有利于形成教师与学生合作与共同参与的氛围,助力教师优化教学资源配置,合理组织教学活动,从而更好地实现教学目标,提升教学质量。

课程改革的最大动力是教师,最大阻力也是教师。课程改革的重要工作之一就是将教师从阻力状态变为动力状态。体育课程改革需要教师转变角色,从阻力状态变为动力状态,通过结构化重组体育专项课程教学内容,让他们成为教学内容的开发者、学习活动的设计者和教学活动的决策者。同时,教师在参与体育课程建设的过程中,课程意识被唤醒,教学热情被激发,共同分享课程教学改革推进中的喜怒哀乐,最终促进自己的专业化发展。

陈 峰

2024 年 1 月

目 录

第一章 时代转型背景下高中体育教学的思维革新 /1

第一节 学科核心素养导向的高中体育教学 /1

一、课程内容的结构化、情境化 /1

二、深度教学和深度教研 /5

三、项群训练理论 /10

第二节 高中体育专项课程结构化重组教学 /12

一、结构化与组合创新 /14

二、结构化重组教学的内涵 /18

三、结构化重组教学的价值 /20

第二章 高中体育专项课程结构化重组教学的现状研究 /23

第一节 研究框架 /23

一、研究背景 /23

二、研究对象 /29

三、研究目标 /29

四、研究内容 /30

五、研究方法与过程 /30

第二节 针对教师的研究 /35

一、调查问卷的设计与实施 /35

二、调查结果与分析 /35

三、调查结论与建议 /42

第三节 针对学生的研究 /47

一、调查问卷的设计与实施 /48

二、调查结果与分析 /48

　　　　三、调查结论与建议　/54

第三章　高中体育专项课程结构化重组教学的理论基础　/57

　　第一节　结构化重组教学相关概念　/57
　　　　一、结构与结构化　/57
　　　　二、教学内容结构化与结构化内容体系　/59
　　　　三、结构化教学与结构化重组教学　/60
　　第二节　高中体育专项课程教学结构化内容体系的建构基础　/61
　　　　一、第一性原理　/62
　　　　二、金字塔原理　/70

第四章　篮球课程结构化重组教学的建构与设计　/76

　　第一节　高中体育与健康新教材的解读　/77
　　　　一、不同版本教材内容比较分析　/77
　　　　二、专项课程教材内容的设计　/81
　　第二节　自上而下的"解构"　/82
　　　　一、"解构"的基本原则　/82
　　　　二、主要内容和具体内容　/84
　　　　三、明确逻辑顺序　/86
　　　　四、建立关联关系　/86
　　第三节　自下而上的"建构"　/89
　　　　一、篮球课程结构化内容体系　/90
　　　　二、篮球课程基本知识内容体系　/92
　　　　三、篮球技战术内容体系　/100
　　　　四、篮球比赛内容体系　/108
　　　　五、篮球体能内容体系　/110
　　第四节　篮球课程结构化重组教学的设计　/117
　　　　一、整体教学内容结构化设计　/118
　　　　二、单元教学内容结构化设计　/119
　　　　三、课时教学内容结构化设计　/121

第五章 篮球课程结构化重组教学的实践策略 /124

第一节 篮球课程结构化重组教学的组织实施 /124
一、实施要点 /124
二、实施过程 /132

第二节 篮球课程结构化重组教学的实施策略 /161
一、教学内容的选择策略 /161
二、教学方法的选择策略 /167
三、教学情境的创设策略 /171
四、教学过程的组织策略 /174

第三节 篮球课程结构化重组教学的实践成效 /179
一、实验班体育教学质量稳步提升 /179
二、实验班学生篮球综合能力明显增强 /182
三、实验班篮球教师教学能力逐步提高 /183

第六章 篮球课程结构化重组教学的数字工具 /187

第一节 数字工具的设计框架 /187
一、开发思路 /187
二、开发要点 /188
三、开发流程 /188

第二节 数字工具的功能特点 /190
一、功能模块说明 /190
二、功能模块描述 /192
三、功能模块应用 /203

第七章 高中体育专项课程结构化重组教学的项群拓展 /204

第一节 运动技能迁移学习 /205
一、运动技能迁移学习的实践意义 /205
二、运动技能迁移学习的运用逻辑 /206

第二节 基于项群训练理论的高中体育专项课程 /209
一、学校体育运动项目分类 /210
二、项群训练理论对高中体育教学的意义 /211

三、项群训练理论下的高中体育专项课程教学内容分类 /212
第三节 高中体育专项课程教学内容的项群特征与实施要点 /213
一、教学内容的项群特征 /213
二、教学内容的实施要点 /217

参考文献 /220

后 记 /224

第一章 时代转型背景下高中体育教学的思维革新

这是一个"大"时代,课程改革风起云涌,大概念、大单元、大问题、大任务纷至沓来。这又是一个"新"时代,教育创新浩浩荡荡,新课程、新理念、新教学、新教研层出不穷。21世纪以来,科学技术的飞速发展使人们的思维方式和行为模式发生了巨大改变,尤其是在信息技术领域,如移动互联网、人工智能和云计算的快速进步推动教育发展通过数字化转型与社会发展接轨。培养什么样的人才才能应对未来社会的挑战,满足个人、国家和社会发展与进步的需要,是全世界教育组织需要回答的问题。面向未来的教育须以"核心素养"为抓手,已成为世界各国以及各种国际教育组织的共识。基于"核心素养"的基础教育课程教学改革,正是在此背景下应运而生。体育与健康学科作为教育系统重要的组成部分,与其他学科共同肩负着培育学生核心素养的重任。在这场声势浩大的全球教育改革的浪潮中,新思维、新理念、新模式不断涌现,形成了学科核心素养导向的课程教学新样态。

第一节 学科核心素养导向的高中体育教学

一、课程内容的结构化、情境化

当前,人类正在经历着一场从"工业时代"向"信息时代"的大迁徙。时代的转型对人的发展提出了更高的要求,倒逼教育进行深刻的思考和积极的应对。《普通高中体育与健康课标准(2017年版2020年修订)》(以下简称《新课标》)明确指出:"进一步精选了学科内容,重视以学科大概念为核心,使课程内容结构化,以主题为引领,使课程内容情境化,促进学科核心素养的落实。"[1]课程内容的结构化、情境化现已成为深化高中体育与健康课程教学改革,落实学科核心素养形成的关键聚焦点。

(一) 课程内容结构化为核心素养的培育提供了有利条件

结构是万物之本,是存在的方式。结构反映了世界的次序与逻辑。任何事物都有其特定的结构,而这些特定的结构所具备的功能和性质,体现了事物存在的价值和意义。在物质世界,我们通过结构认识物质;在精神世界,我们依据结构形成、拓展、联系我们的认知、思维、情感;此外,还有精神世界的物化世界,如图书、歌曲、绘画等。学科课程内容结构就是这种人的主观精神活动的物化产物,是实在的客观存在。结构构成了世界,人们也通过对结构的不断认识加深对世界的理解和持续的迭代进化。

体育专项课程教学内容结构化的意义在于:(1)促进高中体育专项课程教学内容的有效利用。内容结构化可以将海量的高中体育专项运动内容信息进行分类、标注,体育教师和学生由此能够更快速地查找到所需的内容,从而提高内容信息的利用效率。如果没有进行内容结构化,教师和学生只能通过翻阅教材、教参和搜索等方法查找信息,这样会浪费很多时间和精力。(2)提高高中体育专项课程教学内容的管理效率。内容结构化可以将信息进行分类、整理,使得信息更加容易管理。如果没有进行内容结构化,内容会显得杂乱无章,难以查找,管理起来会很困难。课程内容结构化可以将内容整理得更加有序,方便体育教师管理和维护。(3)有助于学生对学科课程教学内容的记忆和理解。

美国著名教育家布鲁纳(Jerome Seymour Bruner)指出,如果你理解知识的结构,那么这种理解会使你可以独立前进。[2] 人类学习的本质是意义的主动建构过程,是一个人把接收到的新信息纳入他原有的知识结构的过程。这个过程如果被赋予了意义,学习的效率就高。心理学研究表明,并不是知识和技能越丰富,能力

---

[1] 中华人民共和国教育部.普通高中体育与健康课程标准(2017年版2020年修订)[S].北京:人民教育出版社,2020:4.

[2] 布鲁纳.教育过程[M].邵瑞珍,译.北京:文化教育出版社,1982.

就越强,只有结构化的知识和技能才能对能力的形成产生积极的影响。因为只有这样的知识和技能才具有较强的层次性、逻辑性和关联性,使知识的提取更加快捷,更便于应用。在知识大爆炸的今天,学习已不是掌握多少知识的问题,而是需要获得结构化的知识来解决未知问题,而迁移运用的前提就是"理解"。进行内容结构化可以让教学内容更加清晰明了、重点突出,使学生更容易理解和掌握。我们今天提倡结构化教学就是培养学生的结构化思维和结构化意识,就是为了让学生在学习中能发现学科的结构、知识和技能的结构,形成解构与建构的意识,在不断拆分、组合和联系中找到规律,完成教学任务,达成立德树人的目的,培养一大批具有创新精神、创新意识和创新能力的创新型人才。

实践证明,结构化的知识和技能是促进核心素养形成的前提条件。核心素养的本质是指能够在真实的情境中运用关键能力和必备品格解决复杂问题。知识和技能是能力结构的基本构成因素,能力的形成同知识和技能的获得密不可分。但是,不能把能力简单归结为知识和技能的累积,而应是一种概括化、系统化了的知识和技能,通过获得和广泛迁移才能真正转化为能力。[①] 体育与健康专项课程教学内容结构化的整体性、连贯性和灵活性等特点,能满足各个层次学科核心素养水平发展的要求,通过教学点、线、面、体的结构性聚合,改变简单重复的碎片化学习方式和机械灌输的教学方式,体现一种整体、系统的教学观,形成一个有内在联系的螺旋式上升的学习链条,促进学生主动以优势能力带动其他能力的发展,在运动能力培养的过程中养成健康的行为和优秀的体育品德,将学科核心素养的培育落到实处。

(二)课程内容情境化是核心素养生成的土壤

教学情境是教师从学生学习的需要出发,有目的地创设的与学习内容相适应的时空环境,包括场景与氛围。《新课标》对情境的表述主要有:问题情境、活动情境、比赛情境、运动情境和学习情境,所有的表述其实都指向一件事,那就是学生的学习。体育运动的学习情境是有心跳的(嘭、嘭、嘭),是有声音的(笑声、掌声、喝彩

---

① 冯忠良,冯姬.教学新论——结构化与定向化教学心理学原理[M].北京:北京师范大学出版社,2011.

声),是有味道的(快乐、紧张和汗水的味道),是有色彩的。体育运动的学习情境是鲜活的,是有角色扮演的,是有任务分工的。情境是将知识、技能与素养联结起来的纽带。

其实,关于情境化和与情境相关的教育理论已不是什么新鲜事物,但如何将情境与发展学生的核心素养联系起来,却是一个值得深度探究的问题。

体育课程内容情境化的价值体现在:(1)情境不仅可以提升学生的生理负荷,锻炼学生的心理负荷,而且能使学生产生一定的内心感受和情绪体验,进而促发情感的共鸣,使学生真正爱上体育运动。(2)真实的情境增加了学习活动的生动性、趣味性和直观性,让学生在知识和技能的运用中真正理解它们的价值和意义,提升运动能力。(3)情境能够将体育与健康学科核心素养中的隐性内容显性化,显性内容结构化。在教学中,我们发现:学科核心素养中的运动能力是最为外显的,是可以观察和评价的,但健康行为中的锻炼习惯、情绪调控、适应能力和体育品德中的积极进取、遵守规则、社会责任感是难以直接评价、观察和量化的。情境化教学是解决这一问题非常好用的工具。只要我们把学生置于设计好的各种学习情境中,学生的各种习惯、意识、行为和品德就会立马显现出来。只有通过情境观察、记录学生的健康行为和体育品德的修习情况,进行有的放矢的培养和干预,才能真正把学科核心素养的形成逐步落实到教育教学的全过程中。(4)情境是体育学科核心素养评价的载体和有效手段。不懂评价的体育教师不是一个合格的体育教师。如何进行核心素养的评价,是现在教师们非常关心的问题,同时也是当前新课程改革必须聚焦和回答的问题。核心素养的评价是一种综合性评价,是对运动能力、健康行为和体育品德的整体评价,基于唯一分数的传统评价是无法完成这个任务的。未来的评价一定是基于信任的评价,是各种数据的综合表达。随着信息化、数字化和人工智能时代的到来,技术支持下的教育必将产生深刻的变化,自适应学习、泛在学习、无边界学习和知识图谱、数字画像促使我们的学习进一步个性化,而基于核心素养的评价一定是情境化下的评价。只有将结构化、体系化的知识和技能放到情境中去学习、理解、运用,才能促进能力的提高和品格的形成。总之,核心素养的形成离不开课程内容情境化的土壤。

二、深度教学和深度教研

从机械被动、记忆模仿式的浅层学习转向关注批判反思、信息整合、知识迁移、理解协同能力的深度学习,是新时代对学习者的新要求,也是当前育人方式变革、核心素养培育的新方向。尽管学生是深度学习的主体,但实现深度学习的关键却在课堂。学生的深度学习离不开教师的深度教学,而深度教学的开展需要深度教研提供强有力的支撑。

(一) 深度学习是落实核心素养的重要途径

1. 重新认识知识学习的价值

随着信息化时代的到来,人们获取信息的方式发生了很大变化,教师已经不是知识的唯一来源,快速增长的知识容量反而让人无所适从,疲于选择、鉴别和积累。如何帮助学生去伪存真、明辨是非,发现知识背后的本质特征和价值、意义,已成为促进教学发展新的关注点。人们逐渐认识到,仅仅靠识记知识无法形成力量,还需要加强对知识的理解、把握和运用,在不断解决问题、创生意义的过程中才会形成力量。而核心素养的实质就是能在真实的情境中运用关键能力和必备品格创造性地解决问题,是信息时代对人才结构的描述,是未来社会人的力量的集中体现。从这个角度来讲,核心素养才是力量。未来人才的竞争不是知识和技能的竞争,而是能运用知识和技能去创造性地解决问题的核心素养的竞争。

人工智能的快速发展让那些缺乏创新力和合作力的人时刻面临失业的威胁。深度学习就是人类为迎接21世纪挑战的教育应对,是专注于培养核心素养的学习,是追求理解的学习。在教师引领下,学生围绕着具有挑战性的学习主题,全身心积极参与、体验成功、获得发展的有意义的学习过程。在这个过程中,学生掌握学科的核心知识,理解学习的过程,把握学科的本质及思想方法,形成积极的内在学习动机、高级的社会性情感、积极的态度、正确的价值观,成为既具独立性、批判性、创造性又有合作精神,基础扎实的优秀的学习者,成为未来社会历史实践的主人。[1]

---

[1] 刘月霞,郭华.深度学习:走向核心素养(理论普及读本)[M].北京:教育科学出版社,2018.

2. 重新认识教师主导的价值

教育不是灌输,而是点燃!教育不是把存储在书本上的知识转移到学生的头脑中储存起来,而是将学科中的、生活中的和学生头脑里的知识在教学中建立起有意义的关联,并通过学生主动学习转变成学生学习的养分,而这一切都离不开教师的引导、教导、指导和辅导。要点燃别人,首先要使自己成为一颗火种。深度教学就是充分发挥教师主导作用的教学,是教学主体与学习主体相互成就的教学。所谓"学然后知不足,教然后知困",没有教师的深度教学,就不可能有学生的深度学习;同样,在不断引发学生深度学习的过程中,教师也得到持续发展,即所谓"教学相长"。

在信息时代,体育教师再也不能只作为知识和技能的传递者、活动的组织者而存在。引发学生的学习愿望,设计学生的学习活动,帮助学生将所学付诸运动实践,在运用的过程中培养学生的批判性思维和创新能力,是体育教师作为教师存在的最根本的理由,也是体育教师不会被人工智能取代的主要原因。对于高中体育教师而言,是体育教师的"主导"成就和赋予学生"主体"地位。体育教师教学主导的一切努力,都应该是为了发挥学生的主体作用、促进学生的主动学习。深度学习要求体育教师自觉地赋予自己更丰富的工作职责,充分发挥教师在教学中的主导作用,把教学材料转化为学生喜闻乐见的教学内容,引导学生去思考和体会教学内容所蕴含的复杂而丰富的思想和情感,带领学生主动地成长为有高超的运动能力、良好的健康行为和优秀的体育品德的未来社会的建设者。只有这样的体育教师,才是以学生发展为本的教师,也才是成就自己、实现自身价值的新时代体育教师。

3. 重新认识学生主体的价值

建构主义认为人类的学习是意义的主动建构过程,强调学习过程是学习者原有的认知结构与环境中接受到的各种信息相互作用,主动建构信息意义的生成过程。环境中的信息无穷无尽,哪些信息被选择成为刺激源,不是由环境决定的,而是由学习者当下的心理状态决定的。因此,学习效果的好坏在很大程度上取决于学生学习的自主性、能动性和超越性,也就是"主体性"。学生是学习活动的天然主体,但主体的目的性和主动性却不是与生俱来的。在深度学习中,教师要确立学生的主体地位，创设平等、和谐的教学氛围，才能使学生的主体性得以充分表现，体现学生作为主体的价值。

认识学生主体的价值，就是要在教学中充分发挥学生的主体作用，让学生能够主动地发展和超越自己。这就要求新时代的体育教师不仅要传授知识和技能，更重要的是要让学生理解学习的意义。体育教师要带领学生进入知识和技能运用的情境与过程中，引导、帮助学生发现运动专项课程教学内容的应用场景、实战价值和相互联系，让学生主动成为知识和技能的"发现者"和"使用者"，而不是旁观者。体育教师不能再像过去一样把零散的知识和技能教会学生就算完成教学任务了，而是要让学生学会比赛，并在比赛中运用技战术，不断提高技战术水平，发展专项运动能力。换言之，学生并不是知识和技能被动的接受者，而是主动进入知识和技能发现、发展的现场，亲身经历知识和技能的形成、再现的过程，主动建构新的知识和技能的建构者。教学内容也不是只需学生重复和模仿动作技术，而是需要学生全身心投入去理解、领会、体验和感受，使"死"的知识和技能变为"活"的运动能力，在参与专项运动的过程中获得保持和增进健康的运动能力、习惯、正确价值观与必备的体育品德，成为未来社会的建设者和创造者。

（二）体育深度教研是提升教研品质，促进教师专业化发展的有效手段

体育深度教研是指在体育教研主题引领下，展开系列化、深层次、递进性的持续研讨，进而卓有成效地解决体育教学相关问题的实践研究。深度教研的最大特点就是理念引领、工具引导，在主题引入、流程规范等的基础上，重点关注教师的参与水平，实现教研活动从"规范"走向"品质与实效"。体育深度教研的实施，强调体育教师要充分发挥研究主体的积极性和能动性，本着专业发展、学术精进的目标，分阶段持续推进，从而达到深入理解体育教研主题、有效落实系列活动及环节、切实提升教师教学能力的目的。体育深度教研强调的运作模式和工具开发与使用，对新课程教学改革中实现教研转型具有一定的启示与推动作用。

体育深度教研的实践意义在于：（1）深度教研使体育教师能够不断研究、探索和改进自己的教学实践。通过深入研究体育教学内容、教学方法和评估方式等，教师可以提升自己的专业知识和教学技能，提高教学效果。（2）深度教研鼓励教师在

课程设计和教学方法上进行创新和改进。通过研究和试验不同的教学策略和活动,教师可以提供更富有挑战性和趣味性的体育课程,激发学生的学习兴趣和参与度。(3)深度教研帮助教师更好地了解学生的个体差异和学习需求。通过研究学生的学习特点和能力水平,教师可以采用个性化的教学方法和策略,满足不同学生的学习需求,提高教学的针对性和效果。(4)深度教研鼓励、促进教师之间的合作和学习。通过互相观摩、交流和讨论,教师可以分享教学经验、教材资源和教学成果。这种合作有助于丰富教师的教学思路和方法,提高教学质量。(5)优化学生的学习体验。深度教研以学生为中心,关注学生的学习效果和体验。通过深入研究和反思,教师可以更好地理解学生的学习需求和兴趣,因此能够设计更具挑战性、有意义且个性化的教学活动,提升学生的学习体验和满意度。

(三)体育深度教学是强调内容关联度的教学

体育深度教学是对传统机械式、灌输式教学的深刻转变,它通过对体育教学活动结构性、系统性的变革来实现教学方式转变。深度教学强调内容处理的广度、深度和关联度,凸显学习的丰富性、沉浸性和层进性,促进反思性学习和批判性思维的发展。深度教学的实质是引导学生展开深度学习,而问题解决学习是深度学习的基本模式。教师通过创设有效的问题情境,激发学生的深层动机,让学生通过切身体验对知识展开更高层次的思考。

体育深度教学是教师借助一定的体育活动情境,通过带领学生进入体育知识内在逻辑形式及意义领域学习,让学生深度参与教学过程且深刻把握学习内容,体验运动价值,培养学生学科核心素养的教学活动。[①] 体育深度教学是对以机械的、枯燥的技能训练为主的传统体育教学的一种超越,它不是学习内容难度和运动量的增加,而是强调在运动技能的学习过程中注重学生高阶思维的培养、运动体验的获得和真实情感的追求,帮助学生体验和获得技能背后的价值。体育深度教学关注学生的进步与成长需要,让学生的学习与生活建立起一定的联系。

体育深度教学的价值在于:(1)引导反思性学习,发展学生的运动能力。它要

---

① 罗伟柱,邓星华.体育深度教学:体育学科核心素养培育的应然进路[J].体育学刊,2020,27(2):90-95.

求学习者深入理解学习情境,将所学体育知识和技能转化为基于真实运动情境的运动能力,促进体育知识和技能的迁移运用。也就是说,学生将在学习过程中获得的相应能力和素养,通过重组、整合、转换等内化形成适合自身运用的形式,实现体育学科核心素养的"流动生成"和"意义增值",达到学用一致化和终身体育意识的养成。[①] (2)学以致用,促进学生在运动中的多维体验性。体育深度教学强调学习的丰富性、浸润性和层进性,深度挖掘体育学科本质,体现健身价值和育人意义,培育学生的体育核心素养。依据体育与健康课程的特点,在教学中必须注重体育多维学习过程和体验构建。例如,通过体育教学活动中的胜负关系、合作竞争、规则意识、人际沟通等情境,学生不仅能获得强烈的身心体验,还能获得丰富的情感体验和社会性体验。(3)迁移运用,联系生活,培育学生的终身体育意识。体育深度教学遵循"让教育回归生活"的理念,力求教、学、练、赛、评的一致性,注重学生体育学习在生活情境中的迁移运用。生活经验是学生体育学习的重要资源,是学生深度理解体育知识、掌握运动技能的重要材料与支撑。在教学过程中,让学生带着自身的生活经验与生活履历参与体育知识的学习与理解,可以通过新旧知识联系和已有运动技能迁移,促进运动思想的建构与技能的生成,提高体育学习的效益。[②] 迁移应用是学生体育学习的最终目的,是学生乐于钻研体育原理、勇于挑战对抗竞争的动力源泉。体育深度教学内容应密切结合学校和社区的条件,使得学生通过课堂发展的体育能力可以在走出课堂和校门后有应用的机会和舞台,让体育知识和运动能力不再只是孤立的符号或者应试的技能,从而提高学生的体育兴趣和终身体育意识,培育他们的体育学科核心素养。

  深度学习的前提是深度教学和深度教研。教师只有通过深度教研才能提高深度教学的有效性;只有开展深度教学,才能明确课堂深度学习的条件;只有课堂上每一位学生都积极参与,勇于探究,体验成功,获得发展,深度学习才会发生。新课程改革在深度教研和深度教学的整体发力下推动了深度学习的新发展。

[①] 郭元祥.深度教学——促进学生素养发育的教学变革[M].福州:福建教育出版社,2021.
[②] 郭元祥,李炎清.论学生课程履历及其规约[J].课程·教材·教法,2016,36(2):17-23.

三、项群训练理论

技能学习正迁移是指一种技能学习对另外一种技能学习产生促进作用,可正面强化运动的效果。有研究认为,已掌握的动作技能与新学技术在动作结构、基本环节或在刺激与反应方面有相同或相似之处时,会产生正迁移;反之,则会产生干扰。项群训练理论建构的逻辑起点是运动项目的本质属性及其相互关系,它的本质是通过分类聚合提炼出局部的共性、联系性和规律并指导实践。为什么要对运动项目进行分类?因为进行运动项目分类可以使我们更深刻地认识不同运动项目的本质属性和内在联系,便于在相应的层次上进行专门的研究,有利于同类项目之间运动素质和运动技术的积极转移,以及训练方法的相互渗透、相互移植。① 项群训练理论这种分类聚合的特点也是项群结构化的明显表征,在体育专项课程教学中可以发挥触类旁通、闻一知十的积极作用。

(一) 项群训练理论有效提升体育教学项目化学习的效率

《新课标》明确提出,学生在高中3个学年中,可以根据学校课程开设运动项目的具体情况选择1～3项进行较为系统和全面的学习。允许学生每学年进行1次运动项目选择,即一名学生在高中学段最多可选学3个运动项目。普通高中体育与健康课程内容包括必修必学和必修选学两部分,共12个模块。② 除了必修必学的体能和健康教育各1个模块,其余的10个模块均为必修选学,包括球类运动、田径类运动、体操类运动、水上或冰雪类运动、武术与民族民间传统体育类运动和新兴体育类运动等6个运动技能系列。每个运动技能系列又由若干运动项目如足球、跳远、健身健美操等组成,每个运动项目由包含内容相对完整的10个模块共180课时组成。从模块和课时的设置比例我们可以看出,普通高中体育与健康课程内容是以运动项目教学为主,以体能和健康教育为辅的"三位一体"设计的。面对如此众多的体育课程学习内容,如何基于理解的教学实现"教

---

① 熊焰.项群训练理论发展若干问题思考[J].中国体育教练员,2019,27(1):8-10,18.
② 中华人民共和国教育部.普通高中体育与健康课程标准(2017年版2020年修订)[S].北京:人民教育出版社,2020:9-13.

得少而学得多"的教育理想,而基于"分类"思想的项群训练理论给了我们很好的启示。

1983年,田麦久教授和他的同事将运动项目的类属聚合命名为"项群",将揭示项群训练基本规律的理论命名为"项群训练理论"。自此以后,项群得到了广泛的认同和应用。凡有运动项目的地方,就有项群的存在。无论是运动训练,还是体育教学,处处都表现着项群特征,处处都可以进行项群分析。① 体育与健康课程是学校体育的重要组成部分。学校体育和竞技体育的共同特点是,它们都以"运动项目"为载体进行运动实践。不同的是,学校体育强调的是"一个都不能少",是面向全体学生的、全面的、有个性的、可持续的发展;而竞技体育强调的是"一个都不能多",比如足球比赛11人制、篮球比赛5人制、排球比赛6人制,上场队员一个都不能多。竞技体育培养具有运动天赋的运动精英,他们代表着人类更快、更高、更强的理想,彰显着人类不断超越自我、永远向前的精神动力,象征着人类不断超越自我、挑战极限的伟大精神。虽然两者诉求不同,具有不同的价值取向,但都与运动项目密切相关。可以说,体育与健康学科是接受并运用项群认知和项群分类最便捷、最实用的学科。许多学生通过对某一运动项目的学习,理解同类项目的技战术特点,体现出举一反三、触类旁通的迁移学习特征,促进了运动项目迁移学习的发生。同时,不少体育教师在体育专项教学中借鉴同群项目教学方法,也取得了很好的效果。以项群训练理论为依据,进行高中体育必修选学内容的专项教学,可以充分利用同类运动项目之间的共性联系和本质特点,有效提升运动项目的学习效率。

(二) 项群训练理论有利于高中体育与健康学科教材结构化的呈现

体育与健康学科和其他文化课学科有一个非常显著的区别,就是运动项目的专业性非常强。比如,语文、数学或者英语教师的学科知识结构基本是相同的,做同一份卷子,不会有太大的出入。而体育教师的知识和技能结构却有很大的差别,篮球打得很好,未必会打乒乓球;短跑跑得很快,可能还不会游泳。由于运动项目多且专业性强,所以一个运动项目或许就是一门课程,如篮

---

① 田麦久.项群训练理论向项群理论的拓展[J].中国体育教练员,2019,27(1):3-7.

球课程、足球课程……虽然现在要求体育教师一专多能,但往往越是专项水平高的体育教师,在多面性上可能越狭窄、越局限,很难胜任"教学多面手"的要求。自上海实施高中体育专项化课程改革以来,专项化教学对高中体育教师的专项化能力提出了前所未有的挑战,很多田径、体操专业的教师面临着重选专业、回炉深造的问题。虽然这种情况近年随着课改的深入有所好转,但仍有近1/3的体育教师存在专项不对口的现象。这种师资专项与教学的不匹配在一定程度上影响着高中体育专项化课程教学改革的可持续发展。在这种师资与教学不匹配、学科教学不能做到专业全覆盖的情况下,就更需要体育与健康教材充分发挥教学的指导作用,通过结构布局合理、内容丰富全面、方法手段具体的编排与呈现,为体育教学提供最有效的支撑。然而,由于体育项目众多,而教材、教参的篇幅有限,不可能穷尽所有内容,因此借助项群训练理论通过归类聚合,采用"合并同类项"的编排方法也出现在了新教材中。发掘运动项目的共有规律,理解学习内容的价值意义,实现运动技能项目化的正迁移运用,也成为本次新课程改革的新动向。

第二节 高中体育专项课程结构化重组教学

多年的体育教学、教研经历使笔者深深懂得体育教师的甘苦。"晴天一身汗、雨天一身泥""战天斗地、披星戴月",是以前对体育教师日常工作的生动写照。作为户外工作者,体育教师顶骄阳、战酷暑、栉风沐雨,有极强的抗挫折能力,心胸开阔,开朗乐观,在自己的一方天地里自得其乐。

但不知从何时起,体育教师的这种"武将"精神被各种文案工作消磨殆尽。自课改以来,各种教学计划、教学设计、工作小结、课堂反思、教学案例扑面而来,令人应接不暇。教学设计的字数是越写越多,没有万把字都不好意思开公开课。参加市教学评比的教学文本更是在这种"比、学、赶、帮、超"氛围的带动下越写越厚。但在这么多的文字背后,又有多少教学文本是教师们基于教学现状对自身教学反思的记录呢?专家们一直在提醒教师们不要照本宣科,要用教材教而不是教教材,因为"教教材"是指只教书上的专家结论,而"用教材教"指的是通过专家结论来建立学生的"专家思维"。①

美国著名经济学家列维(Frank Levy)和莫奈(Richard Murnane)曾参与经济合作与发展组织的核心素养框架研究,他们认为那些主要由常规认知工作和常规手工劳动所构成的工作份额正日益下降,因为此类任务最容易通过编程让计算机去做。国家日益增长的劳动力比例则是那些强调专家思维或复杂交往的工作,计算机不能做此类任务。这里的"专家思维"和"复杂交往"可能就是对"21世纪素养"最浓缩的概括。所谓"专家思维"(expert thinking),亦可称为"专家决策制定"(expert decision making),是指在特定情境中,当所有标准化的解决问题的方法均告失败时,发明新方法以解决困难问题的能力。"用教材教"就是要求教师根据学生的需求和实际情况对教材进行灵活的调整和适应,并结合其他教学方法和资源,让教学更生动、有趣和富有成效,使学生通过对知识的理解、掌握和运用最终获得解决问题的能力,这就是专家思维。

自新课改以来,体育与健康学科关于观念、理念、认识的争论从未停止过,从对"运动密度""练习密度"的整体理解,到包括展示与比赛在内的六大主要内容;从每节体育与健康课学生的平均心率(即运动强度)应达到140～160次/分,到某些专家认为"教材(教科书)是学生的课外读物,是教学的一种补充材料"。这些反传统、革命性的声音让很多体育教师感到很迷茫。教材和教学的关系是什么?如何用好教材来服务教学?这些是每一位体育教师都必须思考的问题。

范印哲认为,教材是组成教学过程的基本要素之一,是根据一定教学任务而选择、组织的具有一定深度和广度的知识和技能体系。在教学过程中,教材是教师教学的主要依据和教学工具,是学生所学知识的主要来源和学习指导。② 钟启泉从三个层面对教材进行广义的界定:第一,教材是学生应当掌握的知识体系,包括事实、概念、法则、原理等;第二,教材是知识背后的能力体系,通过各种作业和活动促进学生能力的发展;第三,教材还包括了能力体系背后的价值观、世界观和伦理道

---

① 刘徽.大概念教学:素养导向的单元整体设计[M].北京:教育科学出版社,2022.
② 范印哲.教材设计导论[M].北京:高等教育出版社,2003.

德规范。① 教材可以说是课程标准的具体化,是学生在学校获得系统知识、进行学习的主要材料,可以帮助学生掌握教师讲授的内容,同时也便于学生预习、复习和做作业。教材也是教师进行教学的主要依据,为教师备课、上课、布置作业、评定学生学习成绩提供了基本材料。

体育教材是为实现体育教育目标,根据体育与健康课程标准、学校体育教学实际需求,服务体育教师和学生,具备经筛选、加工、处理和整合的体育教育信息(即体育与健康知识、运动技能体系、体育文化、运动价值观等),并以传递这些信息为主的载体或媒介。② 体育与健康教材与其他学科教材的结构是不同的。一般的学科教材按照学年或学期分册,划分单元或章节,知识、技能的编排和组织的逻辑体系是由教材编写者确定的,进度可能有快有慢,但整体顺序是不变的;而体育与健康教材由于必修选学内容比较宽泛,所以仅仅是对专项课程的主要内容进行归类和划分,至于如何确定内容、搭建课程结构、把握教学进度等,则主要由体育教师自己完成。很多体育教师,尤其是"教非所学"的专项教师,对这样的转变往往感到力不从心。如何用教材教,如何用好教材,已经不仅仅是常常被提起的问题,更是随着新课改持续深入而迫切需要解决的问题。这里不仅要有观念的转变,还要有方法的跟进和工具的支持。当现有的课程教学内容结构不符合客观环境时,我们就需要针对眼前的问题和具体情况去"重组"一个合适的课程教学内容结构,并形成完整的体系。

一、结构化与组合创新

这个世界上已经很少有全新的事物了,人类所有的发明创造基本上都建立在原有的经验基础和科学技术上。组合创新作为创新的一种基本模型,最早是在经济领域被人们认识并逐步推广开来的。约瑟夫·熊彼特(Joseph Schumpeter)是20世纪最重要的经济学家之一,他在1912年出版的《经济发展理论》一书中指出:所谓创新,就是建立一种新的生产函数,把一种从来没有过的关于生产要素和生产

---

① 钟启泉."优化教材"——教师专业成长的标尺[J].上海教育科研,2008(1):7-9.
② 杨秋颖,董翠香,柴大任.基于教材本质的体育教材概念辨析与反思[J].体育学刊,2018,25(3):85-90.

条件的新组合引入生产体系。他认为,创新是多种资源的重新排列组合。① 随着组合创新理论的不断发展,人类的创新实践取得了丰硕的成果。

苹果公司的 iPhone 就是这一实践的杰出代表。在 iPhone 发布之前,移动电话和个人数字助理(Personal Digital Assistant,PDA)是分开的产品。移动电话主要用于通信,而 PDA 用于管理日程安排、联系人和其他个人信息。然而,苹果公司在 2007 年发布的 iPhone 将这两个产品合二为一,是一款集通信和个人信息管理于一体的智能手机。iPhone 的组合创新不仅是硬件层面的创新,还包括操作系统和应用程序的创新。iPhone 采用了直触式多点触摸屏幕,使用户能够通过手指触摸来操作手机。它还引入了一个直观的图形界面和简单易用的操作方式,使智能手机变得更加易于使用。另外,iPhone 引入了 App Store,这是一个提供各种应用程序的在线商店。这个创新使用户能够通过下载和安装各种应用程序来扩展手机的功能。用户可以根据自己的需求选择和定制各种应用程序,使 iPhone 成为一个个性化和多功能的设备。iPhone 的发布对整个移动电话行业产生了深远影响。它开创了智能手机的新时代,改变了人们使用移动电话和个人信息管理工具的方式。其他手机制造商纷纷效仿苹果的组合创新模式,推出了具有类似功能的智能手机,推动了整个行业的发展和进步。

另一个组合创新的案例是特斯拉公司的电动汽车。传统汽车主要由燃油发动机驱动,而特斯拉公司在电动汽车领域进行了组合创新,将电池技术、电动机技术和智能化系统相结合。特斯拉电动汽车采用先进的锂离子电池技术,为车辆提供高效、持久的电力驱动。与传统汽车相比,电动汽车不仅减少了对化石燃料的依赖,还减少了尾气排放,对环境更加友好。此外,特斯拉电动汽车还采用了先进的电动驱动技术。电动驱动系统不仅提供了平顺、安静的驾驶体验,还具有高扭矩和高加速性能。特斯拉电动汽车在加速时表现出色,可以在短时间内实现高速行驶,提供了与传统汽车相媲美甚至更好的性能。特斯拉公司还在电动汽车上融入了智能化系统,如自动驾驶技术和智能互联功能。自动驾驶技术利用传感器和人工智能算法,使汽车能够在一定条件下自动驾驶,提高了行车安全性和驾驶便利性。智

---

① 熊彼特.经济发展理论[M].何畏,易家祥,译.北京:商务印书馆,1990.

能互联功能则使汽车能够与互联网连接,实现远程控制、远程诊断、软件升级等功能,为用户带来更多便利和个性化体验。特斯拉公司的电动汽车革命性地改变了传统汽车行业,并推动了电动汽车的普及和发展。总之,它通过将电池技术、电动驱动技术和智能化系统相结合,为消费者提供了高性能、环保和智能化的汽车选择,引领了汽车行业的创新潮流。

组合创新将原本属于天才的发明创造变为了可模仿、可学习、可执行的创新方法,在人类认知发展、情感发展、身体发展和动作发展的各个领域都发挥着积极作用和深远影响。众所周知,体育在美国社会中扮演着重要的角色,并深深植根于人们的生活。从小学到大学,体育教育得到广泛推广,许多学校都提供丰富多样的体育项目。体育在美国被认为是培养学生团队合作和领导能力的重要手段。美国拥有庞大而发达的体育产业,包括职业体育联盟、体育器材制造商、媒体和广告公司等。美国的职业体育联盟,如美国职业橄榄球大联盟(NFL)、美国职业篮球联赛(NBA)、美国职业棒球大联盟(MLB)等,吸引了全球的关注和喜爱。美国举办了许多重要的体育赛事,吸引了世界各地的运动员和观众。例如,"超级碗"是美国最重要的年度体育赛事之一,奥运会和世界杯等国际级体育盛会也在美国举办过。这些赛事不仅为美国提供了展示体育实力的机会,也带来了巨大的经济收益和影响力。同时,美国拥有世界上一流的体育科研机构和教育机构,致力于推动体育科学的发展和运动员的培养。许多大学开设体育科学和运动训练等相关专业,为培养体育人才作出了重要贡献。而这一切都得益于美国学校体育教育构筑的完备的K-12年级体育课程内容体系。

美国的K-12年级体育课程内容体系丰富多样,层次分明,而且与学生的身心发展相适应,具有四大特点:(1)依据体育素养构建课程内容;(2)强调运动技能课程内容的递进与衔接;(3)重视体育德育课程内容的渗透与融合;(4)建立体育课程内容的更新机制和环境。因此,美国的K-12年级体育课程内容体系值得中国学校体育学习和借鉴。

美国的基础教育学制分为三个阶段,其中K-5年级为幼儿教育和小学阶段,6—8年级为初中阶段,9—12年级为高中阶段。体育课程内容体系主要包括三部分:运动项目课程内容、运动技能课程内容、体育德育课程内容。美国从2013年版国家体育课程标准就开始非常强调学生体育素养在体育教学中的核心位置,并在此基础上构建了不同学段的学生所应学习的课程内容,使课程内容设计的视角从"以学科为本"转向"以学生为本",注重学生体育核心能力的培养。SHAPE America 界定的体育素养涵盖五个维度,认为有体育素养的个体能在不同的运动技能和运动模式中表现出能力,能将相关的概念、知识、原理、策略和技巧应用到运动和表现中,能展示出达到和维持健康促进水平的身体活动和体适能的知识和技能,能展示出责任心以及尊重自己和他人的社会行为,能认识到体育活动对身体健康、挑战、乐趣、自我表现和社会交往的价值。①

美国学校体育课程内容体系构建的底层逻辑就是"组合创新"。美国学校体育历来重视基本动作技能与基本运动技能的衔接,呈现出基本运动技能教学与运动项目相结合的特点,从基本动作技能到基本运动技能的教学强调运动技能形成、成熟和应用的递进性,恰好嵌合从基本运动技能到专项运动技能学习的过渡过程。研究认为,3—6 岁幼儿期是基本动作技能发展的关键期,主要以粗大动作发展为主,以精细动作发展为辅;在小学低年级(1—4)应全面教授学生基本运动技能,发展学生的基本运动能力;在小学高年级(5—6)教授学生基本运动技能和准专项化运动技能(即适合全体学生学习和锻炼的非竞技专项运动技能),重点在基本运动技能;初中阶段教授学生基本运动技能和准专项化运动技能,重点在准专项化运动技能;高中阶段教授学生专项化运动技能。② 人类动作发展专家佩恩(Greg Payne)将基本动作技能比作字母和数字,并指出若幼儿没有掌握字母或数字,则语言或运算能力就会遇到障碍。同理,在动作发展敏感期和关键期,如果幼儿的基本动作技能没有得到良好发展,那么他们在成年后的运动能力就会大打折扣。正是由于美国的学校体育课程建设重视构成运动项目的基本动作技能的发展,通过对基本动作技能的组合,形成各个层次的运动能力,才为后来种类众多、数量庞大的运动项目的繁荣发展打下了坚实的基础。

---

① SHAPE American. Grade-level outcomes for K-12 physical education[R]. Reston, VA: Author, 2013.
② 殷荣宾,季浏.基础教育体育课程内容改革的现实诉求与路径[J].体育学刊,2015,22(5):75-80.

当前，体育与健康学科对学生核心素养培养的主轴是"运动能力"维度的表现，一个学生有没有运动能力，从表面上是看不出来的，必须让这个学生在运动的情境中试一试才能显现出来。运动能力是运动的知识、技能和心理能力等在身体活动中的综合表现，它是运动知识、技能的临场组合。所以，运动能力是活的，是动作及其组合的综合运用，是建立在结构化的动作及其组合的基础上的。比如，跑可以拆分成快速跑、障碍跑、曲线跑，跳可以拆分成单脚跳、立定跳、跨步跳。跑和跳的组合会产生跳高和跳远，跑和拍的组合会形成运球。所有的基本动作技能都可以进一步变化出由易到难的多种形式，各种形式的动作技能又可以通过组合形成结构化的内容序列，而这种结构化的动作序列便于迅速调用，最终在真实的情境中解决问题，形成运动能力。

很多人会认为创新就是从无到有的创造过程，似乎只有百分之百原创的东西才叫创新。实际上，这是对创新的严重误读。在今天这个时代，创新更多是将原有的事物拆解成最基本的要素，再进行重新组合而形成新事物的过程。这种用新的方式重新组合的过程，可以应对新的变化，实现新的功能，产生新的价值。把整体拆成部分，然后再将各个部分重新组合成一个个新的整体，这不就是一种适用性更强大的创新吗？这不就是万众可做、可行的创新吗？组合创新是一种通过将不同的思想、概念、技术或方法组合在一起来应对变化的方法。它涉及从不同领域或行业中汲取灵感和解决方案，并将它们结合在一起，以创造新的价值，应对变化和实现创新。无论采用哪种方法，组合创新都需要开放的思维方式和积极的合作精神。"组合创新"的理念给体育与健康学科课程教学内容校本化、班本化的编排与组织实施提供了思考与想象的空间，带来了新视角。

二、结构化重组教学的内涵

（一）何为结构化重组

结构化重组是指将原本零散的、结构不良的或不易理解的内容，通过一系列操作和调整，重新组织和架构成更具有结构性和条理性的内容、活动和资源，以促进更有效的学习和知识传递。这个过程包括对内容进行分析、提取、整合和重新排列,以便使其更容易被理解、处理和应用。结构化重组可应用于不同类型的内容,如文本、数据、图像和多媒体等。它的目的是提高内容的可链接性、可替换性和可理解性,使其更适合特定的应用情境或需求。

在文本内容中,结构化重组包括对段落、句子和关键词的提取和整理,构建标题、目录、索引等组织结构,以及使用标记、标签或元数据对内容进行注释和分类,在明确应用情境和需求的基础上对内容要素进行重新排列和架构。

在数据内容中,结构化重组包括对数据进行清理、筛选和归类,提取关键字段和特征,建立数据模型和关系图,以便进行分析、挖掘和可视化重构。

在图像和多媒体内容中,结构化重组包括对图像、音频和视频进行特征提取和分类,建立标签和元数据,以便进行搜索、检索和组织管理。

总之,结构化重组是通过对内容进行有组织的整合和调整,使其更易于理解和利用,提高信息的价值和效用。教学内容结构化重组是指对原有的课程教学内容进行重新组织和调整,以提高教学效果和学习效果。通过教学内容结构化重组,教师可以根据教学内容的特点和实际需求进行拆解、分类、排序和重新组合,使其更加系统和有机地呈现给学生。

(二) 高中体育专项课程结构化重组教学的内涵

高中体育专项课程结构化重组教学是指在高中体育专项课程教学中,依据一定原则对原有专项课程教学内容进行"先解构,再建构"的教学方法和策略。首先,在理解教材的基础上将运动项目拆解成一个个最基本的内容(先解构成构件);其次,根据学校的实际情况对基本内容进行增补、取舍,重构结构化内容体系;最后,提供结构性框架或模板,由体育教师选择基本内容放入框架或模板,呈现单元和课时的结构化教学内容,通过与结构化内容相适应的结构化教学方法和体现"教、学、练、赛、评"完整教学闭环的结构化教学过程实施结构化重组教学。

教师先将运动项目拆解成具有功能性的内容零件和构件,再把这些内容零件和构件重新组成符合实际教学需要的结构化内容体系,并选择结构化内容体系中的内容生成单元和课时的结构化教学内容实施教学。结构化重组教学的内涵主要包括以下五个方面。

第一,明确分层教学目标。通过内容结构化重组教学,明确高中体育专项课程的教学目标和学习要求;根据学生的年级和能力水平,确定教学目标的层次和阶段性目标,以便有针对性地组织教学内容。

第二,整合相关教学内容。将高中体育专项课程中的各个单元或模块进行整合,形成有机的教学体系;将相关的知识、技战术和体能进行归类和关联,使学生能够全面理解和掌握体育专项课程的核心内容。

第三,明确具体教学步骤。通过内容结构化重组教学,将教学内容按照逻辑顺序进行组织和安排,确保教学步骤清晰明确;从基本知识和基本技能的教学开始,逐步引入更复杂的组合技术和比赛战术等,帮助学生逐步提升自己的水平。

第四,优化多元教学资源。通过结构化重组教学,合理配置教学资源,充分利用各种教学工具和媒体,提供多样化的学习材料和资源,以利于学生更好地理解和运用所学知识,培养他们的实践能力和创新思维。

第五,强化学生参与和反馈。结构化重组教学注重学生的主体地位,鼓励学生积极参与学习过程,通过小组合作、讨论、实践等方式,激发学生的学习兴趣和学习动力。同时,及时给予学生反馈,帮助他们纠正错误,进一步提高学习效果。

总之,高中体育专项课程结构化重组教学可以显著提高教学效果,使学生能够更系统地学习和理解体育专项课程的知识和技能,为他们今后的学习和发展打下坚实的基础。

三、结构化重组教学的价值

(一) 理论价值

1. 确保教学内容的系统性和连贯性

结构化重组使体育教学内容更加有机地组织起来,形成一个系统和连贯的整体。通过将相关的知识、技战术和体能进行分类和归纳,学生能够更清晰地理解体育知识和技能的内在联系和逻辑关系。

2. 促进学科知识和技能的合理组织和梯度教学

结构化重组有助于将学科知识按照难易程度和发展顺序进行合理组织,并实现梯度教学。教师可以根据学生的学习水平和能力,有针对性地选择和组织教学内容,使学生能够循序渐进地掌握、运用体育知识和技能。

3. 提高课程的整体设计和目标导向

结构化重组为体育课程的整体设计提供了指导和支持。通过明确课程目标和学习结果,教师可以根据教学内容的结构化组织,合理选择教学方法和评估方式,有效安排教学活动过程,确保课程的连贯性和有效性。

4. 激发学生的学习动机和学习兴趣

结构化重组有助于激发学生的学习动机和学习兴趣。通过将体育教学内容分解为有趣和具体的小单元,学生可以更容易地理解和掌握知识和技能,增强学习的成就感和兴趣,从而促进学习的积极性和主动性。

5. 提升教学效果,达到预期的学习成果

结构化重组使教学内容更聚焦,更有针对性。教师可以更好地组织和安排教学活动,确保学生充分理解和掌握重要的体育知识和技能,这有助于学生达到预期的学习成果。

(二) 实践意义

1. 实现个性化教学

通过结构化重组,教师可以根据学生的不同学习需求和能力水平,灵活地调整和安排教学内容,提供不同难度和深度的学习任务,使每个学生都能够在适合自己的学习区域中发展,实现个性化教学。

2. 提升教与学的可持续改进

结构化重组为持续改进教学提供了基础。通过观察学生的学习效果和反馈,教师可以不断调整和改进教学内容的组织方式,提高教学质量和效果。结构化重组也为教师之间的合作和交流提供了共同的语言和参考基准,促进教学经验的共享和借鉴。通过内容结构化重组教学,学生可以更好地理解知识的结构和关联,建立起扎实的基础,这有助于学习的可持续发展,使学生在今后的学习中能够更好地吸收和运用新的知识,形成学习的良性循环。

3. 确保教学评估的科学性和客观性

结构化重组有助于教师更准确地评估学生的学习成果。通过明确的教学内容和学习目标，教师可以设计相应的评估方法和工具，客观地衡量学生的学习进展和成绩，提供有针对性的反馈和指导。

4. 优化利用教学资源

结构化重组有助于教师更好地利用教学资源。教师可以根据教学内容的结构化组织，选择和利用合适的教材、教具和技术工具，提供丰富多样的学习资源，增加学生的学习体验和参与度。

5. 培养创新思维、系统思维和学科思维

结构化重组教学可以帮助学生理解知识和技能的本质和内在逻辑，培养他们的批判性思维和创新思维。学生可以在已有知识的基础上进行创造性的组合和应用，提出新的观点和解决方案，培养创新思维和能力。通过将各个单元或模块的知识和技能进行整合，学生能够看到知识和技能的全貌和内在联系，提升在解决问题、运用知识和技能时的跨学科思维和能力，提高综合运用知识和技能的水平。学生可以从系统的角度看待问题和学科，学会分析和解决问题的方法，培养系统思维和学科思维，从而提高对学科的整体理解和把握能力。

第二章 高中体育专项课程结构化重组教学的现状研究

第一节 研究框架

一、研究背景

(一) 国内外相关研究的学术史梳理及研究动态

1. 高中体育专项课程教学内容体系的改革势在必行

柴如鹤在《建构有效衔接的大中小学体育教材内容体系的必要性》一文中分析认为,缺乏对各学段体育教材内容衔接的研究,教材内容存在层次性缺乏、重复性突出等主要问题。[①] 于素梅在《一体化体育课程内容体系的建构》一文中指出:"聚焦分析各类内容,都有待进一步完善,不同的内容类型存在的问题略有区分,但共性问题十分突出,即内容的不衔接、不确定和不恰当等。"[②] 从以上学者的研究中可以看出,高中体育专项课程教学内容体系的改革势在必行。

2. "运动知识和技能的结构化"是基于学科核心素养的高中体育与健康课程教学改革的现实诉求

《新课标》在课堂教学建议中明确指出,促进学生学习和掌握结构化的运动知识和技能,在面临真实的活动或比赛情境时能运用结构化的知识和技能解决实际问题,提高学生学以致用的能力,使学生逐步形成学科核心素养。运动知识和技能的结构化现已成为新课程改革对体育教学的一种主要建议进入政府纲领性文件

---

① 柴如鹤.建构有效衔接的大中小学体育教材内容体系的必要性[J].体育学刊,2011,18(6):91-93.
② 于素梅.一体化体育课程内容体系的建构[J].体育学刊,2019,26(4):16-21.

中,凸显了国家意志的导向和课程教学改革的迫切需要。

3."体育专项课程教学结构化内容体系"是提高学生的体育学习效率、形成学科核心素养的重要载体

任何学科都有其基本的结构。课程内容、教材内容和教学内容是构成学科专项课程的核心组成部分,本身就具有结构性的特点。学生如果掌握了学科专项课程教学的基本内容结构,就可以独立地面对并深入探索新的知识和技能领域,从而不断地独立认识新问题,增长新的知识和技能。这一点在"知识爆炸"的信息时代显得至关重要。

莫雷在《教育心理学》中指出,"结构化"对知识学习具有重要作用,因为当知识以一种层次网络结构的方式进行储存时,可以大大提高知识应用时的检索效率。《新课标》强调以目标统领内容,对体育课程内容缺乏较强的规定性,体育课程教学内容选择的随意性很大,加上体育与健康新教材"集束式"的编写体例和基于理解的教学要求,一些体育教师在"用教材教"的过程中对课程教学内容的整体设计和编排感到困惑和力不从心。缺乏建构体育专项课程经验和有效的教学内容转化工具,使体育教学的整体性和系统性不强,效率不高。

布鲁纳指出,教材的编制应该由学科的专家、教师和心理学家共同准备。因为在设计课程时,只有使用最优秀的人士,才能把学识和智慧的果实带给刚开始学习的学生。没有最干练的学者和科学家的积极参与,这一任务是无法完成的。我们承认高中体育教师作为《新课标》的直接实施者,承担运动专项课程的建设,能加快教师群体对课程、教材、教学的理解,能更好地转变观念,积极投入课程改革的实践;我们承认教什么具体的内容应该由学校根据课程标准的精神和内容要求,并结合学校实际情况来选择和确定。但是,这种专项课程的建设和选择是需要操作工具和专业指导的,是需要强大的内容体系来支撑的。只有将建构专项课程教学结构化内容体系的理论、方法和路径总结和提炼出来,并交由教师在实践中不断循环完善,我们才能切实减轻体育教师的工作负担,切实提高体育教学质量,切实提升学生的学科核心素养。发现现实问题,集中优质资源,整合专业力量,加强和规范体育专项课程的开发和管理势在必行。

（二）课题名称的界定

1. 专项课程教学

专项指特定的某个项目。[①]《上海市高中体育专项化课程大纲（试行）》共涉及足球、篮球、排球、乒乓球、羽毛球、网球、健美操、武术、游泳9个专项。专项化的提出使每一个运动项目都有了课程的寓意。

《教育大辞典》将课程的概念解释为：为实现学校教育目标而选择的教育内容的称谓。[②] 因所依据的知识观、学习观以及社会和哲学导向不同，课程的定义也不一样。国内学者对课程的定义可归纳为"学科"说、"进程"说和"教学内容"说。国外学者对课程的定义可归纳为"课程即学习结果或目标""课程即计划""课程即经验"。

教学改革是注重具体教学实践的改革，课程改革是强调课程整体构架的改革，课程教学的一体化发展是教育改革发展的一种总体趋势。课程与教学是有机统一的同一事物密切不可分的两个方面。[③]

专项课程教学是指将普通高中体育与健康课程内容所包括的"必修选学"部分6个运动技能系列中独立的、特定的运动项目作为一门课程进行的教学，比如篮球专项课程教学。它是将《上海市高中体育专项化课程大纲（试行）》内容与《新课标》课程内容进行"专项"融合的名词。

2. 结构化

"结构化"由"结构"和"化"组成。"结构"是指事物的组织形式或组成方式。在任何领域，结构都是指组成整体的各个部分之间的相互关系和排列方式。简单地说，结构就是指要素的连接及连接的内在逻辑。"化"可以有三个方面的理解：一是指变化，如化脓、化妆等；二是加在名词或形容词之后构成动词，表示转变成某种性质或状态，如美化、绿化等；三是体现不断生成的过程，如数字化、情境化。

"结构化"是指将相对零散、无序的各部分要素根据任务和需要按照一定的逻

[①] 中国社会科学院语言研究所词典编辑室.现代汉语词典[M].7版.北京：商务印书馆，2016.
[②] 顾明远.教育大辞典[M].简编本.上海：上海教育出版社，1999.
[③] 钟启泉，汪霞，王文静.课程与教学论[M].上海：华东师范大学出版社，2008.

辑关系和联系方式组织起来,形成有层次、有关联的体系、整体或集合的过程。结构化是不断生成结构的过程,这个过程涉及将信息、数据或内容进行分类、排序、编排和连接,以便更好地理解和应用。这个过程并非是一成不变的,动态变化是结构化的根本特点。①

3. 结构化内容体系

专项课程教学内容结构化与结构化内容体系有密切的关系,但它们是两个不同的概念。专项课程教学内容结构化是指将教学内容按照一定的组织结构和框架进行划分和组织,使得教学内容之间有层次和关联。这样的结构可以帮助教师和学生更好地理解、掌握体育知识和技能。在结构化体育教学中,通常会根据学习目标、内容难易程度、学科知识体系等因素进行分类和排序,确保教学内容有条不紊地被教授和学习。

结构化内容体系是指建立一个有机整体的、有层次结构的内容框架,用于涵盖特定学科或领域的所有相关知识和技能。它是一种系统性的知识组织形式,使学习者能够全面地了解和掌握该学科或领域的内容。

结构化内容体系是体育课程教学内容结构化的基础和支撑。在确立体育课程教学内容时,教师可以参考和采用结构化内容体系,将各种知识要点和技能要求有机地组织起来,形成一个完整的、有层次的课程教学内容框架。结构化内容体系提供了教学内容组织的蓝图,使教学更加系统和有序,学习者也能更好地理解知识内容的内在联系。

4. 体育与健康专项课程教学结构化内容体系

体育与健康专项课程教学结构化内容体系是系统、全面地对体育与健康专项课程教学内容进行整体搭配和安排,以确保学生获得全面的体育知识和技能,使其在纵向上具有清晰的层次,在横向上有逻辑递进的顺序,体现出教学内容间的层次性、关联性和灵活性的一种内容系统。

内容的层次性表现在知识和技能之间由简单到复杂、由易到难的递进关系;关

---

① 王鉴,王文丽.结构化理论视角下的课堂教学变革研究[J].山西大学学报(哲学社会科学版),2019(3):91-99.

联性体现在各知识和技能之间相互联系、相互促进的作用;灵活性反映课程教学内容可以根据真实情境的需要快速调用、组合和广泛迁移的特点,最终从运动能力、健康行为和体育品德三个方面落实学科核心素养的整体要求。

(三) 该项目的理论价值和实践意义

1. 理论价值

(1) 为体育与健康课程教学理论的发展提供新视角

通过构建结构化内容体系,研究者可以深入探讨如何更好地组织和传授专项课程教学的知识和技能,提高学生的学习效果,有助于推动教育理论的发展,为教育实践提供更科学的指导。结构化内容体系将相关的知识、技能和概念进行分类和归纳,教学内容更容易被理解和吸收。通过这种更加系统、结构化的方法,学生能够更清晰地理解体育知识和技能的内在联系和逻辑关系,深化对体育与健康课程的学习,为教育理论的进一步发展提供了新的视角和范式。

(2) 为专项课程教学设计与改进提供结构化的内容服务

结构化内容体系可以帮助课程教学设计者更好地组织教材和教学资源,确保内容的完整性和连贯性;可以将海量的高中体育专项教学内容信息进行分类、标注,使得体育教师和学生能够更快速地查找到所需的内容,从而提高内容信息的利用效率。教育者可以基于结构化内容体系,开发更有针对性、更完善的课程,确保学生在学习过程中获得全面的知识和技能,进而培养学生的体育与健康学科核心素养。

(3) 为教育评估标准的制订提供参照

一个定义明确的结构化内容体系可以作为教育评估和质量保障的基础。未来教育机构和教育者可以利用这一体系来制订评估标准和课程目标,以确保教育质量和学生成果的合理性。它有助于明确体育与健康课程的学习目标和标准,以便更好地衡量学生的学术和实践成就,增强了对教学和评价的指导作用。

(4) 为教育政策制定者提供重要依据

该研究成果可以为教育政策制定者提供重要依据,帮助教师更好地制定体育与健康教育相关的政策,以满足社会的需求。政府和学校管理部门可以利用这些研究结果来规划和调整体育与健康课程,确保其与国家或地区的教育目标和需求相一致。

2. 实践意义

（1）为教育实践提供有力的支持和指导，提升体育教学效果和效率

结构化内容体系可以帮助教育者系统地教授体育与健康相关的知识和技能，这有助于提高专项课程教学的效果和效率，使学生更容易理解和掌握课程内容。通过对高中体育专项课程内容、教材内容、教学内容的内涵、外延及层次做系统性梳理，寻找内容之间相互连接的关键要素，可以为运动技能的组合及其运用提供依据，并为进一步开发和完善体育与健康专项课程教学结构化内容体系进行逐层递进的探索，打造教、学、练、赛、评一体化的体育与健康课程教学结构化内容体系与教学平台。

（2）用于指导高中体育与健康专项课程教学的设计和改进

教育者可引导广大一线体育教师在使用《新课标》的过程中，根据结构化内容体系来选择课程教学内容，自主设计学练活动（包括动作方法、练习方法和运用方法）和检测评估方法，确保课程内容的完整性和连贯性，有效完成从"课程内容"向"教学内容"的转化。通过厘清教学内容在各个不同层面的关系，找到教学内容相互连接的规律和要求，针对各自不同的实际情况，开发更有针对性、更完善的专项课程教学，"活化"固化的标准课程，确保学生在学习过程中获得全面的知识和技能。

（3）促进高中体育专项课程教学内容的有效利用

专项课程教学内容的结构化安排，可以将海量的高中体育专项运动内容信息进行分类、整理和标注，使得体育教师和学生能够更快速地查找到所需的内容，发现内容间的联系和顺序，从而提高内容信息的利用效率和管理效率。

（4）有助于根据学生的不同需求和兴趣提供个性化学习支持

教育者可以根据学生的水平和兴趣选择适当的教学资源和方法，根据学生的水平和需求进行不同程度的教学，以确保每个学生都能在适合自己的节奏下学习，从而更好地帮助学生有效学习和掌握结构化的运动知识和技能，提高学生在真实情境下解决问题的能力，使学生逐步形成学科核心素养。

"学科核心素养视域下高中体育与健康专项课程教学结构化内容体系研究"课题是在《新课标》颁布和上海市"高中体育专项化"教学改革试点工作深入推广的背景下推进的一项新研究。它力求体现以培养学生的核心素养为出发点和归宿，注重体育与健康专项课程教学内容的合理分布和相互衔接,在知识和技能学习中表现出结构性特点,通过构建结构化的内容体系来实现体育课程结构化的教学。

二、研究对象

以上海市静安区22所高中学校的41名篮球专项教师(包括进行问卷调查和结构化重组教学实验的老师),以及前测794名、后测726名篮球专项班学生作为本项目的研究对象。

三、研究目标

1. 建构高中体育与健康专项课程教学结构化内容体系

基于学科核心素养,聚焦高中体育与健康专项课程教学内容,建构纵向主次分明、横向逻辑清晰、内在相互关联、形式多元组合的高中体育与健康专项课程教学结构化内容体系(以篮球为例)。

2. 合理安排、选择教学内容

根据学生的实际情况合理地安排、选择教学内容,提供个性化学习的支持,提高学生在面对真实的情境时运用结构化的运动知识和技能解决现实问题的能力,逐步形成学科核心素养。

3. 开发编码和结构化重组数字工具

开发编码和结构化重组数字工具,确定专项课程教学内容的唯一性,在呈现整体专项课程教学内容结构的同时,梳理内容间的关联关系,直观、形象地表达整个结构化设计的逻辑性,方便体育教师对教学内容的理解和调用。

4. 优化课程资源

积累、开发相关的专项课程教学内容资源(篮球),帮助基层的高中体育教师建立专项课程教学的整体视角,灵活地制订个性化的学习方案,为专项课程教学内容的选择、结构化教学的设计和实施过程提供实践工具和理论支架。

5. 促进高中体育与健康专项课程结构化重组教学的实施

以结构化内容体系推动高中体育与健康专项课程结构化重组教学的实施,实现高中体育与健康专项课程教、学、练、赛、评一体化的教学内容的整合;激发学生的主体意识，通过结构化内容的教学使学生在运动能力、健康行为和体育品德三个方面都取得进步，达到培育学科核心素养的目的。

四、研究内容

（一）高中体育与健康专项课程教学结构化内容实施现状调查与分析

1. 高中体育教师专项课程教学结构化内容实施现状调查与分析
2. 高中生体育与健康专项课程教学结构化内容实施现状调查与分析

（二）构建高中体育与健康专项课程教学结构化内容体系研究

1. 理解高中体育与健康课程教材内容
2. 自上而下地"解构"高中篮球专项课程教材内容
3. 自下而上地"建构"高中篮球专项课程教学结构化内容体系
4. 高中篮球专项课程培养学生健康行为的实施路径研究
5. 高中篮球专项课程培养学生体育品德的实践与反思

（三）高中体育与健康篮球课程教学结构化内容体系的实践运作

1. 高中篮球专项课程结构化重组教学的准备
2. 高中篮球专项课程结构化重组教学的实施
3. 高中篮球专项课程结构化重组教学的实施案例

（四）篮球专项课程结构化重组数字工具的开发与使用

1. 结构化重组数字工具设计框架
2. 结构化重组数字工具的使用
3. 结构化重组数字工具在教学实践中的应用

五、研究方法与过程

本研究主要采用文献资料法、问卷调查法、专家咨询法、观察分析法、实验法、案例分析法等研究方法，围绕项目研究内容提前进行整体规划，逐步完成各个任务内容。

表 2-1 课题研究的主要内容、方法与过程

研究内容	分解内容	主要研究方法	研究过程
一、基础理论研究	1. 第一性原理 2. 金字塔结构 3. 结构化体系	文献资料法：收集与查阅国内外在此领域的相关文献资料，领悟精神，形成基本的结构化观点和思路。	准备阶段：2020年2月—11月
二、高中体育与健康专项课程教学结构化内容实施现状调查与分析	1. 高中体育教师专项课程教学结构化内容实施现状调查与分析 2. 高中生体育与健康专项课程教学结构化内容实施现状调查与分析	问卷调查法：围绕研究目标设计相关调查问卷，听取高中专项班学生和体育教师对课题项目的反馈、意见和建议 专家咨询法：走访上海市学校体育界对"结构化"教学有相关研究的专家、学者，获取宝贵经验。	第一阶段：2020年12月—2021年7月
三、高中体育与健康专项课程教学结构化内容体系的框架研究	1. 理解高中体育与健康课程教材内容 2. 自上而下地"解构"高中篮球专项课程教材内容 3. 自下而上地"建构"高中篮球专项课程教学结构化内容体系	观察分析法：本课题主要对本区域高中学校体育教师的专项课程教学内容、计划和实施情况进行全面的重点跟踪调研，发现问题并分析成因，以寻找有效依据和改进对策。 案例分析法：搜集体育专项课程开设的典型（成功）案例，通过整理、分析、归纳，力求反映课程教学内容结构的共性规律和阶段性特征，选择具有典型意义的学校进行全过程跟踪，提炼成果和经验，为本课题的研究提供事实支撑和理论依据。	第二阶段：2021年8月—2022年2月

(续表)

研究内容	分解内容	主要研究方法	研究过程
四、高中体育与健康专项课程教学结构化内容体系的建构	1. 使用编码技术建构结构化内容体系 2. 建构结构化的篮球课程基本知识内容体系 3. 建构结构化的篮球技战术内容体系 4. 建构结构化的篮球比赛内容体系 5. 建构结构化的篮球体能内容体系	行动研究法：主要对参加课题研究的体育教师的课程教学内容，根据研究设想进行调整，并进行实践中的检验，然后再实践、再调整、再检验，在理论的指导下不断深入实践，使课题研究在动态中不断完善。	第三阶段：2022年3月—7月
五、高中篮球专项课程教学结构化内容体系的实践运作	1. 高中篮球专项课程结构化重组教学的开展与实施 2. 篮球综合测试与数据分析 3. 高中篮球专项课程结构化重组教学的实施策略	测试法：根据研究的需要，设计篮球综合测试方案，运用客观和主观的评分量表收集学生身心发展和学习结果的数据，通过分析揭示结构化重组教学的效果。	第四阶段：2022年8月—2023年2月
六、结构化重组数字工具的开发与使用	1. 结构化重组数字工具设计框架 2. 结构化重组数字工具的使用 3. 结构化重组数字工具在教学实践中的应用	资料查阅法：查阅各种数字化工具开发的信息，获取有价值的素材，提高研究的准确度和实效性。	第五阶段：2023年3月—7月
七、优化结构化内容体系并继续推进教学实践，形成项目课题的总报告并提供相关附件（以篮球为例）	1. 撰写总报告 2. 确立相对稳定的结构化内容体系 3. 形成单元、课时结构化教学内容模板	行动研究法：主要针对参加课题研究的体育教师的课程教学内容，根据研究设想进行实践与调整，不断优化结构化内容体系。	总结阶段：2023年8月—11月

（一）根据课题研究的主要内容进行任务分解

体育与健康学科核心素养视域下的专项课程教学内容应包含运动能力、健康行为和体育品德三个方面。其中，运动能力的培养是发展学科核心素养的显性核心载体，而健康行为和体育品德是在体育教育的情境中不断渗透形成的隐性内容。因此，我们在重点研究运动能力提升的基础上，同步开展了培养学生健康行为的实施路径研究和培养学生体育品德的实践与反思行动。《新课标》规定的必修选学内容（专项课程内容）由基本知识与技能、技战术运用、专项体能与一般体能、展示与比赛、规则与裁判方法、观赏与评价六个方面组成。鉴于结构化内容体系建构的需要，课题组根据金字塔原理之 MECE 不重不漏、完全独立的原则，将体现运动能力培养的六方面内容进行了归类和分解，如图 2-1 所示。

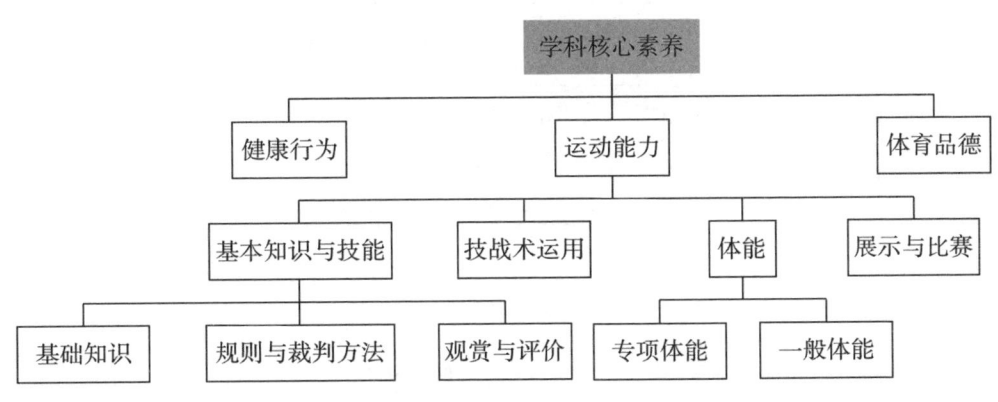

图 2-1 高中体育与健康专项课程教学内容分解

（二）根据"总分总"的原则明确分工，责任到人

本课题研究既有团队共同学习攻坚克难的合作形式，也有发挥个人专项优势深入探究的分工形式。譬如，在课题研究的初始阶段，课题组成员共同学习新课标、新教材和新教参，共同进行基础理论研究，交流心得体会，深入了解教师对建构结构化内容体系的真实想法，清晰呈现教师开展常态专项教学工作时所遇到的问题。通过共同学习和研究，课题组在学习观、教学观、学生观、教师观等方面达成共识。在课题研究的实施调整阶段，课题组根据对主要内容的分解进行具体分工，每一位课题组成员都承担一个分支的研究内容，责任到人，在每次的例会中汇报研究

进展,并在群策群议的基础上不断完善。在课题研究的总结阶段,课题组认真听取各实验校的经验和建议,不断共同优化和改进在结构化内容体系和结构化重组教学中遇到的实际问题。

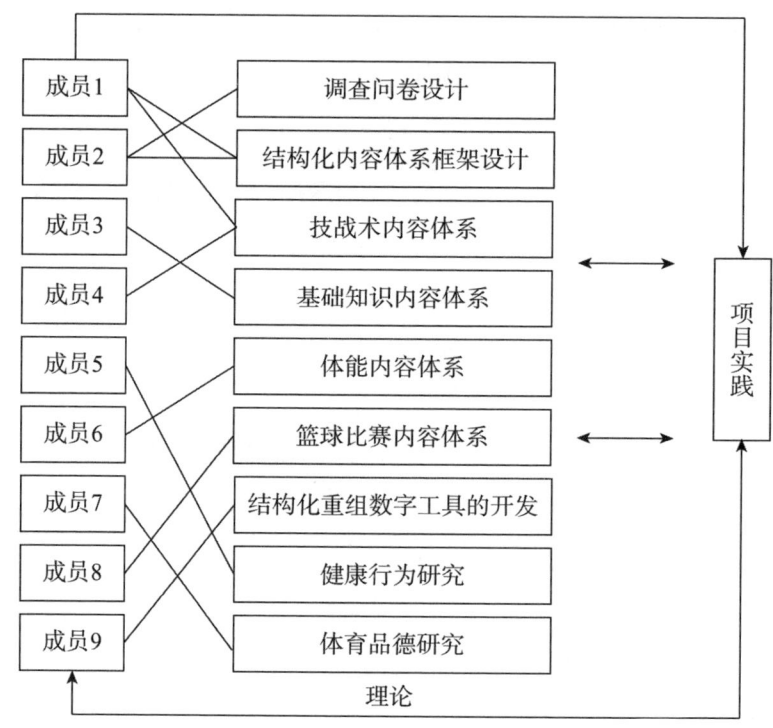

图 2-2　课题研究任务分工

（三）根据课题研究的实际需要架构研究机制

本课题研究内容覆盖高中学段的三个年级,我们从循证研究的角度出发,将 9 名课题组成员按 3 人一组,分为高一年级实验组、高二年级实验组和高三年级实验组,在实验全面覆盖的基础上,重点采集课题组成员所负责年级的实验数据,了解学生身心变化的情况。采用"区校联动机制"以及"课题组例会制度",保障研究项目有序推进。在新冠病毒感染猖獗时期,坚持两周一次的线上研讨。在联动机制和例会制度的双向加持下,研究小组各有研究重点,不断根据研究需求进行"双周交互联动"。从结构化内容体系建构的整体入手,建立专项课程教学内容素材库,科学选取实验班和对照班,积极开展建构结构化内容体系的实践活动。

第二节 针对教师的研究

为了全面了解高中体育教学的实际情况,发现体育教师对体育专项课程教学结构化内容的认识与运用情况,我们对执教高中篮球专项课程的体育教师进行了问卷调查,以期发现篮球专项课程实施过程中在结构化认知、教学内容设置和安排上存在的问题和不足,从而为建构课程教学结构化内容体系提供理论依据和数据支撑。

一、调查问卷的设计与实施

我们依据结构化教学的相关理论和高中体育教师的实际情况编制问卷,主要从三个方面展开调查:样本情况统计,体育锻炼意识与行为,对结构化教学内容的认识、态度和实际运用情况。我们以上海市静安区22所高中(含完中)的41位篮球专项教师为调查对象,使用问卷星,共回收有效调查问卷41份。

二、调查结果与分析

(一)高中篮球专项教师调查样本情况统计与分析

表 2-2 调查样本统计数据

项目	分类	人数/个	百分比/%
性别	男	35	85.37
	女	6	14.63
篮球专项	是	33	80.49
	否	8	19.51
教龄	0—5 年	17	41.46
	6—10 年	8	19.51
	11—15 年	5	12.20
	16—20 年	2	4.88
	20 年以上	9	21.95

（续表）

项目	分类	人数/个	百分比/%
职称	初级教师	18	43.90
	中级教师	17	41.46
	高级教师	5	12.20
	正高级教师	1	2.44
学位	专科	0	0
	本科	32	78.05
	硕士及以上	9	21.95
执教专项年限	2年以下	5	12.20
	2—4年	13	31.71
	5—10年	13	31.71
	10年以上	10	24.38

此次调查包括全区所有高中（含完中）学校的各年龄段教师，覆盖面大，涉及面广，具有较强的代表性，可以由此比较全面地了解全区高中篮球专项教师对结构化内容体系的认识和运用现状。调查问卷显示，教师教龄分布较为分散，教龄在0—5年和20年以上的受访者比例较高。受访者中，大部分教师的职称是初级和中级，大部分教师在篮球教学中已有一定的经验积累。但篮球专项教学师资的不对口率为19.51%，这仍是一个较大的问题。自从高中体育实施专项化、选项化以来，专项课程教学对高中体育教师的专项化能力提出了前所未有的挑战，很多教师都面临着重选专业、回炉深造的问题。同时，体育专项课程师资的匹配率不高，这在一定程度上影响了高中体育专项化课程教学改革的可持续发展，而这也正是笔者提供结构化内容工具助力体育专项课程教学的意义所在。

（二）高中体育教师体育锻炼意识与行为的调查结果与分析

1. 关于高中体育教师对自己健康情况的调查（第1题）

调查结果显示，参与调查的41人中，63.41%认为自己健康；29.27%认为自己处于亚健康状态；7.32%认为自己很健康，精力充沛；没有人选择经常生病。可以看出，大部分体育教师身体状况良好。

2. 关于对高中体育教师每周进行篮球专项教学次数的调查（第 2 题）

参与调查的 41 人中,41.47% 每周进行篮球专项教学 4 次以上,21.95% 每周进行篮球专项教学 3 次,19.51% 每周进行篮球专项教学 2 次,17.07% 每周进行篮球专项教学 1 次。可以看出,大部分体育教师每周都会进行篮球专项教学,而且有相当一部分教师组织学生训练的次数较多。

3. 关于对高中体育教师从事专项教学年限的调查（第 3 题）

参与调查的 41 人中,43.91% 从事高中体育专项教学不足 5 年,31.71% 从事高中体育专项教学 5—10 年,仅 24.38% 从事高中体育专项教学超过 10 年。可以看出,从事高中体育专项教学不足 10 年的人数占比较高,需要加强对这些教师的培训和指导。

4. 关于高中体育教师运动能力的调查（第 4 题）

参与调查的 41 人中,39.02% 感觉目前的运动能力不如以前,34.15% 感觉差不多,26.83% 感觉有所增加。可以看出,随着年龄的增大,大多数高中体育教师的运动能力并没有得到提升,甚至有下降的趋势。这从一个侧面说明,体育教师随着执教年限的增长,体能和技能不可能持续保持在巅峰状态,要逐步从技能型、体能型体育教师向智慧型体育教师转变。如何提高教学效率？通过有效的结构化内容设计和组织实施教学,使学生的运动能力不断提高,才是新时代体育教学的应有之义。

5. 关于对高中生"走下网络,放下手机,走向操场"的看法的调查（第 5 题）

参与调查的 41 人全都赞同高中生"走下网络,放下手机,走向操场"。所有教师都认为,高中生应该减少对网络和手机的依赖,多参加体育活动。

6. 关于对限制专项教学业务能力提高的主要因素的调查（第 6 题）

参与调查的 41 人中,70.73% 认为没足够的时间是限制专项教学业务能力提高的主要因素,这表明教师在工作繁忙的情况下难以抽出时间进行专业学习和提高。63.41% 认为学习渠道太少是限制专项教学业务能力提高的主要因素,这表明教师对于专业学习的渠道和资源需求较多。34.15% 认为主观积极性不足是限制专项教学业务能力提高的主要因素,这表明教师在学习和能力提高方面需要更多的自我激励。29.27% 认为意志力不够是限制专项教学业务能力提高的主要因素,这表明教师在学习和能力提高方面需要更多的毅力和耐心。17.07%认为其他因素限制了专项教学业务能力的提高,这需要进一步探究。

7. 关于对学校体育设施情况的调查(第7题)

参与调查的41人中,有超过70%认为学校体育设施还可以或不足够供给专项教学使用,其中不足够的比例最高,达到了34.15%。只有21.95%认为学校体育设施完全足够。建议学校未来加强体育设施的建设和改善,以满足专项教学的需求。

8. 关于对专项业务能力锻炼必要性的调查(第9题)

参与调查的41人中,73.17%认为非常有必要,26.83%认为有必要,没有人认为没必要。可以看出,大部分体育教师认为平日对专项业务能力锻炼非常有必要或有必要。

9. 关于对学生通过体育锻炼是否同时也锻炼了他们的意志品质的调查(第10题)

参与调查的41人中,97.56%同意或比较同意学生通过体育锻炼可以锻炼他们的意志品质,仅有2.44%表示不好说。这说明,对于学生通过体育锻炼既能增强体质也可以锻炼意志品质已达成共识。

10. 关于体育锻炼计划的制订与实施情况调查(第11题)

参与调查的41人中,68.29%设计并实施了学生的体育锻炼计划,19.51%实施了一阶段后放弃,9.76%设计了但没实施,仅有2.44%未设计。可以看出,大部分人都认识到制订体育锻炼计划的重要性,并且有一定的实施情况,但也有一部分人在实施过程中遇到了困难或者放弃了。建议在制订计划时充分考虑学生的实际情况和能力,并且及时跟进和调整计划,提高计划的实施效果。

(三) 高中体育教师对结构化教学内容的认知、态度和实际运用情况的分析

1. 关于高中体育教师喜欢的专项教学业务钻研方式调查(第1题)

在专项教学业务钻研过程中,最受欢迎的方式是实践操作,占比达到73.17%;其次是教材研读,占比为14.63%;网络资料和理论培训的选择比例相对较低,分别为9.76%和2.44%。因此,实践操作是专项教学业务钻研过程中最受欢迎的方式。

2. 关于在专项课程教学过程中常用的组织形式调查(第 2 题)

在专项课程教学过程中,90.24%的教师经常组织几项单一技术组合进行的课堂学练,只有 9.76%的教师经常组织以单一技术为主的课堂学练。没有教师选择"无所谓"。可以推测,多数教师认为几项单一技术组合进行的课堂学练更加有利于学生的学习。

3. 关于回顾所学的知识和技能并与新知识和技能产生联系的调查(第 4 题)

在专项课程教学中,有近九成的教师经常或每节课都让学生回顾所学的知识和技能并与新知识和技能产生联系,只有少数教师偶尔这样做。这表明教师们普遍重视知识和技能的温故知新、联系应用,有利于学生的知识积累和能力提升。

4. 关于组织学生结合所学技术进行相关的专项教学比赛的调查(第 6 题)

有 80.49%的教师经常组织学生结合所学技术进行相关的专项教学比赛,19.51%的教师偶尔组织。可以看出,大部分教师认为专项教学比赛对于学生掌握运动技术有积极作用,可以提高学生的技术水平,积累比赛经验。

5. 关于实施教学内容结构化必要性的调查(第 9 题)

调查显示,63.41%的受访者认为教学过程中非常有必要实施教学内容结构化,36.59%的受访者认为比较有必要。因此,大部分受访者认为教学过程中实施教学内容结构化是有必要的。

6. 关于教学内容结构化的价值调查(第 11 题)

调查显示,教学内容结构化能够整合学生碎片化的知识,这一选项出现次数最多,占总有效次数的比例为 90.24%。这说明教师认为结构化教学内容能够将零散的知识点整合起来,使学习更加有条理。教学内容结构化能够促进学生知识的迁移应用,这一选项出现 34 次,占总有效次数的比例为 82.93%。这表明教师认为结构化的教学内容能够帮助他们将所学知识应用到实际问题中,提高知识的迁移能力。教学内容结构化能够促进学生深入理解学科本质,这一选项出现 30 次,占总有效次数的比例为 73.17%。这说明教师认为结构化的教学内容能够帮助学生更好地理解学科的本质,提高学习的深度。教学内容结构化能够帮助学生综合利用知识解决实际问题,这一选项出现 30 次,占总有效次数的比例为 73.17%。这表明教师认为结构化的教学内容能够培养学生综合利用知识解决实际问题的能力。教学内容结构化能够帮助教师整体把握教学内容,这一选项出现 25 次,占总有效次数的比例为 60.98%。这说明教师认为结构化的教学内容能够帮助自己更好地掌握教学进度和内容,提高教学效果。教学内容结构化能够为教学活动设计提供依据,这一选项出现 19 次,占总有效次数的比例为 46.34%。这表明学生认为结构化的教学内容能够为教师设计教学活动提供指导和依据。

总之,高中体育教师普遍认为教学内容结构化能够实现多种教学价值,包括整合碎片化知识、促进知识迁移、深入理解学科本质、解决实际问题、帮助教师把握教学内容和为教学活动设计提供依据等。调查结果表明,结构化教学内容对于学生和教师都具有积极的影响。

7. 关于实施教学内容结构化存在的困难的调查(第 12 题)

缺乏组织结构化内容的策略与方法是实施教学内容结构化最常见的困难,占比为 68.29%。这说明教师在教学过程中需要更多的指导和支持,以便有效地组织和设计结构化的教学内容。缺少结构化教学工具也是实施教学内容结构化的一大困难,占比为 63.41%。这意味着教师需要更多的教学资源和工具来支持他们在教学中运用结构化教学方法。学生能力达不到要求是另一个重要的困难,占比为 58.54%。这表明教师在实施教学内容结构化时需要考虑学生的能力水平,并做出相应的调整和支持。场地条件局限性是一些教师面临的困难之一,占比为 46.34%。这可能是由于教学场地的限制,导致教师无法充分发挥结构化教学的优势。

总之,实施教学内容结构化的困难主要包括缺乏组织结构化内容的策略与方法、缺少结构化教学工具、学生能力达不到要求和场地条件限制。教师需要更多的支持和资源来克服这些困难,以提高教学质量和效果。

8. 关于备课过程中遇到问题的解决方式的调查(第 15 题)

在备课过程中遇到问题时,78.05% 的教师选择与同行讨论解决,17.07% 的教师选择自己独立思考解决,4.88% 的教师选择请教专家,没有教师选择放弃。可以看出,与同行讨论解决问题是备课过程中较为常见的方式,具有一定的优势和可行性。同时,独立思考也是备课过程中必不可少的能力之一,需要不断提升。请教专家也是备课过程中解决问题的一种有效途径,但使用频率较低。

9. 关于高中体育专项课程所使用的教程来源的调查(第 16 题)

参与调查的 41 人中,46.34%使用《上海市高中体育专项化课程大纲(试行)》作为教程来源,36.58%使用体育与健康新教材作为教程来源。此外,7.32%的教师使用上海体育与健身老教材,4.88%的教师使用校本教材,还有 4.88%的教师使用其他教材。可以看出,《上海市高中体育专项化课程大纲(试行)》和体育与健康新教材是目前高中体育专项教师经常使用的。

10. 关于学生在专项课程学习上存在的主要问题的调查(第 17 题)

34.15%的教师认为教学内容与实际应用关联度不强。51.22%的教师认为教学内容缺乏系统性和整体性,可能导致学习效果不佳。63.41%的教师认为学生对动作的概念和要领不够理解。48.78%的学生在学习过程中未对所学内容进行归纳总结,可能导致知识掌握不牢固。58.54%的教师认为学生运动能力较差,可能影响学习效果。48.78%的教师认为学生练习的积极性不高,可能导致学习效果不佳。只有 4.88%的教师提到了其他问题,具体情况需要进一步了解。

总之,对于专项课程的教学,需要重点关注教学内容的关联性、系统性和整体性,同时注重学生对动作的概念和要领的理解,鼓励学生进行归纳总结,提高自身运动能力,并激发学生练习的积极性。此外,还需要进一步了解其他问题的具体情况,以便进行有针对性的改进。

11. 关于了解其他学科知识的必要性的调查(第 19 题)

大多数被调查者认为在教授本学科内容时,有必要了解其他学科的知识。具体而言,48.78%认为非常有必要,43.9%认为比较有必要,仅有 7.32%认为不太必要。没有被调查者认为没有必要。因此,可以得出结论:在教授本学科内容时,了解其他学科的知识是非常重要的。

12. 关于学生解决实际问题的能力与知识和技能之间关系的调查(第 20 题)

51.22%的教师认为学生解决实际问题的能力与知识和技能非常密切相关,48.78%的教师认为比较密切相关。没有教师认为两者不密切相关。可以看出,大多数教师认为学生解决实际问题的能力与知识和技能之间存在密切相关性。

三、调查结论与建议

(一) 调查结论

1. 高中篮球课程师资力量总体上年富力强,但存在结构性缺编问题

在对全区高中篮球专项教师进行问卷调查的基础上,从全区篮球课程师资构成的性别、教龄、职称、学历、执教专项年限等几个方面进行统计分析,笔者发现所在区篮球课程师资力量总体表现为年富力强的结构性特征。从性别结构看:静安区高中篮球专项教师共计41人,其中男教师33人,占总人数80.49%;女教师8人,占总人数19.51%。男女教师比例与学生选项的男女生人数基本匹配,能较好地满足教学的总体需要。从教龄结构看:静安区高中篮球专项教师队伍中,1—5年教龄的青年教师有17人,占总人数的41.46%,他们朝气蓬勃,充满活力,虽然经验不足,但努力好学,勇于挑战,能主动接受新思想,愿意尝试新方法来改进教学,是未来静安区高中体育教育的希望之星;6—20年教龄的教师15人,占总人数的36.59%,他们业务熟练,有较强的发展后劲,是高中体育教师队伍的中坚骨干力量;20年教龄以上的有9人,占总人数的21.95%,他们教学经验丰富,专业功底扎实,可以起到引领、带动的作用。整体师资队伍呈现出较为匀称的宝塔式结构。从学历结构看:本科学历32人,占总人数的78.05%;研究生学历9人,占总人数的21.95%。学历达标率高,尤其是近几年研究生学历的大幅度提高,为区域学科人才高地的构建奠定了基础,也为提高体育教师整体业务水平,理解和把握课改精神提供了基础保障。因此,要继续大力加强中青年教师的培养,形成老、中、青三结合的体育教师骨干队伍,在区域学科建设中发挥积极的作用。从职称结构看:高级教师5人,占总人数的12.20%;中级教师17人,占总人数的41.46%;初级教师18人,占总人数的43.90%;正高级教师1人,占总人数的2.44%。有初级升中级需求的教师较多,但12.20%的高级教师比例与其他学科相比还是太低。拓展职称晋升空间,让具有丰富教学经验的教师看到希望,激发他们积极向上的动力,充分发挥体育高级教师的示范、引领作用,带动大批基层的体育教师将体育教学工作搞得更有声色,是今后职改的重要方向。

2012年12月7日，上海市教委印发《上海市教育委员会关于开展"高中体育专项化"教学改革试点工作的通知》，实施"高中体育专项化"教学改革。自此，上海高中体育专项教学师资的结构性缺编就一直存在。

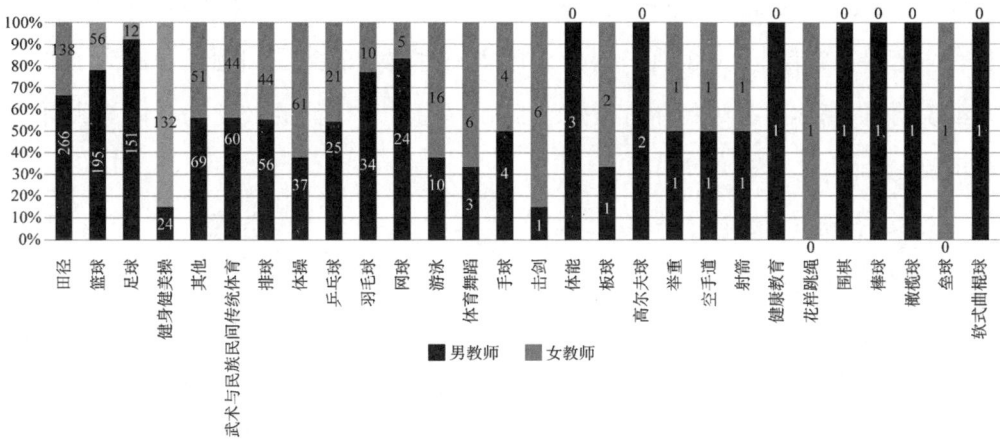

图2-3 高中体育专项教师分布情况（截至2021年8月）

从图2-3中可以看出，由于历史原因，高中体育专项教师的专项分布与上海高中体育专项化教学所规定的足球、篮球、排球、乒乓球、羽毛球、网球、游泳、武术、健美操等9个专项有较大的出入，并非无体育教师，而是缺少符合学生兴趣需要、技能发展需要的专项对口的体育教师，即为结构性缺编。这突出体现在上海高中体育教师中田径专项的人数较多，而现实中各高中学校开设田径专项的则少之又少。其他专项，像体操、武术与民族民间传统体育，教师人数比较多，但开设情况不甚理想。在以学生兴趣和技能水平为依据，打破传统年级、班级概念的分层次的高中体育专项化教学改革推进过程中，大批体育教师放弃自己已有多年训练和教学经验的专项，去执教自己并不擅长甚至是不熟悉的项目。虽然每年都有市里集中的专项培训，但凭着现学现卖的一招半式想要达到专项教学的水平和境界真的是勉为其难。当我们看到体操教师在上篮球课，武术教师在示范乒乓球正手攻球，田径教师在其他项目上奋力拼搏时，真的是感慨良多。所以，有时候我们只能用"钻研＋敬业"来诠释所谓的"专业"，聊以自慰。虽然一直以来我们大力提倡体育教师要一专多能，但现实是越专业的运动员越难"多能"。

2. 高中篮球教师体育锻炼意识较强，但行动力不足

问卷调查结果显示，高中篮球教师具备一定的运动锻炼意识和对健康的关注，但没有足够的时间、学习渠道太少、主观积极性不足、个人意志力不够等原因限制了专项业务能力的提高。虽然大部分人都认识到制订体育锻炼计划的重要性，并且有一定的实施情况，但也有一部分人在实施过程中遇到了问题或者放弃了。这些都说明，提高体育教师的体育锻炼意识和行为对于他们的教学和身体健康都至关重要。

3. 高中篮球教师对结构化教学内容的认知到位，态度积极并具有一定的实践经验

根据内隐理论，一个教师一旦成为熟练的教师、资深的教师，他的头脑之中就会沉淀下来太多太多自认为是正确的观念，因为成功的经验支撑了他。但是，我们的教育在不断地变化、不断地变革，要改变教师的这些习惯思维其实是很难的。难在哪里？首先难在改变观念，因为认知是第一位的，他只有认识到了这件事情才会去行动。所以，改变其实有两个维度，一是要有基于核心素养发展的教学观、学习观，二是要有行动的方法和策略。

随着新课程教学改革的不断推进，结构化、情境化早已深入人心，新的知识观正在形成。我们欣喜地看到体育教师对教学内容结构化有了高度统一的认识：可以整合学生碎片化的知识，可以促进学生知识的迁移应用，可以促进学生深入理解学科本质，可以帮助学生综合利用知识解决实际问题，可以帮助教师整体把握教学内容，可以为教学活动设计提供依据。所有受访教师均认为在教学过程中实施教学内容结构化是必要的。同时，体育教师在教学过程中表现出如下行为：重视实践操作，回顾所学过的知识和技能并与新知识和技能产生联系，经常组织教学比赛，帮助学生对学习的运动知识和技能进行归纳总结，等等。教学观念的改变和行为的跟进已使高中体育专项课程的课堂开始悄悄地发生变化，但教师面临的教学困难和学生遇到的学习问题也随之浮出水面。

表 2-3 实施教学内容结构化存在的困难和问题

教师教学面临的主要困难	占比/%	学生学习遇到的主要问题	占比/%
缺乏组织结构化内容的策略与方法	68.29	对动作的概念、要领不理解	63.41
缺少结构化教学工具	63.00	自身运动能力较差	58.54
学生能力达不到要求	58.54	教学内容缺乏系统性和整体性	51.22
场地条件局限	46.34	未对所学内容进行归纳总结	48.78
设计结构化内容太浪费教师精力	36.59	练习的积极性不高	48.78
不知道如何在教学中应用	36.59	教学内容关联度不强	34.15

(二) 建议

1. 加强对所使用体育专项课程教材的理解,提升对结构化教学内容的认知度

迁移是教育重要的目标之一,是运用所学的知识去回答新问题、解决新问题或促进新材料学习的能力。迁移的重点在于,学生需要理解和运用他们所学习的东西。理解是迁移的基础,促进教师和学生理解所使用的教材是提升对结构化教学内容认知度的关键。理解的认知过程包括解释、举例、分类、概要、推论、比较和说明。[①]

对任何一个运动项目课程的学习都需要有相关的专项课程教材的支持。笔者通过调查发现,《上海市高中体育专项化课程大纲(试行)》和体育与健康新教材是目前静安区高中体育专项教师使用较多的教学用书。学校或教研机构可以开展对新教材的分析和解读等培训、学习活动,分析教材的编写思路、结构特点、重点和难点,让高中体育教师对新教材的内容体系有一个比较清晰的认知。比如,识别核心内容、重要内容和具体内容,并判断它们之间的层级关系和横向联系,形成对专项课程教学内容初步的结构化认识。在培训和学习过程中,要明确结构化内容的重要性和应用价值,提供进行教学内容结构化的方法和工具,对新教材的知识、技能体系和学习目标进行合理的分类和排序,帮助教师理解教材的核心理念和内容组织逻辑。

---

① L. W. 安德森,D. R. 克拉斯沃尔,P. W. 艾雷辛,等.学习、教学和评估的分类学[M].皮连生,主译.上海:华东师范大学出版社,2008.

2. 基于体育教材内容体系,构建体育专项课程教学结构化内容体系

体育教材内容是根据体育与健康学科任务编选和组织的有一定范围和深度的知识和技能体系。基于教材内容体系构建结构化内容体系,首先要明确体育与健康教材所涵盖的核心素养领域与知识和技能范围。要了解体育与健康学科的核心概念、基本原理以及内容要点,构建学科知识和技能框架作为整体结构的基础。然后,在确定学科知识和技能框架的基础上,将教材内容按照相关性和内在联系进行划分,并进行层次化组织和分类,形成纵向上以上统下、层次清晰,横向上归类分组、逻辑递进的三角形树状结构化内容体系。有效构建结构化内容体系,不仅有助于学生对教学内容的理解和掌握,更有利于教师在教学设计和实施中灵活调整教学内容,实现个别化教学。

3. 根据教学实际对结构化内容体系进行结构化重组并实施教学

没有任何一种教学设计可以适用于所有地区、学校的学生。体育教学进度、体育专项课程大单元教学设计和课时计划,都应该因学生的不同而做出调整。从这个角度上讲,每一位体育教师的教学设计都应该是不同的。根据教学实际对结构化内容体系进行结构化重组,并实施结构化重组教学,才是使体育教学真正具有针对性、挑战性,实现因材施教教育理想的解决之道。

首先,要合理规划教学单元,设计单元学习内容模板,从结构化内容体系中选择合适的内容,进行整体编排和组织,生成相互联系的教学单元系列。同时,要确立教学关联,明确各个教学单元之间的联系,帮助学生理解不同单元之间的内在联系,形成整体的单元架构。其次,在每个教学单元内,按照难易程度、知识和技能的层次关系,设计合理的教学层次,确保学习者能够逐步建立起知识和技能的系统结构。每个教学单元都应包含一个特定主题或大概念,且在教学过程中有一定的独立性,方便学生逐步学习和理解。再次,就是要在单元设计的基础上进一步分解内容进入课时计划,帮助学生将主题内容转化为具体教学内容和方法,促进知识和技能的理解、应用。最后,学校和教研部门也可以为体育教师提供丰富的教学资源。比如,积聚专业力量,共同开发体育专项课程内容体系、结构化重组的方法与工具,各种运动的素材,多元化的教材、教案、多媒体教学资料,等等。学校可以组织观摩课、教学研讨会等活动,让教师互相学习和分享经验。教研部门可以定期对教师进行教学指导,帮助教师解决在教学内容结构化过程中遇到的各种问题和困难。

4. 提供帮助体育教师增强体育锻炼意识和进行体育锻炼的措施

首先,从学校角度,可以为体育教师提供专业培训,学习健康与体育锻炼的最新知识和研究成果,这样可以帮助他们更好地了解体育锻炼的重要性,以及如何将锻炼融入日常生活中。学校可以提供良好的体育锻炼环境,例如设立健身房、运动场等,方便体育教师进行锻炼。其次,从自我建设角度,体育教师应该关注身体健康的相关知识,了解不同锻炼方式的益处,以及如何预防运动损伤和疾病;为自己制订一个合理的体育锻炼计划,包括每周的锻炼时间和内容,将锻炼计划列入日程表,养成定期锻炼的习惯。体育教师可以将体育锻炼融入自己的教学中,例如在体育课上积极参与和示范体育动作,与学生一起进行体育活动,增加教师和学生之间的互动。在业余时间,可以和同事一起参加体育锻炼活动,互相激励和监督,形成锻炼的团队氛围。可以设立小目标,并共同努力实现这些目标。必要时,可以定期进行锻炼效果的反思和记录,记录自己的锻炼时间、方式和效果,从而更好地了解自己的锻炼习惯,发现问题并及时改进。

结构化教学是一个不断改进和完善的过程,体育教师应该保持持续学习的态度,不断更新自己的知识和技能,提高实施结构化教学的应用能力,从而提升教学的质量和效果。

第三节 针对学生的研究

为了更好地了解学生对体育课程的学习体验和感受,激发学生对体育课程的兴趣,提高学习的积极性和参与度,笔者对静安区七所实验试点高中的学生发放了《静安区高中体育专项课程教学结构化内容实施现状调查问卷(学生)》,通过调查与分析为研究提供依据。

一、调查问卷的设计与实施

笔者依据结构化教学的相关理论和高中生的实际情况编制问卷,主要从三个方面展开调查:(1)从体育锻炼的意识和习惯角度了解学生参加运动专项学习的动机和现状;(2)对专项课程教学结构化内容的认知和态度进行初步摸底;(3)了解学生体育专项学习的情感意志力状况。调查以上海市静安区七所高中(含完中)的篮球班学生为对象,使用问卷星,共回收有效调查问卷 666 份,其中高一年级有 314 人,高二年级有 255 人,高三年级有 97 人。

二、调查结果与分析

(一) 关于体育锻炼意识和习惯的结果与分析

1. 你参加体育专项训练有多久?(第 1 题)

在参加体育专项训练的学生中,超过 80% 参加了 1~2 年的训练,仅有不到 7% 参加了 5 年及以上的训练。可以推断,参加体育专项训练的学生大多是初学者或者处于巩固基础、提高技能的阶段。

2. 你认为自己的身体状况如何?(第 2 题)

在本题有效填写人次中,58.70% 认为自己是健康的,25.37% 认为自己处于亚健康状态,只有 3.56% 经常生病。此外,12.37% 认为自己很健康,精力充沛。可以看出,大部分学生对自己的身体状况有一定的认识,但也有一部分学生需要更加重视身体健康。

3. 相比以前,你感觉进入高中后的体育运动量怎样?(第 5 题)

调查结果显示,47% 的学生感觉进入高中后体育运动量有所增加,35% 感觉差不多,18% 感觉不如以前。可以初步判断,高中学生的体育运动量整体上有所增加,但仍有相当一部分学生感觉运动量不如以前。

4. 你参加专项体育锻炼的主要目的是什么?(第 8 题)

增强体质是参加专项体育锻炼的主要目的,占比为 47.59%;对体育项目的热爱的占比为 19.71%;休闲、减缓压力是另一个重要的目的,占比为 13.21%;以完成学校的体育考试和减肥为目的的相对较少,占比分别为9.01%和8.39%;其他目的的占比为2.10%。可以看出,高中学生参加专项体育锻炼主要是为了增强体质和出于对体育项目的热爱。

5. 哪些因素限制了你参加体育锻炼?(第9题)

超过一半的学生(52.62%)认为,没有足够的时间是限制他们参加体育锻炼的主要因素;14.47%的学生认为,意志力不够是一个重要的心理障碍,需要更多的鼓励和支持;只有10.27%的学生认为,学校的运动设施不齐全是限制他们参加体育锻炼的原因,这可能意味着学校的运动设施还是比较好的;8.81%的人认为,没有玩伴陪同锻炼是限制他们参加体育锻炼的原因,这也需要更多的社交支持。除此之外,还有一小部分学生认为,没有兴趣爱好或其他原因限制了他们参加体育锻炼。

6. 你认为学校的体育课项目是否足够?(第12题)

调查结果显示,学生对学校的体育课项目的整体满意度较高,超过七成的学生认为足够;只有不到十分之一的学生认为,学校的体育课项目太多;仍然有超过一成的学生认为,学校的体育课项目不足或完全不足,因此需要进一步了解学生认为不足的原因,以便进行改进和优化。

7. 你认为参加专项体育锻炼有助于你的健康吗?(第13题)

绝大多数学生(72.53%)认为参加专项体育锻炼非常有益于健康,仅有少部分学生(25.58%)认为有少许益处,极少数学生(1.89%)认为没有益处或者有害。可以看出,绝大多数学生认为参加专项体育锻炼有益于健康。

8. 自从坚持专项体育锻炼后,你的体重和外形有没有发生变化?(第14题)

调查结果显示,有20.75%的学生表示自己坚持专项体育锻炼后有很大的变化,49.06%的学生表示有一点变化,30.19%的学生表示没有变化。可以看出,大部分人坚持专项体育锻炼后都有一定的变化,专项体育锻炼对体重和外形的影响会随着坚持的时间增多而逐步显现出来。

9. 你是否制订过相应的体育锻炼计划?如果制订过,最后实施了没有?(第15题)

调查结果显示,几乎每个学生都制订了体育锻炼计划,48.43%的学生一直按照计划锻炼,38.99%的学生坚持一段时间后放弃了,12.58%的学生刚开始就放弃了。可以看出,大部分人能制订计划并坚持锻炼,但也有相当一部分人会在一段时间后选择放弃。建议制订合理的锻炼计划,并在锻炼过程中不断调整和改进,以提高锻炼的效果和坚持锻炼的能力。

10. 你不经常参加专项体育锻炼的原因是什么?(多选,第16题)

多数人不经常参加专项体育锻炼的主要原因是"没时间",占比为64.99%;其次是"太累",占比为46.33%;"没有适合运动的场所"也是一个较为普遍的原因,占比为39.2%;相对而言,"没兴趣""怕影响学习及日常生活"的占比较低,分别为22.43%、35.64%;"其他"的占比更低,只有10.48%。可以看出,多数学生不参加专项体育锻炼的主要原因是没时间和身体疲劳。

11. 你觉得应该如何提高高中生参加专项体育锻炼的积极性?(多选,第17题)

调查结果显示,开展丰富多彩的校园活动是提高高中生参加专项体育锻炼积极性的最有效措施之一,占比为81.55%,这表明学校组织各种体育活动如运动会、比赛等,可以吸引更多的学生积极参与体育锻炼;多鼓励、多宣传也是提高高中生参加专项体育锻炼积极性的重要手段,占比为61.01%;多开设学生感兴趣的体育课也是一种有效的措施,占比为77.15%;追加综合素质评分以示鼓励的效果较低,占比仅为27.46%,这可能是由于学生对于仅仅因为绩点而参与体育锻炼缺乏动力,需要更多的激励措施。

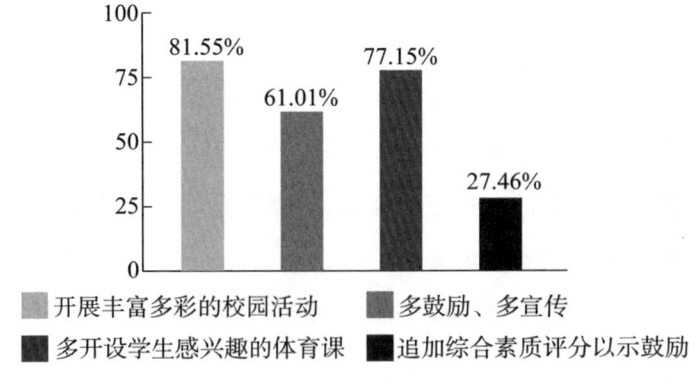

图 2-4 参加专项体育锻炼积极性调查结果

总之,为了提高高中生参加专项体育锻炼的积极性,学校应该开展丰富多彩的校园活动,多鼓励、多宣传,并且多开设学生感兴趣的体育课程。此外,还可以考虑采取其他激励措施来提高学生的参与度。

(二)对专项课程结构化教学内容的认知和态度的结果与分析

1. 在专项课程学习过程中,你最喜欢的学习方式是什么?(第1题)

在对666名学生的问卷调查中,49.06%的学生选择小组学习,22.64%的学生选择个人学习,20.34%的学生选择全班集体学习,7.97%的学生选择"无所谓"这个选项。可以看出,小组学习是受访者最喜欢的学习方式。

2. 在技能学习过程中,你最喜欢哪种学习形式?(第2题)

大多数学生(60.59%)喜欢几项单一技术组合进行的课堂学习,而少数学生(18.24%)喜欢以单一技术为主的课堂学习。此外,还有一部分学生(21.17%)表示无所谓。

3. 在学完某个运动技术动作后,教师是否帮助你们对学习的运动知识和技能进行归纳总结?(第3题)

69.39%的学生表示教师经常帮助他们对学习的运动知识和技能进行归纳总结,25.37%的学生表示偶尔会得到教师的帮助,仅有5.24%的学生表示从未得到过教师的帮助。

4. 在专项课程学习过程中,老师是否将与学习内容相关的运动知识和技术介绍给你们?(第4题)

调查结果显示,有75.89%的学生表示教师经常将与学习内容相关的运动知识和技术介绍给他们,20.55%的学生表示教师偶尔会介绍,仅有3.56%的学生表示教师从不介绍。

5. 在学习新的运动技术时,你能够运用先前所学的相关知识和技能或已有的学习经验吗?(第5题)

调查结果显示,超过一半的学生(59.54%)经常能够运用先前所学的、与其相关的知识和技能或已有的学习经验进行学习,25.16%的学生偶尔能够运用,只有3.98%的学生从不运用,另有11.32%的学生在教师引导下才能够运用。这表明大多数学生在学习新的运动技术时,能够运用先前所学的、与其相关的知识和技能或已有的学习经验进行学习。

6. 在学习某一动作技术的过程中,你是否会主动去了解这项运动的相关文化与故事,如篮球巨星、世界上跑得最快的人等?(第6题)

调查结果显示,70.02%的学生回答"是",29.98%的学生回答"否"。可以看出,大多数学生在学习某一动作技术的过程中会主动去了解相关文化与故事。

7. 当你在专项体育课堂学习中遇到问题时,会采用下列哪种方式解决?(第7题)

调查结果显示,大多数学生在遇到问题时会选择与同学讨论解决,占比达到45.71%;选择自己独立思考解决的占比为33.33%;选择请教老师指导解决的占比为15.72%,相对较少;5.24%的学生会选择放弃,这个占比更小。可以看出,学生在专项体育课堂学习中遇到问题时,大多数会选择与同学讨论解决。

8. 在掌握某一运动技术后,教师是否经常组织你们结合所学技术进行相关的专项教学比赛?(第8题)

调查结果显示,54.93%的学生表示教师经常组织他们进行相关的专项教学比赛;38.78%的学生表示教师偶尔会组织;只有6.29%的学生表示教师从不组织。可以看出,教师组织专项教学比赛的频率较高,这有助于提高学生的技能水平和竞技水平。

9. 在开始学习新的动作技术时,你认为以下哪种教学方法对你最有用?(第9题)

调查结果显示,大多数学生(55.56%)认为教师在讲解时同步进行示范是最有用的教学方法,其次是观看教师示范动作(29.98%)。相比之下,组织同学进行动作技术的图例讲解和观看动作技术的教学视频这两种教学方法的比例较低,分别为9.64%和4.82%。因此,教师在教授新的体育技术时应该注重示范,同时进行讲解,这样可以更好地帮助学生掌握技术。

10. 在专项课程学习过程中,你认为自己在学习方面存在哪些问题?(第11题)

练习时间不够是学生在体育专项课程学习中最常见的问题,占总有效次数的

60.8%。这表明学生普遍感到课程时间不足以进行充分的练习,可能需要增加课程时间或提供额外的练习机会。对动作的概念和要领不理解是学生在学习中存在的第二大问题,占总有效次数的38.36%。这说明学生对于体育动作的理解程度较低,需要加强对动作概念和要领的教学和讲解。自身运动能力较差是学生在学习中存在的另一个主要问题,占总有效次数的39.62%。这意味着学生普遍感到自己的运动能力较差,可能需要提供个性化的辅导和训练计划,以帮助他们提升运动能力。未对所学内容进行归纳总结是学生在学习中存在的第三大问题,占总有效次数的26.21%。这表明学生在学习过程中没有形成良好的归纳总结习惯,可能需要加强对学习方法和技巧的培养。练习的积极性不高是学生在学习中存在的另一个较为普遍的问题,占总有效次数的22.64%。这说明学生对于课程的兴趣和练习的积极性有待提高,可能需要设计更具吸引力的课程内容和活动形式。

总之,学生在体育专项课程学习中主要存在练习时间不够、不理解动作概念和要领、自身运动能力较差、未进行归纳总结、练习的积极性不高等问题。针对这些问题,可以采取相应的措施,如增加课程时间、加强动作教学、提供个性化辅导、培养学习方法和技巧以及设计更具吸引力的课程内容,以提高学生的学习效果和兴趣。

(三) 学生体育专项课程学习意志力状况的调查结果与分析

"意志也者,固人生事业之先驱也。"[①]学生是否能够坚持锻炼以达到既定目标和意志力有较大关系。从表2-4可以看出,学生只要具备明确的目标和下定决心,就能表现出一定的意志努力或者具备意志力,关键是这个目标和决心是教师定的还是学生自己定的;确立学生的主体地位,让他们成为学习的主人,为自己的目标和决定负责,才能真正有效激起他们强大的意志力,达成最终目标。但意志力的培养并不是一蹴而就的,而是有一个由弱到强、由短暂到持久的循序渐进的培养过程。比如,训练的条件、运动损伤、简单重复的枯燥内容、过长的训练时间都会对意志力提出挑战。如何发挥学生的主观能动性,合理地安排教学内容、运动负荷,选

---

① 中共中央文献研究室,中共湖南省委《毛泽东早期文稿》编辑组.毛泽东早期文稿[M].长沙:湖南出版社,1990.

择合适的教学方法和教学环境,有效避免运动损伤,是结构化重组教学中重点关注的问题。

表2-4 学习意志力状况调查

类别	表述问题	是/%	否/%
意志力状况调查	第2题:训练场地设施不好,我的积极性就会受影响。	64.57	35.43
	第6题:当发生伤病时,我常想到不再进行运动训练。	51.57	48.43
	第8题:每当遇到比赛和学业发生冲突时,我都会尽力去找各种解决办法。	83.86	16.14
	第10题:只要是下定决心要做的事情,我都能坚持到底。	75.89	24.11
	第11题:枯燥、单调的训练,令人易生厌倦。	60.17	39.83
	第15题:我认为,比赛是展示自我的节目。	77.36	22.64
	第17题:最累的时候,我常想:算了,别再坚持了。	39.62	60.38
	第21题:在集体生活和比赛中,我敢于承担责任。	88.68	11.32
	第22题:训练时间长了,我免不了会走神。	64.15	35.85
	第26题:一旦决定的事,我一般不会改变。	83.86	16.14

三、调查结论与建议

(一)调查结论

1. 高中生的体育锻炼意识和习惯有待加强

总体而言,参加高中体育专项课程教学的学生具备一定的体育运动意识,大多数学生关心的是提升自己的健康状况和增强体质,但对进行体育锻炼的价值和意义尚认识不足。学习压力大、运动太累、锻炼时间不足是影响专项体育锻炼经常性开展的主要原因。大部分学生能够制订计划进行体育锻炼,但其中很多会逐步放弃锻炼。

2. 高中生已具备一定的体育专项课程教学内容结构化意识

大部分学生喜欢组合技术的练习,能够运用先前所学的、与其相关的知识和技能或已有的学习经验进行学习,这些学习的倾向和特点说明学生已具备一定的结构化意识;同时,也佐证教学内容结构化不仅符合学生的认知规律和运动技能的形成规律,而且能够满足学生建构新的知识和技能的需要。喜欢以小组的形式展开学习、对优秀的体育文化充满好奇心、遇到问题更倾向于向同伴寻求帮助等,这些学习特点提示我们在开展教学内容结构化的同时,要关注结构化教学方法的使用、结构化教学情境的创设和结构化教学过程的组织。

(二) 建议

1. 教学内容注重安排对学生的结构化意识和学习行为的训练

调查结果显示,学生结构化学习的意识和行为来自教师结构化的内容组织和呈现方式。回忆、复习与新授内容相关的知识和技能,及时分析、归纳、总结相关知识和技能之间的联系和实用价值,并经常运用到真实的比赛情境之中,会将学生已有的零散知识和技能与新知识和技能聚合形成系统的、有层次的知识和技能结构,并在运用中发展运动能力。同时,要加强对基本知识结构的梳理,通过讲解、分析、提问等多种形式将专项运动的概念、原理、原则等基本知识融入体育教学,使学生不仅会做,而且知道怎么做、为什么做。培养学生的结构化思维,并与结构化重组教学相呼应,是提高教学效率、培育核心素养的有效路径。

2. 学习意志力的培养是结构化内容得以实施的根本保证

重复的刻意练习是任何运动技能形成与发展的基本规律和根本前提,同时具有生理负荷和心理负荷,又是体育与健康学科有别于其他学科学习的显著特点。因此,在体育与健康学科中尤其要重视学习意志力的培养。培养意志力,首先就是要通过结构化内容体系,使学生理解专项课程的本质和学习的意义,使学习成为学生自己的事情,让他们确立自己的学习目标,并下定决心排除万难,争取胜利。其次,在内容、运动负荷的安排上要因人而异,区别对待,通过对内容结构的调整逐步实现个别化教学。最后,要关注良好教学环境的营造。有形的环境营造包括:合理安排场地、器材,考虑训练气候与气温的变化,预防运动损伤;无形的环境营造包括:处理好师生、生生之间的关系,形成良好的班风、校风。

总之,全面感受体育锻炼在提升运动能力、形成健康行为、培养体育品德等方面的价值,合理安排学习和锻炼的时间,加强反馈和监督机制建设,是锻炼意识和养成习惯的重要保证。同时,开展丰富多彩的校园体育活动,开设满足学生兴趣和技能发展需要的体育专项课程,是提高学生参加体育锻炼积极性的有效措施。

第三章 高中体育专项课程结构化重组教学的理论基础

第一节 结构化重组教学相关概念

一、结构与结构化

"结构"和"结构化"是两个相关但不同的概念。"结构"是指事物的组织形式或组成方式。在任何领域,结构都是指组成整体的各个部分之间的相互关系和排列方式。结构是万物之本,任何事物都有其特定的结构,我们生活的这个世界也有自身的结构。卡尔·波普尔(Karl Raimund Popper)在 1972 年出版的《客观知识》一书中,系统地提出了"三个世界"理论。在波普尔的这个理论中,存在着三个世界:第一个世界是物理世界,第二个世界是精神世界,第三个世界则是客观知识世界。"物理世界"指的是客观世界的一切物质客体及其各种现象,如物质、能量、一切无机物质和一切生物有机体(包括人体及其大脑)。其中,它又包括两个世界:无机世界和有机世界。"精神世界"指的是一切古今中外的主观精神活动。波普尔认为,主观精神是真实存在的,因为它能对物理世界,尤其是对人和动物的躯体起反馈作用,即它直接支配着人和动物的物质躯体并通过其活动表现出来。精神世界又可以分为感性世界和理性世界。"客观知识世界"是人类精神产物的世界,比如思维观念、语言、文字、艺术、神话、科学问题、理论猜测、论据等一切抽象的精神产物,以及一切具体的精神产物,如工具设备、图书、房屋建筑、计算机、飞机、轮船等。

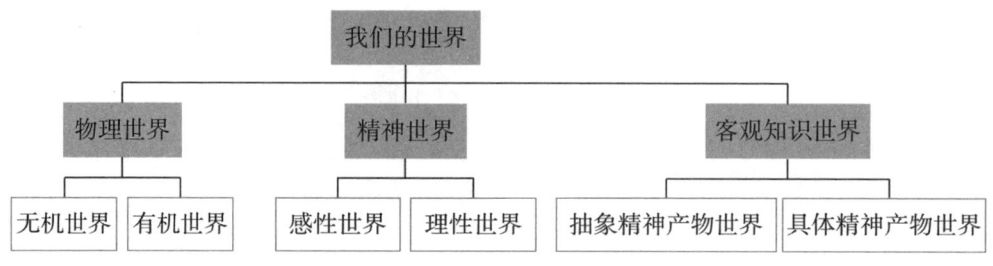

图 3-1 "三个世界"理论结构

三个世界是统一、连贯的。波普尔特别强调"客观知识世界"的客观实在性与独立自主性。首先,"客观知识世界"不同于"精神世界"。"精神世界"指的是思想和心理的状态和过程,是主观的;而"客观知识世界"则是思想内容,它是客观的。虽没有客观的意识、精神,但确有客观的知识,因为它的存在不受人的主观意志所支配。例如书,即使没人去读,仍然是一本承载着人类思想和精神客观存在的书。波普尔认为,只有把客观知识世界和属于个人的主观世界区别开来,才会有知识自身的积累和发展,知识才能成为全人类的精神财富,而不至于仅存在于发明家的头脑里。其次,"客观知识世界"也不同于"物理世界"。"客观知识世界"有物质载体,已客观化于"物理世界"中。"客观知识世界"不仅具有客观实在性,而且具有自己的生命。一旦理论存在着,它们就开始有一个它们自己的生命:它们产生以前不能预见到的推论,它们产生新的问题。

因此,结构可以存在于物理世界中,如生物体的解剖结构、建筑物的框架结构、组织机构的管理结构;也可以存在于精神世界中,如对人们生活、社会活动产生巨大影响的心理结构和思维结构。本书探讨的则是主观世界的客观化呈现即客观知识世界的结构,即体育与健康学科专项课程教学内容结构。在学术上,"结构"也指某一学科或学科领域内的基本组织和分类体系。

"结构化"是指将一些零散的元素按照一定的原则和方式组织起来,形成有层次、有序的整体。结构化的过程涉及将信息、数据或内容进行分类、排序、编排和连接,以便更好地理解和应用。结构化的目的是使原本较为混乱或复杂的事物变得更加系统化和易于处理。

举个例子来说明两者的区别。考虑一本书,它有标题、章节、段落和句子等组成部分,这些部分之间的组织形式和关系构成了这本书的"结构";而"结构化"这个过程涉及将书中的内容按照一定的逻辑顺序编排,使读者能够更好地理解书中的知识,并能够有条理地阅读书籍。在综合应用中,"结构"通常是事物本身的内在属性或形态,而"结构化"是通过外部的处理和安排来使事物的结构更加明确和易于理解。在教育、信息管理、软件开发等领域,结构化是一种常见的方法,可以使知识和信息更具组织性和可操作性。在教育领域,结构化的运用主要是教学内容的结构化、教学方法的结构化和教学过程的结构化。

二、教学内容结构化与结构化内容体系

教学内容结构化与结构化内容体系有密切的关系,但它们是两个不同的概念。

教学内容结构化是指通过核心概念将相对零散或结构性不强的教学内容按照一定的结构要求和框架进行划分和组织,建立起教学内容之间的层次性和关联性。核心概念(关键概念、大概念、大观念)可以把主题内零散的内容联系起来,这样的结构可以帮助教师和学生更好地理解、掌握知识和技能,促进知识与方法的迁移。

在结构化教学中,通常会根据学习目标、内容难易程度、学科知识体系等因素进行分类和排序,确保教学内容有条不紊地被教授和学习。

结构化内容体系是指建立一个有机整体的、有层次结构的内容框架,用于涵盖特定学科或领域的所有相关知识和技能。它是一种系统性的知识组织形式,使学习者能够全面地了解和掌握该学科或领域的内容。在体育教学中,结构化内容体系可以涵盖不同运动项目、训练方法、规则和战术等方面的内容,以确保学生获得全面的体育知识和技能。结构化内容体系是体育教学内容结构化的基础和支撑。在确定体育教学内容时,教师可以参考和采用结构化内容体系,将各种知识要点和技能要求有机地组织起来,形成一个完整的、有层次的教学内容框架。结构化内容体系提供了教学内容组织的蓝图,使教学更加系统和有序,学习者也能更好地理解体育知识和技能的内在联系。

综上所述,教学内容结构化是在结构化内容体系指导下,将教学内容进行组织和安排的过程,有助于实现教学内容的有效传达与学习。

三、结构化教学与结构化重组教学

国内学者对于体育课程结构化教学的理解基本是一种"总分总"的概念。首先是帮助学生建立运动技能的整体概念,然后再逐步去学习相互联系的各种运动技能组合,最后通过反思、总结和运用,完整地呈现运动技能。他们认为,结构化的知识和技能与拥有、掌握体育与健康的知识和技能的程度具有相关特征。

王乐和熊明亮认为,体育课程结构化技能教学的内涵强调摒弃单个知识和技能的教学,倡导以两个或以上的内容或手段组合学练方式设计层次感和关联性突出的体育教学课堂,用体育活动展示和比赛的形式呈现。[1] 郭巍等人认为,结构化教学与其他教学形式相比,更加注重教材和教学过程的整体性与连贯性,更加强调知识和技能的关联性和层次性,更加强调知识和技能的运用。[2]

本质是事物根本属性的反映,揭示事物各要素之间的内在联系。要认识体育课堂中结构化技能教学的内涵,必然要抓住构成体育课堂各要素之间的内在联系。罗伯特·梅逊(Robert Mason)认为,学生掌握了结构,就获得运用学科基本概念的能力,其可以利用这些能力当作认识和攻克其他问题的基础。冯忠良是最早将"结构化"引入各个学科的心理学家,他从教育心理学角度解释了结构化教学观,即"教学应首先确立以构建学生的心理结构为中心的观点"。[3]

由此可见,结构化首先是一种思维方式的结构化。季浏认为,结构化的知识和技能是指体育与健康知识和技能具有层次性和关联性特征。体育课结构化教学是学生在学习体育知识和技能时,心理结构不断建构的过程。它强调认识运动技能项目之间的内在关系,将单一的知识和技能体系前后连接,并以两个或以上的内容组合学练方式予以呈现,引导学生获得完整的技术动作,参与体育活动展示和比赛。

结构主义指出,事物的结构影响着事物的功能。教学结构是由不同的教学系

---

[1] 王乐,熊明亮.体育课结构化技能教学的内涵阐释与应用路径[J].体育学刊,2020,27(1):104-110.

[2] 郭巍,李丽,国屾.对结构化教学的理解与应用[J].中国学校体育,2018(7):54-55.

[3] 冯忠良,冯姬.教学新论——结构化与定向化教学心理学原理[M].北京:北京师范大学出版社,2011.

统要素(如教师、学生、教学内容和教学环境等)进行时空组合和互动的方式,以达到理想的教学效果。由此可见,体育课程结构化教学的内涵就是运动技能的组合教学,呈现的是"总—分—总"的教学结构;而高中体育结构化重组教学强调的是在原有教学结构的基础上"先解构,再建构",是对整体教学结构(内容、方法和过程)的重新组合。在教学的过程中,通过结构化内容体系适时、灵活地调整、重组教学内容,进行个别化教学设计和实施,旨在使学生通过结构生成的过程,将运动能力、健康行为和体育品德融为一体,真正地掌握一个运动项目,从而达成落实学科核心素养的基本要求。

第二节 高中体育专项课程教学结构化内容体系的建构基础

碎片化教学是体育教学中长期存在的问题。碎片化教学的直接后果就是:学生的身心健康,特别是体质健康水平没有根本好转(提不高);学生上了12~14年体育课,一项运动技能也未掌握(教不会);学生喜爱体育活动,但不喜爱体育课(爱不来)。由于体育教学内容是零散的、碎片化的,体育课的设计逻辑是混乱的、无序的,因此学生参与体育教学的过程是被动的、无趣的;学生名义上是教学活动参与的主体,实际上却从未主动参与到知识和技能的建构中来。结构主义认为,整体对于部分来说具有逻辑上优先的重要性。因为任何事物都是一个复杂的统一整体,其中任何一个组成部分的性质都不可能孤立地被理解,而只能把它放在一个整体的关系网络中,即它只有与其他部分联系起来才能被理解。体育教学中的碎片化教学的成因比较复杂,譬如没有统一的考试评价,没有统一的教学进度,但其中最主要的问题是由于体育与健康学科"项目即课程"的特殊性,使体育各专项课程的结构化内容体系一直没有形成。虽然多年来教育行政部门一直在大力倡导从一体化的角度重新梳理体育课程内容,但不同学段各自为政的局面并没有得到根本性改变,"铁路警察各管一段"的现实让大家都不约而同地寻找各自的学习起点和终点,幼小衔接、小初衔接搞得轰轰烈烈,但似乎效果并不明显。

在长期的探索和实践基础上,我们认为,组织各运动项目的专家和具有丰富专项教学经验的一线教师共同开发各运动专项的结构化内容体系,供体育教师选择,并实施结构化重组教学,是破解以上难题的有效举措。一方面,由体育教师个体来建构一个完整运动项目的结构化内容体系,几乎是不可能的;另一方面,面对如此众多的体育项目,仅靠新教材编写组独自完成也不现实。结构化内容体系可以让不同发展阶段的学生都找到他们自己学习的起点和发展的方向,同时也便于体育教师整体把握教学内容,通过分段、分层地理解、掌握和运用阶段教学内容,实现总体的教学目标。既然结构化内容体系如此重要,那么我们该如何建构结构化内容体系?在对结构化内容体系进行理论研究和实践探索的过程中,有两种经典理论给予我们莫大的启示和支撑。

一、第一性原理

(一) 马斯克的第一性原理

"第一性原理"是这几年特别火的高频热词,带火这个词的其实是特斯拉公司创始人兼首席执行官埃隆·马斯克(Elon Musk)。在采访中,他透露自己非常推崇的思维模式是"First Principle Thinking",即第一性原理。马斯克认为,运用"第一性原理思维"而不是"类比思维"去思考问题是非常重要的。我们在生活中总是倾向于比较别人已经做过的或者正在做的事情,别人这样做,我们就在别人的基础上去改进和精进。这样做的结果是只能产生细小的迭代发展。而运用第一性原理让马斯克在在线支付、无人汽车、太阳能、航天技术、超级隧道、火星移民等方面都做出了令世人瞩目的非凡成就。

在马斯克刚进入电动车领域时,所有人都告诉他电池非常昂贵,当时电池的价格约为每千瓦时 600 美元,而电池价格若下不来,电动车就不可能普及。这个时候,马斯克如果按普通人的思维来思考的话,就会去调研、比较一下各个厂商的电池成本,然后发现这是个事实,最后也使用这种高价的电池,这就是"类比思维"的结局。如果真的那样做,也就没有特斯拉公司和电动车蓬勃发展的今天了。马斯克偏偏不信邪,他找来电池专家把电池给拆解开,看看电池是由什么东西组成的,结果发现电池是由铁、铅、碳、钴、镍、铝这几种金属组成的。然后,他直接到伦敦金属交易所购买这些原材料,发现成本只需要 80 美元。这就是马斯克的思维,直击本质。马斯克想,为什么组成这颗电池的材料成本只有 80 美元,而到最后变成了 600 美元呢?原来是这几种金属的配比和排列技术影响了电池的最终价格,那么只要在这个配比和排列技术上下功夫,找到那个最优的排列顺序和配比,成本不就可以降下来了?最后的结果就是电池的价格大幅下降。正是因为马斯克善于运用第一性原理,不断拨开迷雾发现电池及其价格的真正本质,特斯拉公司才拥有了超低价的电池生产能力,使得电动车行业真正实现了对传统汽车行业的颠覆。

Space X 之所以会成为航空航天业稳定的运营商,也得益于第一性原理直攻内核的特质。在 Space X 之前,马斯克从未接触过火箭发射。在第一性原理的指导下,他先是从朋友那里借来了《火箭推进原理》《天体动力学基础》等跟火箭与推进器相关的专业书籍,并在最短时间内将这些知识吸收消化。这就使得即便是与一流的航天专家共事,在面对众多核心问题时,马斯克仍旧能让他们钦佩不已。一旦突破了思维的边界,高科技就会脱离单纯的技术范畴,开启颠覆性创新以及从无到有的再创造。在马斯克之前,绝大多数人都认为火箭发射之后就该一去不复返。但马斯克根据第一性原理提出质疑:汽车可以重复驾驶,轮船可以重复出航,那么为什么火箭不能重复升空呢?这个理念从被提出到梦想照进现实,仅用时 6 年。Space X 火箭的发射成本远低于行业标准。

2022 年 11 月 14 日,在印尼举行的 G20 峰会上,印尼教育、文化、研究和技术部部长纳迪姆·马卡里姆(Nadiem Makarim,简称"纳")对马斯克(简称"埃")进行了采访。

纳:你对于当下教育有什么看法?你理想中的教育是什么样子的?

埃:当你想要学习一个东西时,非常重要的是建立相关性。也就是说,要问自己"为什么要学这个?",因为我们的头脑在不断地去尝试一些东西,在潜意识层面试图来决定什么是相关的,什么不是相关的。你在这里看到的大部分东西,你的大脑是不想记住的,因为它觉得记住没有用,所以你必须建立相关性。大脑的存储空间是有限的,潜意识为了节省空间,会分辨什么是最重要的,什么是更重要的,然后只记住最重要、最有用的那部分,通过问自己问题,产生(与旧的、有用的知识的)相关性。所以,你要想一下,为什么要学这个科目,不是那个科目。一旦你建立了相关性,你的头脑自然会想记住它。

对待教育,研究者认为有两种完全不同的方式:一种是"面对工具"进行教学,另一种是"面对问题"。当你需要解决一个问题时,需要什么工具?研究者的理解是把独立枯燥的概念放在形象的具体场景中。

举个例子:如果研究者说今天要教你如何使用扳手、螺丝刀和钳子,会非常枯燥,因为没有建立相关性。换个方式说:让我们今天拆一个发动机引擎,现在的问题是如何把它拆开再安装回去。这时候,我们就需要扳手、螺丝刀和钳子。在做事的过程中,你会明白这些工具各自的特点以及不同工具间的相关性。你会很轻松地记住。研究者认为这是一个非常简单但重要的(学习/教育)原则,即在解决问题的过程中解释工具。

这样,工具就有了意义。如果单个记忆每个工具的概念,人们记不住,也就产生不了学习的原动力。

纳:你的意思是,对于工具的学习,要放在特定的场景下,这样方便增加相关性。从教师或者课程的角度看,你觉得有哪些需要改变?

埃:研究者认为现实是反过来的,他们会教你使用工具,而不是教你如何解决问题,然后再去建立与工具的相关性。

比如,你要去学习微积分的课程,但不知道为什么要研究微积分,它就变成了一个没有任何意义的精神障碍。实际上,对于大多数人来说,微积分可能就是没有意义的,除非以后你要用到它。而研究者认为学习微积分的原理是非常有趣的,但某种具体的方程解法则不然。

所以,研究者一般会说,首先是"人们想要做什么",其次是"尝试解决一个什么问题",然后在解决问题时需要这种或那种工具。所以,坦率地讲,研究者觉得很多教育是无意义的。人们学习了一堆知识,但实际上未来用不到这些知识。那么,为什么要费尽心思教人们未来用不到的知识?除非你想故意设置一些精神障碍,看人们是否有能力通过心理障碍课程测试。研究者认为是否要强迫人们去通过这些心理障碍课程测试是有待商榷的。

如果让研究者对早期教育的内容做一个推荐的话,那就是"批判性思维"。批判性思维非常重要,因为它创造了一个心理防火墙,可以让孩子们拒绝接受那些不具备说服力的概念,就像在心灵上安装了反病毒软件。

如果在年轻时就学了批判性思维,那么就可以防止人们在头脑中建立虚假的概念。因此,研究者强烈建议人们在年轻的时候就了解批判性思维的原则。

纳:完全同意。我们刚刚在(印尼的)国家考试体系中去除了基于内容和科目的考试,取而代之的是纯逻辑、解决问题的方法和批判性思维,计算逻辑也被当成了基础性技能。研究者非常高兴听到你这么说,因为这非常重要,无关乎"你知道什么",而是对于你接收到的内容和信息应该怎么处理。

埃:是的,还有如何避免掉入各种心理陷阱,一些人往往会试图用各种谬论来算计你。因此,拥有对谬论进行鉴别和防御的能力,也是重要的课程。

纳:对的。在数字时代,这种辨别能力以及对收到的信息保持健康的怀疑态度,尤其对于下一代,几乎算是基本生存技能了。

从上面这个案例可以看出,马斯克认为在解决问题的过程中,利用批判性思维进行独立思考,建立学习内容间的相关性,对教育而言是至关重要的。那么,如何建立学习内容与其他内容,以及与学生、生活的相关性呢?那就需要透过现象看本质,通过第一性原理找到那些最基本的、不可或缺的内容,再在情境的运用中发现不同内容之间的相互联系和作用,为学习赋予生活的价值和意义。这与我们的"理解式球类教学课程模式"和"领会教学法课程模式"有异曲同工之妙。

例如,"理解式球类教学课程模式"就是先将学生带入真实的游戏情境,并让学生基于问题进行学习。教师通过问题驱动学生思考解决问题的办法和策略,在解决问题的过程中让学生明白学习特定内容的价值和意义,并看到他们学习的各项运动技能之间的联系。最后,学生通过比赛发现自己学习的技能和策略在多大程度上解决了问题,从而获得持续学习的动力。"领会教学法课程模式"则从项目整体特征入手,首先强调整体意识和战术意识的培养,然后学习具体技能,突出主要的运动技术,而忽略一些枝节性的运动技术。最后,通过比赛,在实战中检验技战术的运用情况,培养学生对运动项目的理解。体育教学往往从"尝试性比赛"开始,以"总结性比赛"结束。

(二）第一性原理的基本内涵

第一性原理是由亚里士多德（Aristotle）提出来的，他强调任何一个系统都有自己的第一性原理。这是一个根基性的命题或假设，不能缺省，也不可能被违反。简单来说，在一个逻辑系统中，某些陈述可能由其他条件推导出来，而第一性原理就是不能从任何其他原理中推导出来的原理。也就是说，第一性原理是每个系统中都存在的最基本命题或者假设，是决定事物本质的不变法则，是天然的公理，是思考的出发点，是许多道理存在的前提。坚持第一性原理指的不是用类比和借鉴的思维来猜测问题，而是从本来是什么、应该怎么样出发来看待问题。相信凡事背后皆有原理，先一层一层地拨开事物的表象，看到里面的本质，再从本质一层一层地往上探寻。

实际上，运用第一性原理创新性解决问题的案例还有很多，像乔布斯（Steve Jobs）、巴菲特（Warren Buffett）等商界大佬都推崇使用第一性原理。第一性原理的思维方式是从物理学的角度看待世界，强调独立思考，而不是人云亦云。第一性原理不是任何具体的、能看到的东西。它既不是口号，也不是文化，只是一个哲学上的概念，却真正影响了很多人。

（三）第一性原理的运用

人类最重要的两种思维方式是归纳法和演绎法。归纳法就是从许多个别的事物中推理、概括出一般性概念、原理或结论的思维方法。演绎法则是从一般到个别，从普遍性的理论知识出发去识别个别的、特殊的现象的论证方法。人类的认识活动总是先接触到个别事物，而后推及一般，又从一般推及个别，如此循环往复，使认识不断深化。

归纳法的本质就是找共性，是从已知信息的共同属性中推导出结论。归纳可以分为"完全归纳"和"不完全归纳"。"完全归纳"是对某类事物的所有个体进行分析、概括，然后得出精确的结论。"不完全归纳"则是用部分个体的信息来归纳整体事物的特性，因此会造成"黑天鹅效应"。1679年以前，欧洲人相信所有的天鹅都是白色的。因为生物学家在欧洲、亚洲、美洲见到的天鹅都是白色的，所以得出结论：天鹅都是白色的。几乎没有人去思考其他颜色天鹅存在的可能性。所以，没有人去计算黑天鹅存在的概率有多少,也无法进行计算。直到 1697 年,探险家在澳大利亚发现了黑天鹅,人们才知道以前的结论是片面的——并非所有的天鹅都是白色的。因此,由归纳法得出结论的准确性与考查信息量是否全面有很大关系。在信息量不足的情况下,不能用"不完全归纳"来代替"完全归纳",否则就会形成错误结论。但人类的认知具有连续性和局限性,仍然会习惯性地把一定时空边界之内的规律推广到所有时空中,这种思维方式就是所谓的"归纳法谬误"。任何归纳法都有时空边界,除非未来和过去一样,一个地区和另一个地区的特性相同,否则在这个时空归纳出的结论在其他时空可能就不成立。因此,由归纳法得出的只是一个暂时性、局限性的正确结论。它是将感官感受到的事物归纳为一般性规律,是一种感性思维。

演绎法的本质是从已知的一般原理,通过逻辑推理得出新知识。演绎法是一种必然性推理,它揭示了个别和一般的必然联系,只要推理的前提是真实的,推理形式是合乎逻辑的,推理的结论也必然是真实的。演绎法有两种主要的思维方式:三段式和常见式。三段式就是把一个推理过程分成三段:大前提、小前提和结论。常见式就是通过发现问题、寻找原因(问题的本质)和针对问题的原因最终提出解决方案这三部分完成认知升级。这两种方式都是从最基本的原则和假设出发推导出更高层次的结论,和第一性原理的要求如出一辙。

由此可见,第一性原理实际上是演绎法的一种方式。其过程就是将复杂的问题分解为基本的要素,然后从源头开始组装、建构。这样做的好处是,不仅能够将复杂的事情简单化,便于分析和理解;而且还能抛去许多人为的干扰因素,让思维抛弃原有僵化的老思想,看到其他可能性。第一性原理的思考方式就是鼓励思考问题的时候去掉老思想,以基本原理为原点进行思考。这样往往能看见一些原来没有被发现或被干扰因素掩盖的方法,提高创造力。

从根源出发,重新思考整个过程,往往比归纳法更费力,但绝对是值得的。刚开始速度比较慢,但是随着不断练习和掌握知识的程度不断提高,速度会越来越快。为什么第一性原理会受到如此多的关注?因为它是一种能够帮助我们正确思考、发现事物本质的思维方式。

在实践中,其实我们并不需要将每个问题都分解到原子级别,只需要比大多数人更深入一两个层次,就能获得第一性原理思维带来的诸多益处。美国著名战斗机飞行员、军事家约翰·博伊德(John Boyd)利用下面这个思维实验来展示如何在实践中运用第一性原理思维。

想象你有下面这三样东西：

- 一辆摩托艇(后面有一副滑雪板)。
- 一辆军用坦克。
- 一辆自行车。

现在，我们将这些东西分解为基本的构成部件：

- 摩托艇：发动机、船体、一副滑雪板。
- 军用坦克：金属履带、钢板装甲、一挺机枪。
- 自行车：车把、车轮、齿轮、车座。

你能用这些单独的部件做出什么？能做出的东西之一是，把自行车的车把和车座、军用坦克的金属履带、摩托艇的发动机和所配的滑雪板组合在一起，你就能做出一辆雪地摩托。这就是第一性原理思维实际运用的一个简单展示。它是一个循环过程，首先将一种情况分解为核心部分，再将各个部分以更有效的方式整合在一起，先进行解构，再进行重构。雪地摩托的例子也反映了第一性原理思维的另一个显著特征，即将看似无关领域中的元素结合起来。一辆军用坦克和一辆自行车看起来似乎毫无共同之处，但军用坦克零件和自行车零件可以组合在一起，创造出雪地摩托这种全新的东西。

历史上许多极具开创性的想法都利用了第一性原理，创造出一个又一个新生事物。一层层剥开事物的表象，看到里面的本质，再从本质一层层向上推演，通过重新组合产生新的事物。马斯克借助第一性原理进行的创新实践就是通过"溯源""拆解""重构""迭代"四个阶段来完成的。如果我们将体育专项运动的内容进行完全的"解构"，然后再根据项目特点"建构"起结构化内容体系，供体育教师根据教学的实际需要去选择使用，通过重新组合形成契合实际的教学内容，这样的教学是否更有针对性、灵活性和时效性呢？基于第一性原理的独立性思考为我们打开了想象的空间。

（四）体育专项课程教学的第一性原理

那么，体育教学中的第一性原理是什么呢？兴趣第一？知识技能第一？体能第一？健康第一？安全第一？其实，从 1954 年《准备劳动与卫国体育制度暂行条例》，到 1975 年《国家体育锻炼标准》，再到 2007 年教育部、国家体育总局下发的关于实施《国家学生体质健康标准》的通知，体育教学一直都坚持"健康第一"的教育理念，落实立德树人根本任务。从新课程教学的内容载体来看，运用第一性原理就是将体育专项课程教学内容中最基本、最核心的知识、技能和体能内容拆解出来，并以此为基础建构结构化内容体系，帮助体育教师和学生完成整体性、系统化的项目学习，发展运动能力，提升学科核心素养。

第一性原理对构建结构化内容体系的最大启示是：帮助教师看清和理解运动项目的本质，从本质内容出发，从最基本的知识、技能和体能内容开始，进行功能性聚合。通过对单个技术、组合技术和战术的逐层理解、掌握和运用，最终实现体育专项课程的终极目标：学会专项运动项目，培养学科核心素养。

长期以来，体育教师常常为自己所拥有的高超运动技能而自豪，也把传授运动技能作为教学工作的重中之重，把技能教学当成自己的天职。自上海开展高中体育专项化教学以来，足篮排、乒羽网、武术、游泳、健美操教师个个身怀绝技，秉承着技术和效率的教学思想，在课堂中对运动技术反复打磨、强化训练，还制订了各种评价量表来评价运动技能，通过反馈、纠正来不断优化学生的运动技能。但还是有部分学生看上去运动技能已经掌握得相当不错，可一上场比赛，一到有对抗的复杂环境当中，就完全用不出来，到头来还要被某些专家诟病为：12~14 年都学不会打篮球、踢足球……那么，什么叫学会？学会有标准吗？当然有。学会一个运动项目就是要会将技战术在实战中进行运用，要具有团队精神和集体荣誉感，要懂得该项目的礼仪和规则，要在整个过程中扮演不同的角色……要学会运动项目就是要尊重运动项目的文化整体性，而不是仅仅教授单个的知识和动作技能。既然答案已经浮出水面，那么我们要学会的到底是运动技能还是运动项目呢？当然是完整的运动项目，而不是碎片化的运动技能。通过学习整体性的运动项目来引领运动技能的学习，促进学生运动能力的提高，进而通过健康行为和体育品德的共同作用，使学生逐步形成学科核心素养，这才是我们基于核心素养的新课程改革的初心和应有之义。例如，篮球运动就是在篮球规则的约束和保障下，在规定的场地范围和时间内，以传接球、抢篮板球为手段控制空间，以运球、传接球、突破为焦点控制球，通过协同移动和整体战术配合控制攻防节奏和转换,以投篮得分为目的,以得分多者为优胜的集体性同场对抗运动项目。

通过自上而下的抽丝剥茧式层层拆解,找到支撑运动项目得以完美运行的最基本的要素,然后再自下而上地进行归类分组,构建结构化内容体系,是我们对第一性原理在体育教学实践中的理解与表达。"先解构,再建构"被认为是当今科创领域用来解决复杂问题和产生原创解决方案的最有效的策略之一。体育教学既是艺术,又是科学,找到最为核心的基本内容打好基础结构,并形成由此基础结构组合而成的分层次、有逻辑的结构化内容体系,是实施结构化重组教学的重要环节。

二、金字塔原理

如果说第一性原理使我们认识到"先解构,再建构"的重要性,那么金字塔原理就是告诉我们解构和建构的方法。就像拼搭玩具,先将一个玩具模型完全解构,拆解出各种零件和构件,然后再根据需要的新玩具样子,去除旧的零件和构件,增补新的零件和构件,重新拼搭出新玩具。

(一)芭芭拉·明托的金字塔原理

我们的大脑在思考问题时常常会经历三个关键阶段:收集信息、分析问题和解决问题。又因为大脑受到经济性原则的影响,所以表现出以下特征:能不用脑就不用脑,能简单就不复杂,能建立逻辑结构就不机械记忆。然而,在现代信息社会,信息大爆炸导致信息熵不断增大,我们的大脑在海量的信息面前就显得无所适从了,常常会出现思维混乱、条理不清的现象。

《金字塔原理》首次出版于1973年,作者是麦肯锡国际管理咨询公司第一位女性咨询顾问芭芭拉·明托(Barbara Minto)。该书出版后广受欢迎,被翻译成几十种文字。金字塔原理是明托对多年实际工作的总结和提炼,是一种通过金字塔结构来体现思考、表达和解决问题的逻辑思路。金字塔原理是一种思维和沟通工具,强调将信息组织成逻辑架构。其核心原理是:任何事情都可以从一个核心论点开始,核心论点可以分为几个主要支持点,然后进一步展开每个支持点的细节。每个支持点都是独立的层次,以逐步深入的方式展开信息。金字塔原理旨在帮助人们更清晰地组织思维,更有效地沟通和传达复杂的观点和信息。

(二)金字塔结构的基本概念

金字塔结构指的是一种特定的内容组织方式,与金字塔原理密切关联。金字塔原理强调的是思维的组织和信息的传达方式,而金字塔结构则是一种具体的内容组织方式,通常用于实践金字塔原理的原则。两者共同的目标是提高信息传达的效果,使内容更易于理解、记忆和吸引读者或观众的注意。金字塔结构在写作、演讲和演示中常常被使用,以确保信息的逻辑流畅性和层次性。

金字塔结构将信息以类似金字塔的形状组织,即从顶端的总结或核心信息开始,逐渐向下展开更多细节和支持信息。它的形象比喻源自埃及金字塔的外形,底部宽大,逐渐向上收缩。这种结构的目标是确保读者或观众首先接触到最重要的信息,然后逐步深入探索。在不同领域中,金字塔结构有着不同的应用和含义。

1. 内容的层次结构

在金字塔结构中,核心内容、重要内容、基础内容等逐层分布,由底层到顶层,形成层次性的组织结构。底层通常包含大量的基础内容,随着层级的上升,内容的数量逐渐减少,但重要性和概括性逐步增加。

2. 组织的分工结构

金字塔结构在企业和组织中促进分工结构明晰和专业化。底层员工通常负责具体的任务和操作,中层管理人员负责协调和监督各部门的运作,高层管理人员则负责制定战略和决策。

3. 指挥和控制结构

在金字塔结构中,命令、指导和控制从上层传达到下层,从而实现组织的统一和协调。这种结构有助于确保信息传递和执行的一致性。

4. 信息流通结构

在金字塔结构中,信息流通通常是从上到下的,即由高层向底层传递信息和指令。这种结构有助于保持组织内部的一致性。

然而,需要注意的是,金字塔结构也存在一些问题,例如信息传递滞后、决策不灵活、层级过多等。随着时间的推移，一些组织也开始采用扁平化结构、网络化结构等来应对这些问题，以更好地适应快速变化的环境。

（三）采用金字塔结构建构结构化内容体系的优势

采用金字塔结构在许多情况下都是有益的，这是因为金字塔结构具有许多优势，可以更有效地传达信息，提高读者或观众的理解和吸引力。

1. 重要性优先

金字塔结构将最重要的信息放在文章或演示的开头，确保关键信息首先传达。这有助于吸引读者或观众的注意力，使他们对内容产生浓厚兴趣。

2. 横向清晰明了

金字塔结构强调每个层次内容归类分组的表达方式。每个归类分组的信息都需按照逻辑递进的顺序呈现，从而提高内容信息的可读性和可理解性。

3. 纵向逐步深入

金字塔结构允许建构者和使用者逐层深入探讨更多细节和支持信息。这使得建构者和使用者可以根据自己的兴趣和需求选择性地深入到不同层次。

4. 保证逻辑结构的完整性

金字塔结构鼓励建立逻辑清晰的关系，确保信息之间的连贯性和一致性。这有助于更好地传达思想和观点，避免信息的断裂和混乱。

5. 满足有限的注意力

在今天信息过载的环境中，人们的注意力很有限。金字塔结构可以在有限的时间内传递关键信息，适应读者或观众快速浏览和消化信息的需求。

6. 提供"总—分—总"结构的总结

金字塔结构通常以"总—分—总"的结构在结尾部分进行总结，强调核心概念，并回顾前面的信息。这有助于强化信息，并使读者或观众更好地记住内容。

7. 实现内容的灵活搭配

尽管金字塔结构强调逐层深入，但它并不排除其他组织方式。在实际应用中，可以根据需求在不同层次之间插入其他类型的内容。

总之，金字塔结构在信息传递和沟通中具有多重优势，可以帮助建构者和使用者更好地组织信息,使受众更容易理解和消化内容。在金字塔结构中,各种要素之间只有非常少的几种逻辑联系,如向上、向下和横向联系,这种简单性使我们有可能找到这些联系的使用规则。因此,金字塔结构适用于任何需要建构清晰逻辑的内容系统和组织机构,如学科课程教学内容体系、大型企业、政府组织机构,等等。因为它可以提供明确的层级、具体的内容和责任分配,以应对复杂的选择、运营和管理需求。无论是撰写教学计划、演示演讲还是其他形式的信息传递,采用金字塔结构都有助于达到更好的效果。

(四)运用金字塔原理设计结构化教学内容的原则

课程内容、教材内容和教学内容的相互关系,决定了高中体育专项课程教学内容必然是结合学校文化、教学环境和师生的具体情况,对体育与健康新课程内容、教材内容进行合理选择和设计的结果。为了使组成高中体育专项课程教学整体内容的各部分内容(单元内容和课时内容)能够形成具有层次性、关联性和逻辑性的结构,体现结构化教学的稳定性、多样性和有效性,就要进行结构化设计。

使用金字塔原理搭建教学内容的金字塔结构,就是要根据教学内容间的纵向和横向逻辑关系,从整体到局部再到各个组成部分,自上而下、层层递进组织起结构化的教学内容体系,如图 3-2 所示。

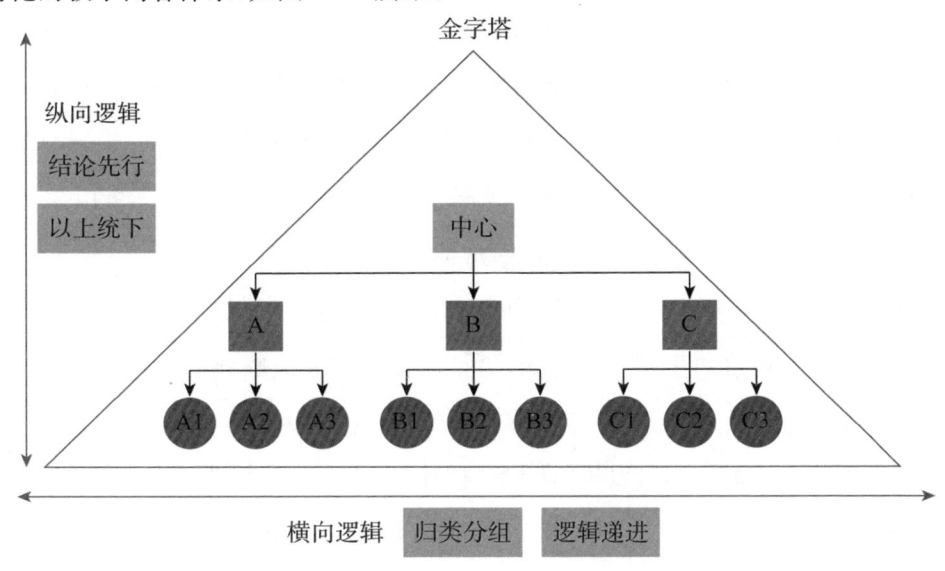

图 3-2 金字塔结构

课程教学内容结构化设计是一种自上而下逐步分解，面向教学内容有效联结的设计方法。运用金字塔原理的结构化思维模型进行设计将是一种有效的策略。

1. 主干先行、聚焦核心，明确总分关系

总分关系也就是纲目关系，好比树的主干与枝干的关系，主干统领枝干，两者不能并列，也不能颠倒。进行专项教学内容结构化设计，首先要找到专项教学内容的"主干"，也就是《新课标》开篇就强调的"核心内容"，如技战术（基本技能、技战术运用、展示与比赛）、体能（专项体能、一般体能）、基本理论知识（基本知识、规则与裁判方法、观赏与评价）等。要明确整体教学内容的分类和范围，也就是我们常说的顶层设计要清楚。

2. 以上统下、逐层拆解，表达包含关系

每一个"核心内容"又由若干个"主要内容"组成（支撑），"主要内容"好比树的枝干，如足球基本技术中的运球、传接球、射门技术，乒乓球基本技术中的发球、搓球、推拨和攻球技术。然后，顺着"主要内容"的脉络梳理出"具体内容"，好比枝叶，如篮球原地投篮、行进间单手肩上投篮、篮球跳投等共同组成（支撑）篮球投篮这个"主要内容"。这种以上统下、逐层拆解的结构，使上一层内容成为下一层内容的母体，是一种概括和"包含关系"，下一层的内容又是上一层内容的分解和具体化。从学习运动项目的主要目的出发，自上而下地分类分层，直至最基础的部分，如此延伸，状如金字塔。这样自上而下地系统建构，不仅保证了内容体系的整体性和完整性，体现了内容间的逻辑关系，也为自下而上地建构结构化内容体系、实施教学内容、达成课程教学目标提供了清晰的路径和方向。

3. 归类分组、不重不漏，建立并列关系

逐层拆解后，要将每一层的不同内容从左往右进行归类分组，形成各个分支，并保证每一组的内容属于同一个范畴，再把具体内容有关联地逐一呈现出来。如篮球的移动、运、传接、投、突破、篮板球技术等，都是不相隶属、相对独立的一种并列关系。并列关系的内容可以进行同类内的同质组合和不同类间的异质组合，是组合技术的主要形式。在归类分组后，要有意识地去建立联系，可形成新的组合内容。

4. 逻辑递进、有序推动,梳理主次关系

要遵循"逻辑递进"原则,对每组的具体内容按照一定的逻辑顺序进行排列。逻辑顺序的具体分类比较多,常见的有三种:一是时间顺序(如过去、现在、未来,第一步、第二步、第三步,等等);二是结构顺序(如从整体到部分的分解);三是程度顺序(如紧急、重要等)。例如,可根据新课程教学的内容要求,将篮球各种运球内容按重要程度排列成原地技术、行进间技术和组合应用技术,便于今后与结构化教学相衔接。通俗来讲,梳理主次关系就是明确重点与一般的关系。

运用金字塔原理设计的结构化内容体系,是一种以结果为导向、逻辑清晰、灵活稳定的结构,具有完美的逻辑性。纵向结构策略的"主干先行"和"以上统下"原则,可以使重点突出、层次分明;横向结构策略的"归类分组"和"逻辑递进"原则,可以使内容既有广度,也有逻辑性。

第四章 篮球课程结构化重组教学的建构与设计

正如真正有效的教育是自我教育一样，自主构建的课程才是真正有效的课程。时代的变迁触动了教育发展，课程论替代教学论已成为当代教育改革的一种世界性潮流。从教学大纲的颁布到课程标准的施行，体现了国家对体育课程的指导文件从对体育教学过程的监控转变为对体育学习结果的监控，今后对体育教师的评价不是你教了多少教学内容，而是学生学会了多少，这就对体育教学的效果和效率提出了挑战。以前我们说要给学生一杯水，教师要有一桶水，但现实中有的教师空有一桶水，却无法把水倒出来。为践行"以学生发展为本"的新课程理念，教师不仅要能把水倒出来，还要知道学生需要多少水，倒出适量的、满足个体需求的水。结构化重组教学就是这种根据学生的需要，精准地把水倒给学生的一种方法。

《新课标》对课程目标、课程结构、课程内容和学业质量均提出了明确且具体的要求，但在具体的教学内容、方法和过程上并无特别的限制，反而给了教师和学生更大的自主选择权。赋权是国家对教师参与课程开发的肯定和鼓励，也是促进教师专业化发展和素养提升的良好契机。自主建构真实有效、贴近学生的最近发展区的专项运动课程，不仅需要教师进行基于独立思考能力的教学行动研究，还需要必备的知识技能和开发工具。基于学校实际，由体育教师借助内容工具（结构化内容体系）实施结构化重组教学，将是应对非连续性、碎片化教学环境的有效方法和策略。

由于课程内容、教材内容和教学内容本身就是一种以上统下逐级细化的过程，教材内容以课程内容为依据，教学内容又以教材内容为基础，因此建构课程教学结构化内容体系首先就是要在充分理解课程内容和教材内容的基础上进行有针对性的选取、增补和删减。

第一节　高中体育与健康新教材的解读

体育专项课程结构化教学重组的第一步就是要理解教材内容,通过调整、完善教材结构化的内容来实现结构化重组教学。要在分析和解读教材的基础上识别教材的内容结构,运用金字塔原理从上往下解构出最基本的要素,为重组教学准备零件和构件(一般指组合),并使内容之间的隐性关联关系显性化。

任何专项课程教学都必然会使用某种教材,体育专项课程教材是学生在学校获得系统知识的主要材料。体育专项课程教材也是教师进行教学的主要依据,为教师备课、上课、布置作业、评定学生学习成绩提供了基本材料。体育专项课程教材是按照课程标准的要求编写的教学用书,是教师和学生相互交流的媒介,具有系统性、完整性、科学性、权威性、实用性和指导性。任何一个专项教师,要想上好专项课程,都必须紧紧依托教材、用好教材。"不要教教材,而是要用教材教",这句话在新课程教学中被反复提及,但还是有很多老师没有很好地理解。"教教材"就是照本宣科,教材上有什么内容就教什么内容;而"用教材教"则是指根据教材内容分析学生可能会出现的困难,考虑教学时间的分布,根据需要进行选择、增补、取舍和合理整合,使教材内容成为一种结构化的再生资源。"用教材教"就是要面对实际情况灵活处理教材内容,使之成为源头活水。"用教材教"的前提是,教师要具备独立思考能力,不能人云亦云,不能照本宣科。

一、不同版本教材内容比较分析

从落实新课程理念,尊重学生的学习需求,为理解而教的角度来看,新教材的编排方式新颖、独特,对提高学生的运动动机和改善学习表现具有一定的价值,但也给体育教师选择和编排教学内容带来了不少困惑。例如,新教材有关篮球运动项目的编写,在"如何提高篮球实战能力?"这一核心问题的引领下,又接连抛出了八个问题:如何投得更准? 如何犀利突破? 如何减少进攻失误? 如何加强个人防守? 如何争抢篮板球? 如何快攻得分? 如何开展阵地战进攻? 如何开展阵地战防守？然后，在这八个问题之下又设计了相关的解决策略。这与传统教材从单个技术动作方法到学练方法的表述形式有很大不同，体育教师尤其是非篮球专业的教师，在教学计划的制订和教学内容的安排上普遍感到不太适应。对于教什么，教多少，怎么教，哪个先教、哪个后教，教师们产生了不同程度的疑惑。据调查，目前上海高中体育教师使用最多的教材有三种版本，为了更好地体现新教材的特点，在此将三种版本的篮球课程教材内容进行了梳理和对比。

表4-1 三种版本的课程教材内容对比（以高中篮球为例）

《高级中学课本体育与健身》（上海教育出版社）	《上海市高中体育专项化课程大纲（试行）》（上海市高中体育专项化教学改革工作小组）	《普通高中教科书体育与健康必修（全一册）》（上海教育出版社）
基本内容Ⅰ 一、基本技术 （一）原地跳起单手投篮 （二）运球转身 （三）单手肩上传球 二、进攻基础配合 （一）传球配合 （二）突分配合 （三）侧掩护配合 三、防守基础配合 （一）交换防守 （二）补防 基本内容Ⅱ 一、基本技术 （一）勾手传球 （二）反手上篮 二、基础战术配合 （一）后掩护 （二）关门配合 三、战术配合 （一）快攻 （二）半场人盯人防守	高一年级专项技术和战术 1. 运球技术 2. 传、接球技术 3. 投篮技术 4. 进攻组合技术 5. 教学比赛 6. 复习基本技术 7. 持球突破技术 8. 防守技术 9. 攻守对抗技术 10. 抢篮板球技术 11. 教学比赛 高二年级专项技术和战术 1. 复习篮球进攻与防守技术及其组合技术(1) 2. 传切配合 3. 突分配合 4. 掩护配合 5. 策应配合 6. 教学比赛 7. 复习篮球进攻与防守技术及其组合技术(2)	如何提高篮球实战能力？ （一）如何投得更准 1. 选择合适的投篮方式 2. 与运球、移动等技术组合运用 3. 提高对抗中投篮的能力 （二）如何犀利突破 1. 果断持球突破 2. 伺机运球突破 3. 巧妙突破分球 （三）如何减少进攻失误 1. 快速传接球 2. 掌握多种运球方式 3. 被紧逼防守时从容传球 （四）如何加强个人防守 1. 明确防守有球队员策略

(续表)

《高级中学课本体育与健身》(上海教育出版社)	《上海市高中体育专项化课程大纲(试行)》(上海市高中体育专项化教学改革工作小组)	《普通高中教科书体育与健康必修(全一册)》(上海教育出版社)
(三)进攻区域联防 拓展内容 一、进攻配合 (一)进攻基础配合:策应 (二)快攻 (三)阵地进攻 二、防守配合 (一)防守基础配合:夹击 (二)半场人盯人防守 (三)区域联防	8.关门配合 9.挤过配合 10.穿过配合 11.绕过配合 12.交换配合 13.夹击配合 14.补防配合 15.教学比赛 高三年级专项技术和战术 1.复习攻守基础配合 2.快攻 3.防守快攻 4.半场人盯人防守 5.进攻半场人盯人防守 6.区域联防 7.进攻区域联防 8.教学比赛 9.复习基本技战术 10.全场紧逼人盯人防守 11.进攻全场紧逼人盯人防守 12.教学比赛	2.注意防守无球队员选位 3.提高防守移动速度 (五)如何争抢篮板球 1.抢占有利位置 2.连续起跳抢球 3.抢到篮板球后保护 (六)如何快攻得分 1.创造更多快攻机会 2.提高快速推进能力 3.提高快攻成功率 (七)如何开展阵地战进攻 1.设计阵地战进攻的全队战术 2.提高切入和摆脱接球能力 3.提高进攻基础配合的运用效果 (八)如何开展阵地战防守 1.选择阵地战防守战术 2.破解对方掩护 3.提高防守攻击性 4.保持充沛体能

(一)《高级中学课本体育与健身》篮球内容分析

《高级中学课本体育与健身》篮球内容的组织是一种典型的直线式排列,它把教学内容组织成一条在逻辑上前后联系的直线,前后内容基本上不重复。这种教材排列的本意是避免重复,不断呈现新内容,使学生保持新鲜感和学习兴趣。除规定基本内容Ⅰ是各年级学生的必修内容外,基本内容Ⅱ和拓展内容只是规定了学习内容的选取范围,具体学什么则由各区、各校根据实际情况自行决定。如果学生在基本内容Ⅱ和拓展内容中没有选择篮球,那么就很难对篮球项目有完整的体验和掌握。

(二)《上海市高中体育专项化课程大纲(试行)》篮球内容分析

《上海市高中体育专项化课程大纲(试行)》中篮球内容的组织是一种螺旋式排列。结构主义代表人物布鲁纳主张采取螺旋式来组织课程与教学内容。他认为,课程与教学内容的核心是学科的基本结构,应该从小就教给学生各门学科最基本的原理,以后随着年龄增长而螺旋式反复并逐步提高。《上海市高中体育专项化课程大纲(试行)》遵循由易到难、循序渐进的教学原则:高一学基本技术,高二练组合技术和基础配合,高三进行巩固基础配合的全队战术演练。这种螺旋上升式的内容组织和排列,能够有效促进学生技术的形成和专项能力的提高。但到高三才演练全队攻防战术,学生对篮球运动的整体体验太晚,不利于认识和把握篮球运动的整体结构。

(三)《普通高中教科书体育与健康必修(全一册)》篮球内容分析

该教材在呈现方式上进行了创新,采用问题引领的方式来激活学生的思维,并提供问题解决策略,将学练内容隐含在其中。比如,在"如何投得更准"这一问题下,教材提供了三种策略:(1)选择合适的投篮方式;(2)与运球、移动等技术组合运用;(3)提高对抗中的能力。在这些策略之下才提到有哪些常用的投篮方式,如原地双手胸前投篮、原地单手肩上投篮、行进间单手高手投篮、行进间单手低手投篮、跳起投篮、低手投篮等。但对与哪些运球和移动组合、如何提高对抗中的投篮能力并未明示,仅举例说明:在切入和摆脱后,可以用跨步或者急停调整重心,完成接球,并快速地蹬地起跳,同时持球上举,完成投篮。

教材的这种编排方式给教师的专业发展和学生的运动学习带来了很多益处。首先,通过问题能够激发学生的思维活动,使学生从一开始就有了主动学习的意愿。其次,这种方式能让学生感受到各项运动技能的相互联系、相互作用以及如何运用与实战,通过对实战情境的模拟加深对技术动作的理解,明白学习的意义,回过头来更加认真地纠错补差,提升运动能力。最后,除了掌握了技能,学生还学会了解决问题的策略,了解了运动项目的本质特性,并能够在同类项目的学习中产生正迁移,真正起到闻一知十、触类旁通的作用。这种为理解而教、少教而多学的教材呈现形式,需要使用者具有很强的内容"导出"和"生成"能力,却让很多"吃现成饭"的体育教师一下子失去了方向。其实,透过现象看本质,这恰恰是教师教学能力的真正体现。

二、专项课程教材内容的设计

高中体育专项课程教学是达成课程目标、培养学科核心素养和落实立德树人根本任务的重要组成部分,包括课程、教材和教学三个层面的内容。从层级上看,"课程内容"可以被确定为最上位概念,"教材内容"处于中间层,"教学内容"属于下位概念。[①] 了解高中体育与健康课程教材内容的特点,对设计和选择有利于实现学习目标的教学内容具有指导意义。

(一)《新课标》中"课程内容"的设计特点

普通高中体育与健康课程内容包括必修必学和必修选学两个部分。必修必学是对全体学生学习体育与健康课程的共同要求,课程内容包括体能和健康教育;必修选学是满足学生形成运动爱好和专长以及个性发展的需要,课程内容的安排突出了基础性、实践性、选择性和综合性,允许学校在课程内容划分的范围内,因地制宜、灵活地设计学校能开、教师能教、学生乐学的必修选学教学内容,体现出体育与健康课程广泛适应的特点。对运动项目的自主选择和教学内容的有效构建,是落实新教材要求的首要任务。

(二)《普通高中教科书体育与健康必修(全一册)》中"教材内容"的呈现特点

教材采用了以问题引领、策略提供、实战运用为导向的编排方式。通过问题的提出激发学生探究学习的动机,通过解决策略的呈现使学生明白需要学练特定的技能才能解决这一问题,由此理解技能学习的价值和意义,同时通过实战运用让学生发现自己所掌握的技能能在多大程度上解决问题,并主动地去学练和不断改善。

---

① 于素梅.一体化体育课程内容体系的建构[J].体育学刊,2019,26(4):16-21.

这种新型的教学模式引导学生将注意力放在运动情境的问题及问题的解决方法上,是一种基于理解的教学。这种被称为"理解式球类教学课程模式"的新型教学模式在此次课改中被用于新教材运动项目的编写。这一方式可以让学生看到他们练习的各项技能之间的联系,明白如何将这些技能运用到游戏、比赛情境中去。[①] 同时,这也有助于同类运动项目学习的正迁移,如学生在足球运动中学会的"跑位"策略同样可以用于篮球运动。

第二节　自上而下的"解构"

"解构"是一种分析和理解复杂事物的方法,它通常用于将一个复杂的整体分解成简单的部分,以便更深入地研究和理解每个部分的特点和相互关系,是组合创新的重要环节。解构高中体育与健康专项课程篮球教材内容是为了帮助学生识别教材中的关键要点和重要概念,降低学习难度,使学生能沿着循序渐进的内容脉络拾级而上,在打好基础的前提下,提供组合、联系的机会,培养他们的批判性思维和问题解决能力。

一、"解构"的基本原则

1. 分解性原则

它是指将整体分割成较小的部分。这样可以将复杂的问题分解成更易于处理的部分,使研究和理解变得更加简单和清晰。

2. 高层抽象原则

它是指从高层次抽象开始,逐渐向下深入研究细节。通过从抽象内容开始(如技术、战术),可以快速了解它们的基本特征和关键点,然后再逐步细化到具体内容。

3. 关联性原则

它是指注意不同部分之间的关联和相互影响。通过分析和理解这些关联,可

[①] 朱伟强.体育课程模式[M].天津:天津教育出版社,2011.

以更好地把握整体的结构和功能。

4. 反向推导原则

从整体出发,然后逆向推导到各个部分,上一层次是下一层次的母体和概括,下一层次是上一层次的子集和支撑,可以更好地理解各个部分在整体中的作用和功能。

5. 综合性原则

解构不仅仅是将整体拆解成部分,还需要将这些部分重新综合起来,以便重新理解整体的运作和相互关系。

6. 系统性原则

它是指关注整个系统的结构和功能,不仅要了解各个部分的特点,还要理解它们之间的协调与配合,以及整个系统的运行规律。

7. 多维度原则

解构可以从不同的角度和维度进行,以获得更全面和深入的理解。通过多维度的分析,可以发现问题的不同方面和本质。

总的来说,解构的原则是将复杂事物分解、分割、抽象和综合,从不同角度去理解和研究,以获得更深刻和全面的认识。这是一种有效的分析和研究方法,在许多领域都得到了广泛应用。曾经有专家不解地问:以前的教学内容已经这么碎片化了,为什么还要拆解教材内容?我们的回答是:解构是为了更好地建构。解构是为了更好地发现运动项目的本质特征和内部要素的相互关系,重构结构化内容体系,实施结构化重组教学。基于学科核心素养对高中体育专项课程教材内容进行自上而下的解构,并通过补充、完善和调整形成结构化内容体系,可以帮助执教专项的体育教师在安排教学内容之初就具备项目教学的整体视野,全面、清晰、准确地了解项目内容的全貌,对各个部分内容的联系和发展脉络做到心中有数。源于教材的结构化内容体系为教师安排教学内容提供切实、具体的选择依据和路径,可以大大提高教学设计的效率,并能保证内容学习的逻辑关系,大大减少前后颠倒、简单重复的事情发生。如果集体使用结构化内容体系,可以有效提高组织的沟通效率和生产效率,提升整体的教学效益。

二、主要内容和具体内容

布鲁纳在《教育过程》一书中强调:"结构"是指学科的基本概念、基本原理以及它们之间的联系,是知识的整体和事物的普遍联系即规律。任何学科都有其基本结构,即具有其内在的规律性。学生如果掌握了学科知识的基本结构,就可以独立地面对并深入新的知识领域,从而不断地认识新问题,增长新知识。这一点在知识爆炸的今天显得至关重要。结构是组成整体各部分的搭配和安排。《普通高中教科书体育与健康必修(全一册)》中篮球的内容结构是通过"如何提高篮球实战能力?"这一问题组织的。在这一主体问题的统领下,又分为八个分支问题及对应解决策略,从中我们可以提炼、归纳出八类主要内容,并从主要内容中继续拆分和解析出相应的具体内容,使这些隐性内容及其关联性显性化。

表 4-2 《普通高中教科书体育与健康必修(全一册)》篮球内容解构表

主体问题	分支问题	解决策略	主要内容	具体内容
如何提高篮球实战能力	如何投得更准	选择合适的投篮方式	投篮	投各种篮
		与运球、移动等技术组合运用		投篮的组合运用
		提高对抗中投篮的能力		比赛中的综合运用
	如何犀利突破	果断持球突破	突破	运用各种持球突破
		伺机运球突破		运用各种运球突破
		巧妙突破分球		运用突破分球
	如何减少进攻失误	快速传接球	运球、传接球	掌握各种快速传接球
		掌握多种运球方式		掌握多种运球方式
		被紧逼防守时从容传球		各种传球方式的组合运用

(续表)

主体问题	分支问题	解决策略	主要内容	具体内容
如何提高篮球实战能力	如何加强个人防守	明确防守有球队员策略	个人防守技术	防投、突、运、传
		注意防守无球队员选位		防外线、防内线选位
		提高防守移动速度		防守移动脚步
	如何争抢篮板球	抢占有利位置	抢篮板球	进攻篮板球与防守篮板球
		连续起跳抢球		连续起跳抢篮板球
		抢到篮板球后保护		身体护球
	如何快攻得分	创造更多快攻机会	快攻战术	短传快攻、长传快攻(1)
		提高快速推进能力		短传快攻、长传快攻(2)
		提高快攻成功率		短传快攻、长传快攻(3)
	如何开展阵地战进攻	设计阵地战进攻的全队战术	进攻战术	进攻区域紧逼、进攻区域联防
		提高切入和摆脱接球能力		L形切入、V形切入
		提高进攻基础配合的运用效果		传切、突分、掩护、策应配合
	如何开展阵地战防守	选择阵地战防守战术	防守战术	人盯人、区域紧逼和区域联防
		破解对方掩护		换防、挤过、穿过
		提高防守攻击性		关门、夹击
		保持充沛体能		一般体能、专项体能

在内容解析的基础上对专项运动进行表述和概括,可以使我们全面、清晰、准确地了解整体和组成整体的各个部分。

三、明确逻辑顺序

通过内容解构和概念表述,我们可以对各部分的内容进行归类分组。篮球的教材内容由投篮、突破、传接运球、个人防守、抢篮板球、快攻战术、阵地进攻战术和阵地防守战术八类组成。因此,根据金字塔原理,向上可以归纳、提炼为技术和战术两大类,向下继续逐级拆分为最基本的技术和战术;确立纵向结构的从属关系和横向结构的逻辑顺序(包括时间、结构和重要性三种逻辑顺序)。然后,将技术按照原地技术、行进间技术、同质组合技术、异质组合技术和角色综合技术运用依次进行逻辑排列;将战术下的基础配合、快攻战术、全队攻防战术按照学习难易程度进行分解排序,并将攻与防进行有机衔接。

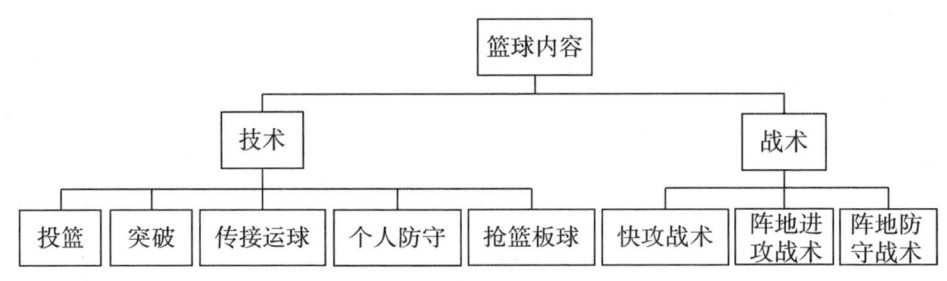

图4-1 篮球课程教材内容解构图

★ 技术逻辑:原地技术→行进间技术→同质组合技术→异质组合技术→角色综合技术。

★ 战术逻辑:基础配合→快攻战术→全队攻防战术。

四、建立关联关系

关联关系是指两个或多个内容之间存在的相互关系,它们之间会相互影响,形成一定的运作模式。一般来说,关联关系可以分为四种主要类型。

(一)依赖关系

它也称为依存关系,指的是一个内容的状态受到另一个内容的影响。例如,全队攻防战术运用会受到基础配合战术掌握程度的影响,基本技术的掌握会直接影响基础配合的形成和运用,战术的运用依赖于基本技术的掌握和基础配合的形成。因此,一定要注重扎实基础和全面体验的关系,不可偏废一方。

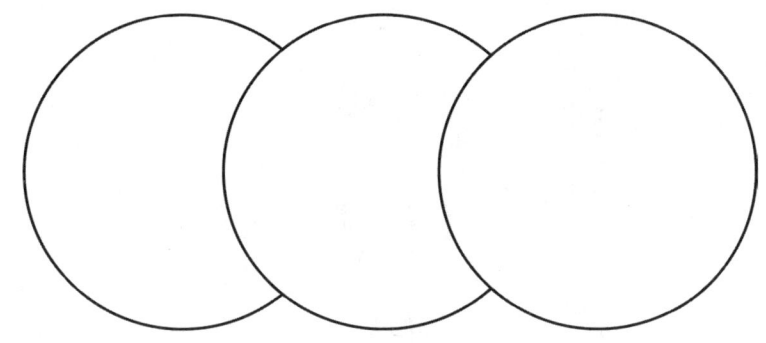

图4-2 依赖关系图

(二) 包含关系

它是一种内容内部的关联,即一个内容在系统中的位置及与其他内容之间的关系。一个内容中可能有多个子内容,每个子内容又可以有多个下一级的内容。例如,投篮分为原地投篮和行进间投篮,原地投篮又可分为原地双手胸前投篮、原地单手肩上投篮、原地跳投和原地勾手投篮,这就是一种包含关系。又如,突分配合由突破和传球组成,单个技术与突分配合之间也是一种包含关系。

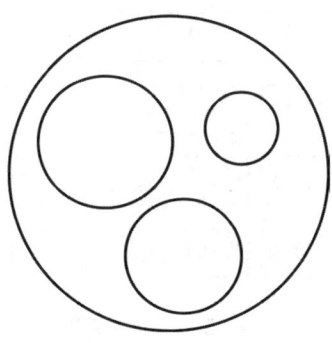

图4-3 包含关系图

(三) 递进关系

它指一项技术的形成是建立在另一项技术的掌握之上的,这种前后关系是逐步递进的,不可随便打乱,欲速则不达。例如,没有学会走就想跑,没有学好原地动作就去做行进间动作,往往会破坏刚刚建立的动作结构,得不偿失。有经验的教师和教练员在基本动作尚未成型之前,一般是不允许练进阶内容的。

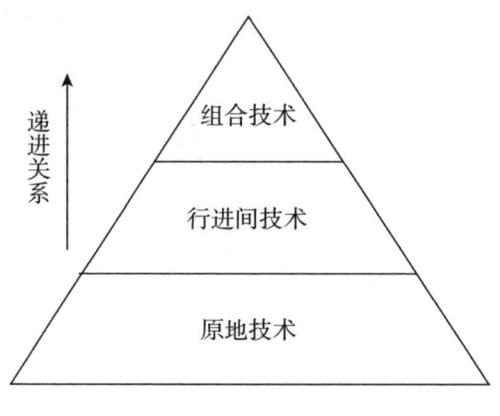

图 4-4 递进关系图

(四) 组合关系

它指的是两种或两种以上的单个技术结合起来组成功能强大的组合技术,也可以是将多个简单系统组成一个更复杂的系统。组成组合技术的单个技术之间的关系就是组合关系。例如,篮球原地单手肩上投篮就可以和运球、移动、传接球、篮板球形成组合关系,建立技术组合。

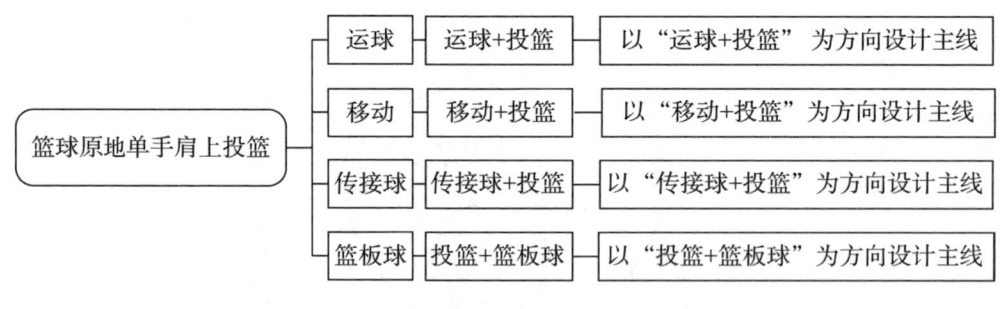

图 4-5 组合关系图

关联关系是内容体系中不可或缺的一部分,它能够提高系统的开发效率和可维护性,促使行为实施者更有效地利用资源,有效地降低系统的复杂性,提高系统的可靠性与性能。通过对高中体育与健康专项课程篮球有关教材内容进行结构分析,教师能够对教材内容的组成有一个清晰的认识,使得隐性关联显性化。为了便于教师在实际教学中实施,笔者认为有必要在理解的基础上进一步细化具体内容,补充相关内容,形成立体的、结构化的内容体系。通过对有关篮球教材内容的反复研读,参透其根本含义,运用第一性原理和金字塔原理,自上而下地"解构"体育专项课程教材,生成结构化内容体系,是体育教师培养独立思考能力、促进专业发展的良好开端。

第三节 自下而上的"建构"

在《普通高中教科书体育与健康必修(全一册)》中,篮球、足球、排球运动的知识结构导图由基本知识与原理、技战术运用、专项体能与一般体能、展示与比赛、规则和裁判方法、观赏与评价等六类内容组成。其中,展示与比赛是此次课程改革为强调"学以致用"、考查"学练成果"而特别提出的,并要求课课都有比赛的"特殊内容",因此自成一类。规则和裁判方法、观赏与评价应该和基本知识与原理并为一类。同时,结构化内容体系既要立足"类"的建构,把握知识和技能之间的整体结构;也要观照"联"的统整,体现体育教学中的内容关联、活动关联和方法关联;还要聚焦"变"的实施,在变与不变的运动情境创设中理解各个知识和技能的本质内涵,主动建构内容链接,形成结构化内容体系。例如,篮球专项课程内容体系就应该由基本技术和攻防战术两个主要"类"的核心系统组成。笔者认为,核心素养视域下的高中体育与健康专项课程教学结构化内容体系应该由结构化的知识内容体系、结构化的技战术内容体系、结构化的比赛内容体系和结构化的体能内容体系组成。

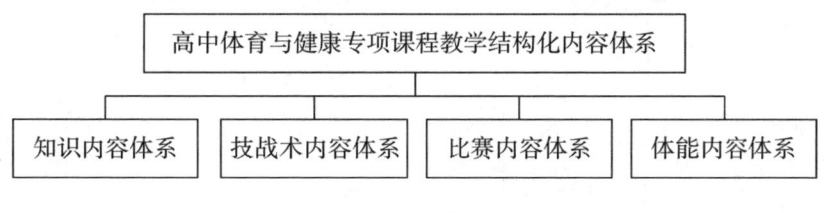

图4-6 内容体系架构

一、篮球课程结构化内容体系

（一）赋予内容编码，体现逻辑关系

编码是指将信息从一种形式或格式转换成另一种形式或格式的过程。编码通常是利用预先规定的方法将文字、数字或其他对象变成数码，或将信息、数据转换成规定的电脉冲信号。随着信息技术的飞速发展，编码技术被广泛应用于信息传输、数据存储、计算机网络安全、软件开发等多个领域。使用编码工具给所有体育专项课程教学内容都赋予一个唯一的代码是结构化设计的重要一环。体育专项课程体系庞大、内容繁多，通过编码可以确定内容的唯一性，体现内容间的关联关系，直观、形象地表达整个结构化设计的逻辑性，方便体育教师理解和调用教学内容。在这里，采用英文字母和数字组合的方式进行编码。我们将体育专项课程教学内容分为核心内容、主要内容和具体内容，具体内容又可以细分为不同的层级。对于核心内容，用核心内容拼音首字母缩写赋码，如知识 ZS、技术 JS、战术 ZS、比赛 BS、体能 TN；对于主要内容，用核心内容编码＋主要内容拼音首字母或数字赋码，如文化与发展 ZSW、快攻战术 ZSK、全场比赛 BSQ、心肺耐力 TNX；从具体内容开始，用数字表示层级，如 JS1、JS2、JS3……（见各类内容体系的建构）

表 4－3　编码内容体系

编码 1	基本知识内容	编码 2	基本技战术内容		编码 3	比赛内容	编码 4	体能内容
ZSW	文化与发展	JS	技术	JS1—JS9	BSQ	全场比赛	TNX	心肺耐力
ZSJ	技战术知识	ZS	战术	ZSP ZSK ZSQ	BSB	半场比赛	TNN	肌肉耐力
ZST	体能知识				BSG	个人技术比赛	TNL	肌肉力量
ZSA	安全知识				BST	体能比赛	TNR	柔韧性
ZSC	规则和裁判方法						TNM	灵敏性
ZSS	赛事策划与编排						TNP	平衡性
ZSG	观赏与评价						TNT	协调性
							TNB	爆发力

(续表)

编码1	基本知识内容	编码2	基本技战术内容	编码3	比赛内容	编码4	体能内容
						TNS	速度
						TNF	反应时

每一级内容都由下一级若干内容支撑,直至分解到最基本的具体内容。利用编码技术的逻辑性有助于我们梳理运动项目的知识、技战术和体能体系,在组织、编排教学内容时起到事半功倍的作用,同时也为今后使用数字化技术来管理结构化内容体系创造了条件。

(二)搭建数字平台,形成多元组件

随着数字化技术的发展,篮球课程教学内容结构化重组数字工具的开发与使用成为提高篮球教学效果的重要手段。数字工具的开发与使用,旨在通过数字化手段,对篮球课程内容进行系统性、结构化的整合,有助于实现个性化教学,满足不同层次学生的需求。此外,数字工具还可以提高教师的工作效率,减轻教学负担。

篮球课程教学内容结构化重组数字工具的开发过程包括需求分析、功能设计、系统开发、测试与优化等环节。首先,通过分析篮球课程教学内容,明确对数字工具的需求;其次,根据需求设计数字工具的功能;再次,进行系统开发,实现数字工具的功能;最后,对数字工具进行测试与优化,确保其性能稳定、操作简便。

1. 教学资源整合

通过数字工具,将篮球课程相关的教学资源进行整合,方便教师和学生随时查阅和下载。

2. 个性化教学

数字工具可以根据学生的实际情况,提供个性化的教学内容和练习,满足不同层次学生的需求。

3. 教学效果评估

数字工具可以对学生的学习进度和成绩进行实时监测,帮助教师及时调整教学策略,提高教学效果。

4. 教学互动与反馈

数字工具可以提供线上互动功能，方便教师与学生进行实时沟通，及时获取学生的反馈，优化教学内容。

总之，篮球课程教学内容结构化重组数字工具的开发与使用，有助于提高篮球教学的效果，实现个性化教学，满足不同层次学生的需求。在篮球教学实践中，数字工具可以发挥重要作用，为篮球教育教学的发展提供有力支持。

二、篮球课程基本知识内容体系

篮球基本知识是篮球专项课程中的重要教学内容，通常学生在篮球基本知识的学习过程中逐渐提升自身的能力与素养。但自《新课标》颁布以来，关于体育专项课程的基本知识与技能的教学存在诸多问题，特别是在体育课堂中如何教授学生基本知识，促进学生的学习理解等。关于体育课程中基本知识的教学存在碎片化、无序化等现象，《新课标》中指出："在教学方式方面，力求避免过于注重单一知识点以及把结构化的知识与技能割裂开来的灌输式教学模式……"[①]纵观篮球课程教学现状，不免让人产生疑问：篮球专项课程基本知识内容包括哪些？如何将篮球知识与技能有效链接？……

（一）建构篮球课程基本知识内容体系的现实背景

1. 对基本知识理解的偏差

在篮球专项课程中，要选择哪些基本知识进行教学呢？要弄清楚这一点，需要了解基本知识的概念。知识是人类在实践中认识世界（包括人类自身）的成果，它包括事实、信息的描述或在教育和实践中获得的技能。从概念来看，知识不仅仅是认知层面的获得，还包括领会的技能。但在现实中，体育教师对篮球课程知识内容的理解存在偏差，他们认为篮球课程知识内容主要是篮球理论知识，主要是在教室里讲授的内容；或者认为篮球课程知识内容与篮球技能、篮球方法是三种不同的内容；等等。产生以上现象的主要原因在于体育教师并未厘清篮球知识内容是狭义

---

① 中华人民共和国教育部.普通高中体育与健康课程标准（2017年版2020年修订）[S].北京：人民教育出版社，2020：3.

的还是广义的,是融合的还是割裂的。张震认为,解决体育知识整体化疑难的关键是阐释清楚具身哲学如何使技艺知识与学科理论知识在同一个范式下被统摄为一元的知识整体。① 综上,笔者认为,篮球课程基本知识主要包括篮球知识与篮球技战术两大部分内容,具体内容包括篮球历史与发展趋势、文化内涵、技战术基本原理、篮球安全知识与防护方法、篮球运动的运动价值等。

2. 基本知识内容在篮球教学中的实践缺失

关于篮球基本知识的教学,笔者在先前的篮球课程教学过程中并未予以关注与反思,课堂主要聚焦在学生对技战术的掌握与表现方面,直到与体育学科相关专家交流后,认识到这一长期存在的问题。而后笔者在"篮球进攻基础战术配合"单元教学中仔细观察这些问题,在课堂正式开始前,对班级同学提问先前所教的篮球策应配合的相关知识,才惊讶地发现大部分学生并不能准确地答出策应配合的要领,在理解层面上也较为肤浅,不能列举或比较策应配合的运用策略等。

回顾"篮球进攻基础战术配合"单元的教学,笔者在教授一些教学内容,如传切配合、策应配合、掩护配合组合等内容时,起初以为班级同学都能够知道这些内容的基本要求与要领,因此并未过多讲解,而是安排学生做相关的技战术练习。但现实是,学生仅仅停留在熟练地完成既定练习动作层面,在比赛对抗时不能灵活运用。

例如,《新课标》中主要给出了跳远模块2的内容要求,并提示在该模块教学过程中应该运用的教学方法。但一些一线体育教师并不知道如何搭建基本知识内容体系,以及在课堂中如何进行教学。

3. 知识与过程"共生结构"的启示

如果学生能够理解篮球策应配合的概念与要领,一定能够在比赛中与同伴形成良好的"化学反应"。所以,如果教师过度注重技战术的练习,而不在学习过程中对学生加以引导与纠正,学生很容易成为技能熟练者,但并不能成为技能的理解者。

埃里克森(Lynn Erickson)和兰宁(Lois A. Lanning)在以概念为本的教学研

---

① 张震.整体性与独特性:体育知识基本问题的具身哲学阐析[J].体育科学,2021,41(6):68-77.

究中对知识与技战术如何更好地连接给出了宝贵建议,尤其是"共生结构"。他们认为,知识一旦被理解,特定的过程、技能和策略可以被应用在更广泛的内容上,并且产生意义。知识的结构和过程的结构是互为补充的共生结构。①

从中可以看到,知识自身或许具有延后性且可能毫无用处,除非将知识附于包含策略和技能的过程行为上。同样,像思考、分析、创造、运用也无法脱离内容进行有意义的运作。试想,教师在教授学生运动技能时,如果能将该项运动技能的知识与技能的练习结构化地结合,势必会促进学生深层次理解与运用。

(二) 篮球课程基本知识内容体系的维度

《普通高中教科书体育与健康必修(全一册)》中的知识结构导图将篮球、足球、排球运动划分为六个部分:基本知识与原理、技战术运用、专项体能与一般体能、展示与比赛、规则和裁判方法、观赏与评价。②《上海市高中体育与健康学科教学基本要求》将篮球运动的内容划分为理论知识、技战术运用、相关体能、实践与评价四部分内容。笔者参考以上两本教材,对篮球课程基本知识内容的维度进行了微调,主要包括文化与发展、技战术知识、安全知识、规则和裁判方法等维度,如图4-7所示。

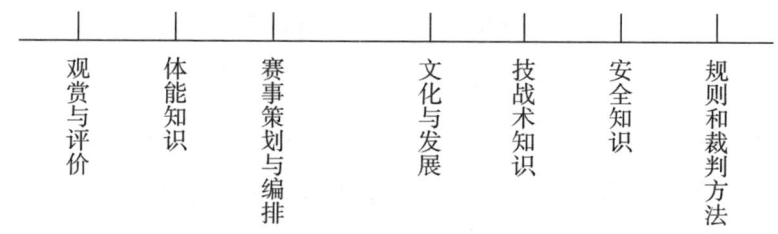

图4-7 篮球课程基本知识内容的维度

(三) 高中篮球课程基本知识的类别

除了考虑高中篮球课程基本知识的维度之外,还应思考每一个维度基本知识的类别,技战术要领、技战术概念、技战术大概念、技战术的过程知识等由于所属类别不同,因此需要进行结构化的梳理。

---

① 林恩·埃里克森,洛伊斯·兰宁.以概念为本的课程与教学:培养核心素养的绝佳实践[M].鲁效孔,译.上海:华东师范大学出版社,2018.
② 上海市中小学(幼儿园)课程改革委员会.普通高中教科书体育与健康必修(全一册)[M].上海:上海教育出版社,2023.

根据布鲁姆(Benjamin Bloom)对知识的分类,即事实性知识、概念性知识、程序性知识、元认知知识及各个知识的概念界定,我们可以对篮球课程中的基本知识内容进行分类。以篮球技战术知识为例,如表4-4所示,事实性知识主要以运球、投篮、传球等单一知识点为主;概念性知识分为一般概念与大概念,一般概念通常指的是如策应配合、突分配合等两种及以上的技术概念,而大概念则更处于上位,通常是指一个单元中的核心内容、核心观点等;程序性知识主要指篮球课程中内容的练习过程与方法;元认知知识主要指学生学习过程中的自我认知,不属于篮球课程基本知识内容的范畴。

表4-4 篮球技战术知识内容

知识类别		技战术知识内容
事实性知识		运球、投篮、传球、抢篮板球、滑步等
概念性知识	一般概念	策应配合、突分配合、掩护配合、区域联防、全场人盯人、快攻、三角进攻等
	大概念	不同的区域防守情境,存在较为合适的篮球基础战术配合进攻路径等
程序性知识		区域联防的练习方法、掩护配合的练习方法、策应配合的练习方法、全场紧逼的练习方法等
元认知知识		……

(四) 篮球专项课程基本知识内容体系的结构化设计

为了使基本知识内容体系的横向与纵向结构保持关联、逻辑性,首先要对基本知识内容进行编码,编码采用基本知识(ZS)+主要内容拼音首字母的方式,例如文化与发展的编码为ZSW;然后,进行逐级的内容拆解与编码;最后,形成完整的体系。

1. 篮球文化与发展

如表4-5所示,篮球文化与发展下面又可分为三级目录知识,体育教师通常会摘选如"世界篮球的起源"等第五级目录中的内容作为体育理论课堂教学内容,对篮球基本知识进行教学与普及。

表4-5 篮球文化与发展内容结构

一级目录	二级目录	三级目录	四级目录	五级目录
ZS 基本知识	ZSW 文化与发展	ZSW1 篮球运动的历史与发展趋势	ZSW1-1 篮球运动的起源	ZSW1-1-1 世界篮球的起源
				ZSW1-1-2 中国篮球的起源
			ZSW1-2 篮球运动的发展	ZSW1-2-1 现代篮球技术特点
				ZSW1-2-2 现代篮球技术
				ZSW1-2-3 现代篮球战术
				ZSW1-2-4 现代篮球训练
		ZSW2 现代篮球文化	ZSW2-1 篮球明星	ZSW2-1-1 NBA篮球明星
				ZSW2-1-2 CBA篮球明星
				ZSW2-1-3 欧洲篮球明星
			ZSW2-2 篮球装备	ZSW2-2-1 篮球市场
				ZSW2-2-2 篮球装备特点

2. 篮球技战术知识

篮球技战术知识分为技术知识与战术知识两部分,主要聚焦于理论层面。由于体育学科是一门以身体练习为主要手段、以体育技能和方法等为主要学习内容的课程,所以篮球技战术知识方面的内容很多,表4-6中并未完全展开,仅展示到四级目录层面。以传切配合知识为例,它包括传切配合的要领、练习方法、相关概念等,这些都要与课堂传切配合的练习有效融合。

表 4-6　篮球技战术知识内容结构

一级目录	二级目录	三级目录	四级目录
ZS 基本知识	ZSJ 技战术知识	ZSJ1 技术知识	ZSJ1-1 运球技术知识
			ZSJ1-2 传接球技术知识
			ZSJ1-3 投篮技术知识
			ZSJ1-4 运、传接、投组合技术知识
			ZSJ1-5 突破技术知识
			ZSJ1-6 个人防守技术知识
			ZSJ1-7 篮板球技术知识
			ZSJ1-8 角色进攻综合技术运用知识
			ZSJ1-9 角色防守综合技术运用知识
		ZSJ2 战术知识	ZSJ2-1 传切配合知识
			ZSJ2-2 掩护配合知识
			ZSJ2-3 突分配合知识
			ZSJ2-4 策应配合知识
			ZSJ2-5 关门、交换、夹击、补防配合知识
			ZSJ2-6 挤过、穿过、绕过配合知识
			ZSJ2-7 短传快攻与防短传快攻战术知识
			ZSJ2-8 长传快攻与防长传快攻战术知识
			ZSJ2-9 半场人盯人防守战术知识
			ZSJ2-10 全场紧逼人盯人防守战术知识
			ZSJ2-11 半场区域紧逼与进攻半场区域紧逼战术知识
			ZSJ2-12 全场区域紧逼与进攻半场区域紧逼战术知识
			ZSJ2-13 区域联防与进攻区域联防战术知识
			ZSJ2-14 经典战术体验知识

3. 篮球运动安全知识

篮球运动具有实战对抗的显著特点,因此很容易产生身体上的碰撞,甚至会发生伤害事故,如脚踝、手指挫伤,严重时还会出现骨折。所以,在篮球专项课程的教学过程中,安全知识教育不容忽视,尤其是篮球运动损伤与预防、篮球比赛准备等。

表 4-7　篮球运动安全知识内容结构

一级目录	二级目录	三级目录	四级目录	五级目录
ZS 基本知识	ZSA 安全知识	ZSA1 篮球运动损伤与预防	ZSA1-1 常见篮球运动损伤	ZSA1-1-1 篮球运动损伤的常见部位与损伤状况
			ZSA1-2 篮球运动损伤的预防措施	ZSA1-2-1 篮球运动损伤的主要原因
				ZSA1-2-2 篮球运动损伤的预防及处理方法
			ZSA1-3 篮球运动损伤的紧急处理	ZSA1-3-1 篮球运动损伤的紧急处理措施
		ZSA2 篮球比赛准备	ZSA2-1 赛前热身与赛后放松	ZSA2-1-1 篮球比赛赛前的热身及其作用
				ZSA2-1-2 篮球比赛赛后的放松及其作用
			ZSA2-2 突发事件的应对策略	ZSA2-2-1 篮球比赛过程中的突发事件处理方法

4. 篮球规则和裁判方法

篮球规则和裁判方法主要包括篮球规则与篮球裁判两方面内容。学生在篮球课程学习中需要了解篮球的相关规则,掌握篮球裁判的基本手势、比赛执法等内容。体育教师通过篮球规则和裁判方法相关知识的理论与实践教学,进一步提升学生对篮球运动的理解。

表 4-8　篮球规则和裁判方法内容结构

一级目录	二级目录	三级目录	四级目录	五级目录
ZS 基本知识	ZSC 规则和裁判方法	ZSC1 篮球裁判	ZSC1-1 篮球裁判概况	ZSC1-1-1 篮球裁判工作内容、任务、要求等
			ZSC1-2 篮球裁判方法	ZSC1-2-1 篮球裁判的基本手势
				ZSC1-2-2 篮球裁判的比赛执法
		ZSC2 篮球规则	ZSC2-1 篮球比赛违例	……
			ZSC2-2 篮球比赛犯规	……

5. 篮球体能知识

体能分为一般体能与专项体能，这一点与技战术知识的教学类似。除此之外，体育教师还须将篮球体能训练功能、篮球体能训练计划等知识通过理论课或日常教学课对学生进行教授，让学生明白篮球体能的重要性以及篮球运动处方、篮球训练计划的制订等。

表 4-9　篮球体能知识内容结构

一级目录	二级目录	三级目录		四级目录
ZS 基本知识	ZST 体能知识	ZST1	篮球体能训练功能	ZST1-1　技能与运动素质
				ZST1-2　篮球运动员身体素质
				ZST1-3　身体适应与篮球训练
		ZST2	篮球体能训练计划	ZST2-1　篮球体能训练设计
				ZST2-2　篮球体能训练原则
				ZST2-3　常见的体能训练方案

6. 篮球赛事策划与编排

篮球赛事策划与编排主要包括篮球赛事组织与篮球赛事编排。建议体育教师在学校组织的篮球联赛期间对学生进行科普；或者在篮球专项课中，根据班级的实际情况分组进行模拟联赛，以学生为主体策划、组织日常的比赛。

表 4-10　篮球赛事策划与编排

一级目录	二级目录	三级目录	四级目录	五级目录
ZS 基本知识	ZSS 赛事策划与编排	ZSS1 篮球赛事组织	ZSS1-1　篮球赛事策划	ZSS1-1-1　篮球赛事组织结构
				ZSS1-1-2　篮球赛事企划书
				ZSS1-1-3　篮球赛事合同
			ZSS1-2　篮球赛事运营	ZSS1-2-1　篮球赛事管理与运营机制
				ZSS1-2-2　职业篮球队管理与运营机制

(续表)

一级目录	二级目录	三级目录	四级目录	五级目录
ZS 基本知识	ZSS 赛事策划与编排	ZSS2 篮球赛事编排	ZSS2-1 篮球赛事的轮次与场次设定	
			ZSS2-2 篮球赛事的对阵与抽签安排	

7. 篮球观赏与评价

篮球观赏与评价主要指围绕篮球比赛中的战术配合、球星技术特点、比赛数据等进行观赏与评价。

表4-11 篮球观赏与评价

一级目录	二级目录	三级目录	四级目录
ZS 基本知识	ZSG 观赏与评价	ZSG1 篮球赛事观赏	ZSG1-1 奥运会、世界杯篮球赛事观赏
			ZSG1-2 CBA、NBA等篮球赛事观赏
		ZSG2 篮球赛事评价	ZSG2-1 篮球球星技术特点分析
			ZSG2-2 篮球队战术打法、风格分析
			ZSG2-3 篮球比赛数据分析

三、篮球技战术内容体系

由于篮球技战术内容繁多、复杂,因此建构结构化的篮球技战术内容体系,有助于提供给体育教师整体化的视野与选择。体育教师可以根据学情,选择合适的技战术内容提前进行规划,从而贴近学生的最近发展区,避免过去教学中的"教到哪算哪"现象发生。

(一)聚焦核心,确立篮球技战术体系核心内容

建构结构化的篮球技战术体系,首先就是要找到篮球专项课程整体教学内容的核心内容。而确定篮球技战术体系核心内容,需要注意内容之间的结构与逻辑性。课题组经过多次研讨,将高中篮球技战术体系核心内容确定为技术与战术。

（二）拆解"技术"与"战术"核心内容，为主要内容编码

在将篮球技战术内容划分为"技术"与"战术"两部分之后，进一步对这两部分内容进行拆解，形成各部分的主要内容，然后对主要内容进行编码。

如图4-8所示，篮球技术这一核心内容由九个主要内容构成，用技术（JS）＋阿拉伯数字的方式进行编码，呈现为：JS1 运球技术，JS2 传接球技术，JS3 投篮技术，JS4 运、传、投组合技术，JS5 突破技术，JS6 个人防守技术，JS7 篮板球，JS8 角色进攻综合技术运用，JS9 角色防守综合技术运用。

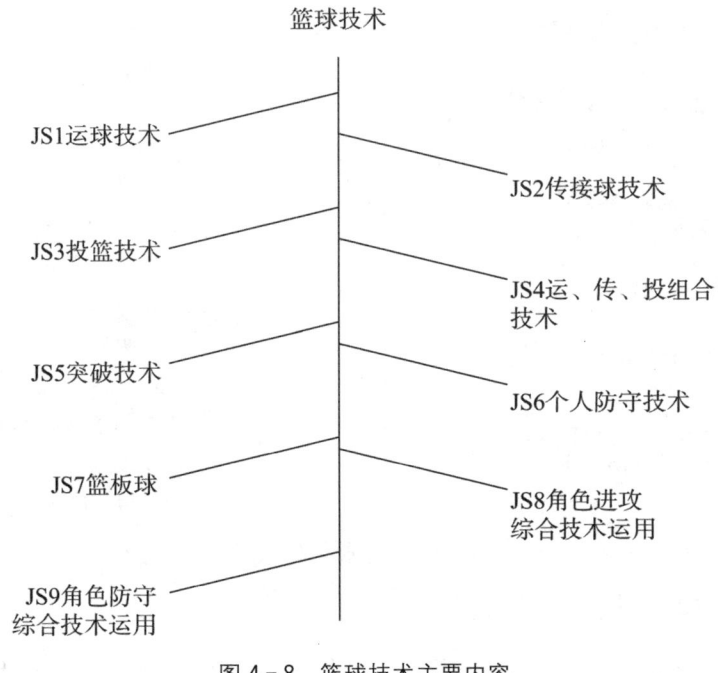

图 4-8 篮球技术主要内容

篮球战术核心内容由14个主要内容构成，编码方式与篮球技术类似。为了便于后续的结构体系建构，在编码过程中，课题组根据篮球战术内容的特点，将其分为三类：一是篮球战术配合类，编码采用 ZSP＋的方式；二是篮球快攻战术类，编码采用 ZSK＋的方式；三是篮球全队参与战术类，编码采用 ZSQ＋的方式。

经过编码，篮球战术主要内容呈现为：ZSP1 传切配合，ZSP2 掩护配合，ZSP3 突分配合，ZSP4 策应配合，ZSP5 关门、交换、夹击、补防配合，ZSP6 挤过、穿过、绕过配合，ZSK1 短传快攻与防短传快攻战术，ZSK2 长传快攻与防长传快攻战术，

ZSQ1 半场人盯人防守,ZSQ2 全场紧逼人盯人防守,ZSQ3 全场区域紧逼与进攻全场区域紧逼战术,ZSQ4 半场区域紧逼与进攻半场区域紧逼战术,ZSQ5 区域联防与进攻区域联防战术,ZSQ6 团队经典战术与围绕球星的团队战术体验。相对于篮球技术而言,在高中阶段,篮球战术内容将随着教学的不断深入占据主导地位。

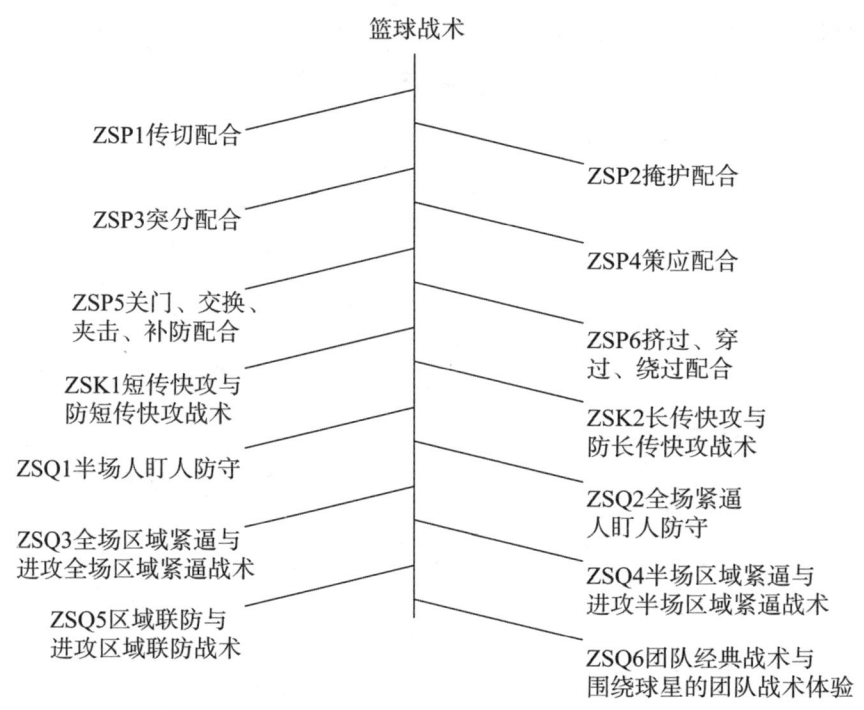

图 4-9 篮球战术主要内容

(三)归类分组,不重不漏

将教学内容逐层拆解后,还要将每一层篮球技战术内容归类分组,形成各个独立的分支,并保证每一组的内容属于同一个范畴。例如,投篮包括跳投、原地投篮、行进间投篮、勾手投篮等,持球突破包括同侧步突破、交叉步突破等,区域联防包括 2-1-2 区域联防、3-2 区域联防、2-3 区域联防等。

(四)逻辑递进,形成完整的独立分支

从主要内容开始,按照一定的逻辑顺序进行分解、拆分、排列。例如,根据新课程教学的要求,将篮球各种运球、传接球、投篮技术内容按重要程度排列成"原地技术→行进间技术→组合应用技术"。

由于篮球技战术内容体系过于庞大,因此在这里主要选取每一类中的一个主要内容进行独立具体内容的建构呈现,详细可见附录。

1. JS5 突破技术

突破技术可以分解为 JS5-1 持球突破、JS5-2 运球突破。持球突破又可以拆分为同侧步突破与交叉步突破,运球突破又可以拆分为运球推进急停急起突破与运球变向突破。还可以进一步拆分,如同侧步突破按照内容难度可以分成三项练习方法。

表 4-12 突破技术内容结构

JS5 突破技术	JS5-1 持球突破	JS5-1-1 同侧步突破	JS5-1-1-1 原地持球同侧步练习
			JS5-1-1-2 两人一球面对面站立做同侧步突破
			JS5-1-1-3 向前抛球迅速接球急停同侧步突破
		JS5-1-2 交叉步突破	JS5-1-2-1 原地持球交叉步练习
			JS5-1-2-2 两人一球面对面站立做交叉步突破
			JS5-1-2-3 向前抛球迅速接球急停交叉步突破
		JS5-1-3 同侧步、交叉步突破投篮	JS5-1-3-1 同侧步突破投篮
			JS5-1-3-2 交叉步突破投篮
	JS5-2 运球突破	JS5-2-1 运球推进急停急起突破	JS5-2-1-1 行进间高、低运球
			JS5-2-1-2 行进间变速运球
			JS5-2-1-3 有防守人急停急起运球突破
		JS5-2-2 运球变向突破	JS5-2-2-1 行进间变向运球
			JS5-2-2-2 行进间变速运球
			JS5-2-2-3 有防守人变向运球突破

2. ZSP2 掩护配合

从表 4-13 中可以看出,掩护配合主要分为侧掩护,前、后掩护,挡拆配合三个内容,涵盖四个层级,而在最后一个层级中的练习相较于表 4-12 中同级的内容更多。笔者想要说明的是:不同的技战术内容具有不同的特点,而具体内容的充盈度与层级将随着篮球实践教学的不断深入而逐级饱满。

表4-13 掩护配合内容结构

ZSP2 掩护配合	ZSP2-1 侧掩护	ZSP2-1-1 侧掩护徒手配合	ZSP2-1-1-1 侧掩护配合徒手动作
			ZSP2-1-1-2 徒手做侧掩护跑动路线
			ZSP2-1-1-3 两人一组固定位置侧掩护配合
		ZSP2-1-2 侧掩护挡拆配合	ZSP2-1-2-1 两人一组侧掩护后拆开跟进接球
			ZSP2-1-2-2 三人一组侧掩护后拆开跟进接球
		ZSP2-1-3 侧掩护进攻配合	ZSP2-1-3-1 侧掩护配合衔接投篮进攻
			ZSP2-1-3-2 2V2侧掩护后投篮练习
	ZSP2-2 前、后掩护	ZSP2-2-1 前、后掩护徒手配合	ZSP2-2-1-1 前、后掩护配合徒手动作
			ZSP2-2-1-2 徒手做前、后掩护跑动路线
			ZSP2-2-1-3 两人一组固定位置做前、后掩护配合
		ZSP2-2-2 前、后掩护进攻配合	ZSP2-2-2-1 两人一组前、后掩护跟进上篮
			ZSP2-2-2-2 三人一组前、后掩护跟进上篮
			ZSP2-2-2-3 前、后掩护配合衔接投篮进攻
			ZSP2-2-2-4 2V2前、后掩护后投篮
	ZSP2-3 挡拆配合	ZSP2-3-1 挡拆徒手配合	ZSP2-3-1-1 挡拆配合徒手动作
			ZSP2-3-1-2 徒手做挡拆配合路线
			ZSP2-3-1-3 两人一组固定位置挡拆配合
		ZSP2-3-2 挡拆进攻配合	ZSP2-3-2-1 两人一组挡拆配合接跟进上篮
			ZSP2-3-2-2 三人一组挡拆配合接跟进上篮
			ZSP2-3-2-3 挡拆配合衔接投篮进攻
			ZSP2-3-2-4 2V2挡拆配合后投篮

3. ZSK2 长传快攻与防长传快攻战术

长传快攻与防长传快攻战术主要内容可分解为长传快攻战术与防长传快攻战术两部分。长传快攻战术和防长传快攻战术可分别拆解成三项子内容，又可分成具体的如四对四攻防转换、前场5秒快攻进攻等练习内容。

表4-14 长传快攻与防长传快攻战术内容结构

ZSK2 长传快攻 与防长传 快攻战术	ZSK2-1 长传快攻 战术	ZSK2-1-1 长传快攻 的发动与接应	ZSK2-1-1-1 四对四攻防转换
			ZSK2-1-1-2 五对五攻防转换
			ZSK2-1-1-3 抢篮板球后传固定接应
			ZSK2-1-1-4 抢篮板球后传机动接应
		ZSK2-1-2 长传快攻 的推进	ZSK2-1-2-1 全场二人长传球推进
			ZSK2-1-2-2 全场三人长传球推进
			ZSK2-1-2-3 运球突破+长传球推进
		ZSK2-1-3 长传快攻 的终结	ZSK2-1-3-1 推进前场后二打一终结快攻
			ZSK2-1-3-2 推进前场后三打二终结快攻
			ZSK2-1-3-3 前场5秒快攻进攻
	ZSK2-2 防长传快 攻战术	ZSK2-2-1 防长传快 攻的发动与接应	ZSK2-2-1-1 篮板球的防守
			ZSK2-2-1-2 封堵接应球员的防守战术
			ZSK2-2-1-3 卡堵接应球员的防守战术
		ZSK2-2-2 防长传快 攻的推进	ZSK2-2-2-1 中前场一防二快攻
			ZSK2-2-2-2 中前场二防三快攻
			ZSK2-2-2-3 中前场三防四快攻
		ZSK2-2-3 防长传快 攻的终结	ZSK2-2-3-1 防守快攻结束时一防二
			ZSK2-2-3-2 防守快攻结束时二防三

4. ZSQ3 全场区域紧逼与进攻全场区域紧逼战术

一些体育教师觉得篮球战术教学是具有一定难度的，很多年轻体育教师更是不知道从何教起，不知道如何将篮球战术理念、篮球战术行为等让学生在学练中慢慢理解与内化。但笔者一直认为将篮球战术内容进行分解、细分，从整体去计划局部，再从局部的教学过渡到整体的掌握，或许会有不同的视角与体会。

全场区域紧逼与进攻全场区域紧逼战术可以分解为全场区域紧逼战术与进攻全场区域紧逼战术两部分。在继续分解全场区域紧逼战术之前,笔者需要说明,分解教学内容需要考虑实际的学情以及高中生的理解水平。全场区域紧逼战术涵盖多种阵式的战术,课题组经过讨论交流后,将其分解为1-2-1全场区域紧逼战术、1-3-1全场区域紧逼战术、1-2-2全场区域紧逼战术、2-2-1全场区域紧逼战术,这些内容在高中阶段能够满足学生的学习需求。进攻全场区域紧逼战术则应根据防守的阵式进行分解,这样具体内容的建构更有结构性与逻辑性。

表4-15 全场区域紧逼与进攻全场区域紧逼战术内容结构

ZSQ3 全场区域紧逼与进攻全场区域紧逼战术	ZSQ3-1 全场区域紧逼战术	ZSQ3-1-1 1-2-1 全场区域紧逼战术	ZSQ3-1-1-1 1-2-1-1 全场区域紧逼防守位置
			ZSQ3-1-1-2 1-2-1-1 全场区域紧逼个人防守
			ZSQ3-1-1-3 1-2-1-1 全场区域三对二紧逼防守
			ZSQ3-1-1-4 1-2-1-1 全场区域四对三紧逼防守
			ZSQ3-1-1-5 1-2-1-1 全场区域五对四紧逼防守
			ZSQ3-1-1-6 1-2-1-1 全场区域五对五紧逼防守
		ZSQ3-1-2 1-3-1 全场区域紧逼战术	ZSQ3-1-2-1 1-3-1 全场区域紧逼防守位置
			ZSQ3-1-2-2 1-3-1 全场区域紧逼个人防守
			ZSQ3-1-2-3 1-3-1 全场区域三对二紧逼防守
			ZSQ3-1-2-4 1-3-1 全场区域四对三紧逼防守
			ZSQ3-1-2-5 1-3-1 全场区域五对四紧逼防守
			ZSQ3-1-2-6 1-3-1 全场区域五对五紧逼防守
		ZSQ3-1-3 1-2-2 全场区域紧逼战术	ZSQ3-1-3-1 1-2-2 全场区域紧逼防守位置
			ZSQ3-1-3-2 1-2-2 全场区域紧逼个人防守
			ZSQ3-1-3-3 1-2-2 全场区域三对二紧逼防守
			ZSQ3-1-3-4 1-2-2 全场区域四对三紧逼防守
			ZSQ3-1-3-5 1-2-2 全场区域五对四紧逼防守
			ZSQ3-1-3-6 1-2-2 全场区域五对五紧逼防守
		ZSQ3-1-4 2-2-1 全场区域紧逼战术	ZSQ3-1-4-1 2-2-1 全场区域紧逼防守位置
			ZSQ3-1-4-2 2-2-1 全场区域紧逼个人防守
			ZSQ3-1-4-3 2-2-1 全场区域三对二紧逼防守
			ZSQ3-1-4-4 2-2-1 全场区域四对三紧逼防守
			ZSQ3-1-4-5 2-2-1 全场区域五对四紧逼防守
			ZSQ3-1-4-6 2-2-1 全场区域五对五紧逼防守

(续表)

ZSQ3 全场区域紧逼与进攻全场区域紧逼战术	ZSQ3-2 进攻全场区域紧逼战术	ZSQ3-2-1 进攻 1-2-1-1 全场区域紧逼战术	ZSQ3-2-1-1 1-2-1-1 全场区域紧逼进攻落位
			ZSQ3-2-1-2 运、传、突 1-2-1-1 全场区域紧逼
			ZSQ3-2-1-3 1-2-1-1 全场区域紧逼中前场二打一转阵地进攻
			ZSQ3-2-1-4 1-2-1-1 全场区域紧逼中前场三打二转阵地进攻
			ZSQ3-2-1-5 1-2-1-1 全场区域紧逼中前场四打三转阵地进攻
		ZSQ3-2-2 进攻 1-3-1 全场区域紧逼战术	ZSQ3-2-2-1 1-3-1 全场区域紧逼进攻落位
			ZSQ3-2-2-2 运、传、突 1-3-1 全场区域紧逼
			ZSQ3-2-2-3 1-3-1 全场区域紧逼中前场二打一转阵地进攻
			ZSQ3-2-2-4 1-3-1 全场区域紧逼中前场三打二转阵地进攻
			ZSQ3-2-2-5 1-3-1 全场区域紧逼中前场四打三转阵地进攻
		ZSQ3-2-3 进攻 1-2-2 全场区域紧逼战术	ZSQ3-2-3-1 1-2-2 全场区域紧逼进攻落位
			ZSQ3-2-3-2 运、传、突 1-2-2 全场区域紧逼
			ZSQ3-2-3-3 1-2-2 全场区域紧逼中前场二打一转阵地进攻
			ZSQ3-2-3-4 1-2-2 全场区域紧逼中前场三打二转阵地进攻
			ZSQ3-2-3-5 1-2-2 全场区域紧逼中前场四打三转阵地进攻
		ZSQ3-2-4 进攻 2-2-1 全场区域紧逼战术	ZSQ3-2-4-1 2-2-1 全场区域紧逼进攻落位
			ZSQ3-2-4-2 运、传、突 2-2-1 全场区域紧逼
			ZSQ3-2-4-3 2-2-1 全场区域紧逼中前场二打一转阵地进攻
			ZSQ3-2-4-4 2-2-1 全场区域紧逼中前场三打二转阵地进攻
			ZSQ3-2-4-5 2-2-1 全场区域紧逼中前场四打三转阵地进攻

以上列举的四个主要内容的独立体系是整体技战术内容体系的一部分,自下而上地结构化建构每一个主干内容的独立体系内容,最终形成完整的、结构化的、上下具有联动性的篮球技战术内容体系。

四、篮球比赛内容体系

篮球比赛是篮球课中的重要内容,学生通过实战对抗与竞争的比赛,能够全面提升篮球水平。篮球比赛内容多样,不仅包括半场或全场的实战比赛,还包括篮球个人技术比赛、与篮球相关的体能比赛等。对篮球比赛内容进行梳理,建构结构化的篮球比赛内容体系,有助于教师整体规划篮球教学内容,丰富篮球课程教学内容。

首先,分别对篮球比赛的四项核心内容进行编码,即半场比赛(BSB)、全场比赛(BSQ)、个人技术比赛(BSG)、体能比赛(BST);其次,进一步归纳、整理每项核心内容中的具体比赛内容。

(一)半场比赛

半场比赛指发生在篮球半场内的团队实战对抗比赛,包括半场人盯人、半场多打少、半场区域联防等比赛内容。

表 4-16 BSB 半场比赛内容与编码

编码	内容	编码	内容
BSB1	1V1 半场教学比赛	BSB8	5V5 半场"3-2"区域联防教学比赛
BSB2	2V2 半场人盯人教学比赛	BSB9	5V5 半场"2-1-2"区域联防教学比赛
BSB3	3V3 半场人盯人教学比赛	BSB10	半场 2V1 比赛
BSB4	4V4 半场人盯人教学比赛	BSB11	半场 3V2 比赛
BSB5	5V5 半场人盯人教学比赛	BSB12	半场 4V3 比赛
BSB6	5V5 半场扩大人盯人教学比赛	BSB13	半场 5V4 比赛
BSB7	5V5 半场"2-3"区域联防教学比赛	BSB14	半场"定时"教学比赛

（二）全场比赛

全场比赛指发生在篮球全场内的全队实战对抗比赛。全场比赛对学生的整体水平要求较高。学生在对篮球课程逐渐深入学习之后，慢慢会从半场攻防过渡到全场的实战对抗。

表 4-17　BSQ 全场比赛内容与编码

编码	内容	编码	内容
BSQ1	3V3 全场人盯人教学比赛	BSQ8	5V5 全场"2-1-2"区域联防教学比赛
BSQ2	4V4 全场人盯人教学比赛	BSQ9	5V5 全场"1盯4联"区域联防教学比赛
BSQ3	4V4 全场"2-2"联防教学比赛	BSQ10	全场 3V3+1 教学比赛
BSQ4	5V5 全场人盯人教学比赛	BSQ11	全场 4V4+1 教学比赛
BSQ5	5V5 全场紧逼人盯人教学比赛	BSQ12	全场 5V5+1 教学比赛
BSQ6	5V5 全场"2-3"区域联防教学比赛	BSQ13	全场人盯人转区域联防教学比赛
BSQ7	5V5 全场"3-2"区域联防教学比赛	BSQ14	全场"定时"教学比赛

（三）个人技术比赛

个人技术比赛主要包括运球、传球、投篮、个人防守等内容，体现的是个人技术水平的高低。

表 4-18　BSG 个人技术比赛内容与编码

编码	内容	编码	内容
BSG1	传接球比多赛	BSG8	罚球比赛
BSG2	传接球比准赛	BSG9	中距离投篮比赛
BSG3	传接球比远赛	BSG10	三分球投篮比赛
BSG4	直线运球比快赛	BSG11	抢篮板球比赛
BSG5	运球过障碍物比赛	BSG12	半场综合运球比赛
BSG6	防守对抗比赛	BSG13	全场综合运球上篮比赛
BSG7	篮下投篮比赛	BSG14	全场综合技巧比赛

（四）体能比赛

篮球体能比赛内容多样，主要包括一般体能与专项体能的比赛。在篮球教学中，有计划地安排体能比赛，可以有效促进学生篮球水平的提升。

表 4-19 BST 体能比赛内容与编码

编码	内容	编码	内容
BST1	5.8 米×6 折返跑比赛	BST8	双摇跳绳比赛
BST2	全场 3/4 场加速跑比赛	BST9	15 米×17 折返跑比赛
BST3	俯卧撑比赛	BST10	六边形移动比赛
BST4	立定跳远比赛	BST11	限制区周边多向移动比赛
BST5	1 分钟仰卧起坐比赛	BST12	莱格尔跑比赛
BST6	原地摸高比赛	BST13	助跑摸高比赛
BST7	助跑单脚跳摸高比赛	BST14	跳起空中转体双手头上传球比赛

五、篮球体能内容体系

（一）篮球专项课程体能内容的研究背景

体能是体育课程中的重要组成部分，发展体能是提高学生体质健康水平的关键。《新课标》明确指出："本课程的主体是运动技能学习和体能练习。"[1]每个运动项目由包含相对完整内容的 10 个模块共 180 课时组成。《新课标》建议：每节课最好安排 10 分钟左右的体能练习，包括一般体能和专项体能的内容。

《新课标》单独设置 18 课时的体能模块，并将体能内容融入 180 课时的必修选学模块教学内容。通过 18 课时的体能模块和体育专项课程中每节课 10 分钟的体能练习的共同作用，保证和促进学生体能的全面发展。这同时体现了保证学生享有体能练习时间、拥有体能发展能力和提升学生的体质健康水平的国家意志。体能模块和体育专项课程中的体能练习内容各有侧重。体能模块通常会被安排在高

---

[1] 中华人民共和国教育部.普通高中体育与健康课程标准（2017 年版 2020 年修订）[S].北京：人民教育出版社，2020：9.

一第一学期的第一模块,主要在高中生进入高中学习的初始阶段,旨在通过体能模块的学练,为学生提供掌握"体能发展的基本原理与方法、测量与评价体能水平的方法、体能锻炼计划制订的程序与方法、有效控制体重与改善体形的方法等内容"①的机会,同时使学生体能水平能够快速提升,在学习运动技能系列前身体能够达到适应状态。

(二) 当前高中体育专项课程体能内容设计的主要问题

1. 体能与技能的关系定位不准确

体能与技能应是相辅相成的,体能并不是依附于技能的。例如,在篮球、足球、羽毛球等运动中,如果没有体能支撑,技能的表现势必会事与愿违;同样,没有技能的呈现,体能充其量是"蛮干"。

但是,在现实中,很多体育教师对体能与技能的关系定位存在偏差,主要有两种观点:第一,体能与技能是平行关系,两者各自为政;第二,体能是技能学习的辅助与补充,主要是为技能服务的。这两种观点都有问题。如果两者是平行关系,势必会导致练习枯燥,效果不佳;将体能视为技能学习的辅助与补充,也是片面的。体能与技能是一种相辅相成的交互关系:一方面,体能是技能的基础和前提,良好的体能是掌握各种动作技术的前提条件,也是不断提高运动能力的重要保障;另一方面,运动技能学习也是体能练习的载体及着力点,贯穿于技能教学的体能练习将会有效提高学生的练习兴趣,有效促进体能练习的效果。

2. 体能内容设计的价值取向不清晰

体能的概念繁多,体育教育工作者的理解各不相同。《运动训练学》一书中,体能的定义是:通过力量、速度、耐力、柔韧、协调、灵敏等运动素质表现出来的人体基本运动能力,是竞技能力的重要构成要素。② 陈佩杰等认为,体能是机体有效与高效执行自身机能的能力,也是机体适应环境的一种能力,主要包括与健康有关的体能、与技

---

① 中华人民共和国教育部.普通高中体育与健康课程标准(2017年版2020年修订)[S].北京:人民教育出版社,2020:14.
② 田麦久.运动训练学[M].2版.北京:高等教育出版社,2017.

能有关的体能和与代谢有关的体能三个方面。① 理解不一导致体育教师所设计的体能内容存在杂乱无章或是没有针对性的现象。吴桥在体育教学中发现,学校体育价值取向的争鸣不断,造成了体育教师在设计体能内容时的诸多彷徨。②

由于很多体育教师并未理解课时中体能内容的价值与意义,所以经常会出现所设计的课时中体能内容的强度偏大、练习频次过高、将学生按照运动员培养等现象。在这需要强调的是,我们的教学对象是高中普通学生,而非专业运动员。王卫星认为,对于运动员而言,体能训练主要是对身体形态、身体机能和运动素质的训练。③ 而对于高中普通学生,笔者认为,体能内容练习的价值取向应是促进学生掌握体育与健康的基本知识和技能,养成良好的体育习惯,增强体质健康水平,而非追求运动竞技成绩。尹志华则认为,学校体育和竞技体育的价值取向存在差异,所以学校体育领域对体能的定义和划分应该体现学校领域的特色。④

3. 体能内容设计的专项性不强

每一个运动项目都有其自身的特点,尤其是涉及各个运动项目的体能训练内容,有很强的专项性。但体育专项课程教学中存在诸多体能内容设计专项性不强的现象,如在篮球跳投的教学中,过度安排速度练习;在羽毛球吊球的教学中,要求学生做过多的力量练习;在足球射门的教学中,安排不合适的弹跳练习;等等。当然,这些体能练习也并非毫无用处。笔者在此强调的是,体育专项课程学习需要有一定的专项性,内容配置应符合专项需求,不能在学习某项动作技术时任意配置体能内容。荣俊杰通过对体育教师专项素养的调查发现,有79.5%的体育教师认为专项体能训练方法与手段需要提高。⑤ 笔者认为,导致体能内容设计的专项性不强的主要原因有:体育教师所教专项并非自身所长,体育教师并未依据运动专项特点设计体能内容,体育教师对体能练习内容与方法了解不足,等等。

---

① 陈佩杰,王人卫,胡琪琛,等.体适能评定理论与方法[M].哈尔滨:黑龙江科学技术出版社,2005.
② 吴桥.体能教学内容一体化的架构策略研究[J].中国学校体育,2020(9):21-22.
③ 王卫星.体能训练理论与实践[M].北京:高等教育出版社,2012.
④ 尹志华.论核心素养下体能与运动能力的关系[J].体育教学,2019(2):7-10.
⑤ 荣俊杰.上海市高中体育专项化教学的优化研究[D].上海:华东师范大学,2020.

4. 体能内容配置的时空维度狭隘

（1）体能内容配置的时间维度

一节 40 分钟的体育课，应配置多长时间的体能内容？2015 年，季浏建构并发表了中国健康体育课程模式，试图扭转我国学生体质健康水平下降的问题。中国健康体育课程模式要求每节体育课进行 10 分钟左右的体能练习，并且强调体能练习的手段和方法应该具有多样性和趣味性，防止仅仅采用田径跑圈练耐力、俯卧撑练上肢力量、仰卧起坐练腹部力量、50 米跑练速度等单一、枯燥的体能练习方法。中国健康体育课程模式的提出，使得体育教师需要重新对体育课中体能内容的时间配置进行考量：为何在每节体育课中体能内容练习的时长是 10 分钟左右？这个 10 分钟仅仅指基本部分最后阶段的 10 分钟，还是全课体能练习的 10 分钟？

笔者十分认同在每节体育课中应保证学生体能练习的时间，而且体能内容应具有多样性，激发学生的练习兴趣。但笔者也认为体育课中体能内容的时间配置应有一定的弹性，要根据具体的课时学习目标进行体能内容的时间配置，每节体育课总体上至少要保证 10 分钟的体能练习。

（2）体能内容配置的空间维度

通常，一节体育课主要分为三部分，即准备部分、基本部分、结束部分。体能内容按照习惯会被配置于准备部分和基本部分的末端。

从图 4 - 10 中可以看出，基本部分的中前端与结束部分还有很大的空间可以配置体能内容，那么为何体育教师们一定要将体能内容配置到有限的空间内呢？也许是由于长期以来的教学习惯与观念，他们认为准备部分的体能内容主要起热身作用，而基本部分末端的体能内容则起强化与补偿体能的功能。体育课中这样的体能内容空间配置或许有一定的效果，但笔者认为这是不全面的、不充分的，体能内容可以被配置在课时中的各个空间内，以达到不同的练习效果。

图 4 - 10　体育课中的体能内容配置区

(三) 篮球体能内容体系的结构化建构

杜泽·邦帕(Tudor Bompa)和迈克尔·卡雷拉(Michael Carrera)认为,专项化训练应当同时包括促进特定运动项目的能力提升的练习和发展一般运动能力的练习。① 按照《新课标》中的体能分类,篮球体能分为一般体能与专项体能。一般体能主要指发展和提高心血管和呼吸系统机能,提高人体肌肉对抗疲劳进行长时间活动的能力;专项体能主要指提高在比赛中攻防转换的适应能力和高强度对抗下疲劳后的稳定性。

1. 体能内容的一级标题编码

首先,将体能分为十项主要内容,分别是心肺耐力、肌肉耐力、肌肉力量、柔韧性、灵敏性、平衡性、协调性、爆发力、速度、反应时。其次,用体能的拼音首字母缩写+主要内容的拼音首字母缩写进行一级标题编码,例如 TNX 心肺耐力、TNB 爆发力。

2. 体能内容的分类编码

在一级标题编码确立之后,就可以自上而下建立该部分的内容体系。由于十项体能内容的体系过于庞大,因此我们以 TNX 心肺耐力、TNL 肌肉力量为例,展示具体的结构化体系建构。

(1) TNX 心肺耐力

如表 4-20 所示,TNX 心肺耐力可以分解为一般心肺耐力与专项心肺耐力两部分具体内容,每一部分具体内容又可以分解为有氧耐力与无氧耐力两部分内容,最后的内容为具体的练习活动。从表 4-20 中可以看出,在体能内容自上而下的编码过程中,自上而下所对应的内容体系显得更加清晰。

表 4-20 心肺耐力内容结构

一级目录	二级目录	三级目录	四级目录
TNX 心肺耐力	TNX1 一般心肺耐力	TNX1-1 有氧耐力	TNX1-1-1 1000 米定时跑
			TNX1-1-2 1000 米加速跑
			TNX1-1-3 1000 米匀速跑
			TNX1-1-4 8 分钟匀速跑

---

① 杜泽·邦帕,迈克尔·卡雷拉.青少年运动员体能训练[M].尹晓峰,等,译.上海:上海文化出版社,2017.

(续表)

一级目录	二级目录	三级目录	四级目录
TNX 心肺耐力	TNX1 一般心肺耐力	TNX1-2 无氧耐力	TNX1-2-1 10 米折返跑
			TNX1-2-2 强度递增变速跑
			TNX1-2-3 变速折返跑
			TNX1-2-4 组合跑
	TNX2 专项心肺耐力	TNX2-1 有氧耐力	TNX2-1-1 五点持续滑步练习
			TNX2-1-2 综合性脚步练习
			TNX2-1-3 上下跑位上(投)篮练习
			TNX2-1-4 五点移动投篮练习
		TNX2-2 无氧耐力	TNX2-2-1 变距折返跑
			TNX2-2-2 15 米×17 折返跑
			TNX2-2-3 端线纵向 6 次跑
			TNX2-2-4 四点跑动传接球
			TNX2-2-5 全场不运球攻防练习

(2) TNL 肌肉力量

TNL 肌肉力量与 TNX 心肺耐力的内容体系建构类同,如表 4-21 所示。TNL 肌肉力量可以分解为一般肌肉力量与专项肌肉力量两部分内容。一般肌肉力量又可分解为上肢力量、下肢力量与核心力量,专项肌肉力量又可分解为专项无对抗肌肉力量、专项对抗性肌肉力量。从表 4-21 中我们可以看出,核心力量练习经过自上而下的分解形成了四级内容,而与核心力量练习平级的体能内容则分解为三级内容。在这里需要强调的是,结构化体系的建构需要根据体能内容的实际进行自上而下的建构,而且随着研究和实践的不断深入,有些构件是可以替换的,同时内容也可以扩充与进一步细分。

表4-21 肌肉力量内容结构

一级目录	二级目录	三级目录	四级目录
TNL 肌肉力量	TNL1 一般肌肉力量	TNL1-1 上肢力量	TNL1-1-1 俯卧撑
			TNL1-1-2 双杠双臂撑臂屈伸
			TNL1-1-3 反向屈肘三点支撑臂屈伸
			TNL1-1-4 三点支撑立式俯卧撑
			TNL1-1-5 卧推
			TNL1-1-6 斜卧推举
			TNL1-1-7 坐位上举
		TNL1-2 下肢力量	TNL1-2-1 交替跳跃弓步
			TNL1-2-2 蛙跳
			TNL1-2-3 负重深蹲
			TNL1-2-4 半蹲提踵
			TNL1-2-5 腿部负重深蹲
			TNL1-2-6 俯卧屈腿
			TNL1-2-7 (负重)台阶练习
			TNL1-2-8 保加利亚深蹲
		TNL1-3 核心力量	TNL1-3-1 平板支撑
			TNL1-3-2 侧支撑
			TNL1-3-3 靠墙坐
			TNL1-3-4 仰卧两头起支撑
			TNL1-3-5 悬垂举腿
			TNL1-3-6 卷腹
			TNL1-3-7 仰卧转体
			TNL1-3-8 仰卧单车

（续表）

一级目录	二级目录	三级目录	四级目录
TNL 肌肉力量	TNL2 专项肌肉力量	TNL2-1 专项无对抗肌肉力量	TNL2-1-1 俯身哑铃提拉
			TNL2-1-2 仰卧投篮
			TNL2-1-3 仰卧传球
			TNL2-1-4 俯卧撑
			TNL2-1-5 俯撑交替拨球
			TNL2-1-6 运加重球
			TNL2-1-7 传接加重球
		TNL2-2 专项对抗性力量	TNL2-2-1 对抗转身练习
			TNL2-2-2 背身对抗运球
			TNL2-2-3 侧身对抗运球
			TNL2-2-4 对抗中投篮、上篮
			TNL2-2-5 拉杆上篮
			TNL2-2-6 卡位对抗抢篮板球

本节主要呈现了篮球基本知识、篮球技战术、篮球比赛和篮球体能四个部分内容体系建构的思路、操作路径等，所形成的以篮球为例的四个结构化内容体系可供高中体育教师实施篮球课程结构化重组教学时参照使用。使用时，需要注意两点：第一，所构建的篮球内容体系可以根据实际情况进行调整，除核心内容和主要内容相对固定外，具体内容可以相互调换或继续拆解；第二，为了满足教学的需要，对内容体系中最后一级具体的练习活动可以进行增补。

第四节　篮球课程结构化重组教学的设计

当篮球课程中的所有内容都有序排列好了，应该如何进行结构化重组教学的设计？基于这一问题，本节将从篮球课程的整体、单元、课时三个层面展开。

一、整体教学内容结构化设计

《新课标》中的专项课程由高一年级3个单元、高二年级4个单元、高三年级3个单元共10个单元组成。对单元教学内容进行结构化设计,首先要按照各年级核心内容整体推进的原则,确定各年级单元的主要内容和具体内容。核心内容就是18课时的大单元,用JS(技术)、ZS(战术)来表示;主要内容则由JS1-N(单个技术及其组合)、ZSK(快攻战术)、ZSP(配合战术)和ZSQ(全队战术)来表示;学习进程就是大单元中由若干相关课时组合成中小单元,用JS1、ZSP2、ZSK2等来表示。

表4-22 整体教学内容模块化设计

	高一年级			高二年级				高三年级		
	一 核心内容 JS	二 核心内容 ZS	三 核心内容 ZS	四 核心内容 JS	五 核心内容 ZS	六 核心内容 ZS	七 核心内容 ZS	八 核心内容 JS	九 核心内容 ZS	十 核心内容 ZS
	主要内容 JS 1-N	主要内容 ZSP 1-N	主要内容 ZSK 1-N	主要内容 JS N-N	主要内容 ZSP N-N	主要内容 ZSK 1-N	主要内容 ZSQ 1-N	主要内容 JS N-N	主要内容 ZSQ N-N	主要内容 ZSQ N-N
学习进程1	JS1	ZSP1	ZSK1	JS5	ZSP5	ZSK5	ZSQ1	JS9	ZSQ5	ZSQ9
学习进程2	JS2	ZSP2	ZSK2	JS6	ZSP6	ZSK6	ZSQ2	JS10	ZSQ6	ZSQ10
学习进程3	JS3	ZSP3	ZSK3	JS7	ZSP7	ZSK7	ZSQ3	JS11	ZSQ7	ZSQ11
学习进程4	JS4	ZSP4	ZSK4	JS8	ZSP8	ZSK8	ZSQ4	JS12	ZSQ8	ZSQ12

从表4-22可以看出,高中各年级的大单元都以技术和战术为核心内容,但这并不意味着每个年级都学习相同的内容,技战术的学习是随着年级的增高而

逐渐加深的。另外,在同一单元中也可以同时学习两项主要内容,如可以将 JS(技术)、ZSP(配合战术)、ZSK(快攻战术)和 ZSQ(全队战术)组合在一个单元之中,前提是学生要对这两项主要内容有一定程度的体验和掌握,建立起一定的动力定型。

整体内容设计的逻辑关系是:横向上,同一年级不同单元的核心内容保持"并列关系"(如 JS、ZS),不同年级相同单元的主要内容体现"递进关系"(如 JS1、JS5、JS9);纵向上,同一年级相同单元的主要内容也呈"递进关系"(如 ZSP1、ZSP2、ZSP3),并与下一个年级相同单元的主要内容连接,持续延接"递进关系"(如 ZSQ1—ZSQ12)。

二、单元教学内容结构化设计

在确定整体教学内容的逻辑线后,每一个单元的核心内容下又可再划分出若干个主要内容。如在篮球"技术"这个核心内容下再划分出"运、传接、投及其组合技术,突破技术,防守技术"等若干主要内容,然后再分解到具体教学内容中。这样形成的教学内容从逻辑关系上讲是一种递进关系,是由核心内容到主要内容再到具体教学内容的逐层细化的过程。

(一) 篮球课程单元教学内容设计

具体教学内容来自排列组织好的核心内容和主要内容,总体上遵循由易到难、逐步递进的逻辑关系,采用年级间螺旋式排列,并根据教学内容间的递进关系,组织成单元教学的进度。如表 4-23 所示,第一单元的主要学习内容为 JS 篮球技术中的 JS1 运球技术,JS2 传接球技术,JS3 投篮技术,JS4 运、传、投组合技术,JS5 突破技术,然后逐层拆解到课时中的具体内容。当然,在学习新知识时,也应对以往所学进行温习。如在学习传接球技术时,也需要配置运球技术中的内容,建立新旧知识间的密切联系,将单个动作技术串联成组合动作技术,然后再将组合动作技术在实践中进行综合运用,完成由原地到行进间再到实战的不断强化、递进的过程,最终落实教学目标。

表 4-23　高一单元教学内容结构化设计举隅

年级	一级目录	二级目录	三级目录	四级目录
高一	单元一 主要内容 JS 18课时	JS1	JS1-1、JS1-2、JS1-3……	JS1-1-1、JS1-2-1、JS1-3-1……
		JS2	JS2-1、JS2-2、JS2-3……	JS2-1-1、JS2-2-1、JS2-3-1……
		JS3	JS3-1、JS3-2、JS3-3……	JS3-1-1、JS3-2-1、JS3-3-1……
		JS4	JS4-1、JS4-2、JS4-3……	JS4-1-1、JS4-2-1、JS4-3-1……
		JS5	JS5-1、JS5-2、JS5-3……	JS5-1-1、JS5-2-1、JS5-3-1……
	单元二 主要内容 ZSP 18课时	ZSP1	ZSP1-1、ZSP1-2、ZSP1-3	ZSP1-1-1、ZSP1-2-1、ZSP1-3-1……
		ZSP2	ZSP2-1、ZSP2-2、ZSP2-3	ZSP2-1-1、ZSP2-2-1、ZSP2-3-1……
		ZSP3	ZSP3-1、ZSP3-2、ZSP3-3……	ZSP3-1-1、ZSP3-2-1、ZSP3-3-1……
	单元三 主要内容 ZSK+ZSQ 18课时	ZSK1	ZSK1-1、ZSK1-2、ZSK1-3	ZSK1-1-1、ZSK1-2-1、ZSK1-3-1……
		ZSQ1	ZSQ1-1、ZSQ1-2、ZSQ1-3	ZSQ1-1-1、ZSQ1-2-1、ZSQ1-3-1……
		ZSQ2	ZSQ2-1、ZSQ2-2、ZSQ2-3	ZSQ2-1-1、ZSQ2-2-1、ZSQ2-3-1……

（二）篮球课程单元教学进度规划

在确立单元主题内容，建构单元内容结构化之后，体育教师就可以对单元教学进度进行整体规划。如表4-24所示，单元一的主题为篮球基本技术及其组合运用。根据学习内容的难易程度，以及学生学习篮球内容的规律，在单元一中学生需要经历运球技术，传接球技术，投篮技术，运、传、投组合技术，突破技术等五项技术的学习进程。每一课时的学习整体上采用螺旋式递进的方式。在学习新内容时，每节课也会安排对先前课中所学内容进行反复练习。例如，学习篮球技术，单元一、单元四与单元八所学习的内容存在难度上的差异，单元一为篮球基本技术及其组合运用，单元四为篮球进阶技术及其组合运用，单元八为篮球角色进攻与防守综合技术运用。

表 4-24 单元一：篮球基本技术及其组合运用

学习进程	课时	内容主题	学习进程	课时	内容主题
JS1 运球技术	1	JS1-1 原地运球	JS4 运、传、投组合技术	10	JS4-1 运、传接球组合技术
	2	JS1-2 行进间运球		11	JS4-2 运球、投篮组合技术
	3	JS1-3 运球组合		12	JS4-3 传接球、投篮组合技术
JS2 传接球技术	4	JS2-1 原地传接球		13	JS4-4 运、传、投组合技术
	5	JS2-2 行进间传接球	JS5 突破技术	14	JS5-1-1 同侧步突破
	6	JS2-3 传接球组合		15	JS5-1-2 交叉步突破
JS3 投篮技术	7	JS3-1 原地投篮		16	JS5-2-1 运球推进急停急起突破
	8	JS3-2 行进间投篮		17	JS5-2-2 运球变向突破
	9	JS3-3 投篮组合		18	第一单元测试

三、课时教学内容结构化设计

课时教学内容的编排应该紧紧围绕教学内容间的联系和运用两个方面来设计。开放式运动技能项目内容一般包含 a——单个动作技术、b——组合动作技术、c——基础配合、d——攻防战术、e——展示与比赛等。运动技能是操作技能的一种形式,是通过学习而形成的合法则的操作活动方式。① 根据学生动作技能发展阶段,将各组成部分逐级分层,设计相应的不同内容组合模式,帮助学生通过有组织、结构化的系统学习,深入理解和整体把握教学内容内在的发展性和关联性,将概括化的运动知识和熟练的运动技能通过广泛的应用和迁移转化为运动能力,实现学科核心素养的提升。

表 4-25 专项课时内容结构化设计(开放式运动技能项目)

运动技能发展阶段	内容组合模式	要求
初级阶段(泛化1)	a1+b1+e1	侧重于对动作的感知和体验,以单个动作为主,形成同类和非同类单结构的组合动作,并尝试对抗
中级阶段(分化2)	a2+b2+c1+e2	侧重于单个动作间的有效衔接,形成双结构和多结构的组合动作,尝试将组合动作在对抗的情境中运用
高级阶段(巩固3)	b3+c2+d1+e3	侧重于比赛思维的渗透和运动能力的培养,在局部比赛中运用技战术,尝试完整比赛
终级阶段(自动化4)	b4+d2+e4 或 e4	侧重于在完整比赛中促进学生体能、技战术能力和心理能力,发展学科核心素养

综上,高中体育专项课程教学内容的结构化编排逻辑综合了直线式和螺旋式两种排列方式的优点,使学生的运动知识和技能在一定范围内显著提升;同时,又能在一定程度上兼顾学生的接受能力,使其有巩固、强化同类教材内容的机会,还能保持每一个教学阶段教学内容的相对完整性。教学内容的编排从整体看是螺旋式排列,从局部看属于直线排列;在纵向衔接上应体现阶段性、递进性和连续性,在横向联系上应体现关联性、交互性、逻辑性。

---

① 冯忠良,伍新春,姚海林,等.教育心理学[M].3版.北京:人民教育出版社,2015.

案例:篮球空切战术配合课时内容设计

年级		人数		单元		课时		日期	
内容主题		篮球空切战术配合				重点		空切战术配合的理解与运用	
						难点		空切的时机与接球后的连接	
学习目标	1. 了解空切战术配合的技术要领;通过 L 形和 V 形跑位、多人连续空切、半场比赛等练习,能够熟练掌握空切战术配合的跑位、接球投篮等,并且在比赛中与同伴有一定默契地完成空切配合;通过平板支撑、仰卧两头起支撑练习,全面提升身体的核心力量水平。 2. 在空切战术配合的练习过程中,逐步形成自主学习和判断、决策能力;积极参与空切配合的战术配合设计、演练和比赛;在对抗情境下能积极控制情绪。 3. 主动思考、克服学习中的难题,表现出积极进取的意志品质;在比赛中尊重同伴,与同伴能够相互鼓励。								
时间	类别	内容				代码		教学关注	
3	基本知识	1. 空切的技术要领				ZSJ2-1-1-2		◆ 空切的时机与选择 ◆ 空切制动时的突然性 ◆ 空切与接球投篮的连接 ◆ 空切在比赛中的运用理解	
		2. 空切选择的时机				ZSJ2-1-2-4			
		3. 空切与投篮的结合方法				ZSJ2-1-2-5			
		4. 篮球比赛中空切的战术运用情境				ZSJ2-1-3-2			
20	基本技战术	1. 底线 L 形跑位接球				ZSP1-2-1-1		◆ 空切时的肢体动作 ◆ 空切配合的意识 ◆ 空切配合的运用时机 ◆ 以多打少时同伴间空切配合的运用时机与效果	
		2. 底线 L 形跑位接球投篮				ZSP1-2-1-2			
		3. 翼侧 V 形跑位接球				ZSP1-2-2-1			
		4. 翼侧 V 形跑位接球投篮				ZSP1-2-2-2			
		5. 多人连续空切				ZSP1-2-3-1			
7	比赛	1. 3V3 半场人盯人教学比赛				BSB3		◆ 3V3 半场比赛中空切配合的运用效果	
5	体能	1. 平板支撑 2. 仰卧两头起支撑				TNL1-3-1 TNL1-3-4		◆ 平板支撑的正确姿势 ◆ 仰卧两头起时动作到位	
教学资源		1. 篮球 20 个 2. 障碍物 20 个 3. 瑜伽垫 20 个 4. 分队背心 12 件							
反思调整									

第五章 篮球课程结构化重组教学的实践策略

为了验证体育专项课程结构化重组教学整体构思的科学性和有效性,课题组成员所在学校开展了篮球课程结构化重组教学的实践活动,每所学校负责高中一个年级的对照实验工作。同时,为保证实验的客观、公正,减少人为因素的影响,对照班与实验班均由同一教师授课。实验班按照结构化教学内容体系进行教学,对照班按照传统方式进行教学。

第一节 篮球课程结构化重组教学的组织实施

一、实施要点

高中篮球课程结构化重组教学的核心是,由体育教师利用篮球结构化内容体系来选择教学内容,通过规划、组织,生成单元和课时结构化内容,然后进行教学实践。教学内容选择适切、组织得当是结构化重组教学成功的关键,而学情、师情和校情是选择的直接依据,也需要仔细考量。

(一)寻找合适的学习起点

开展高中篮球课程结构化重组教学首先必须面对的就是学生能力的差异化问题。在所有学科的教学中,体育与健康教学中学生的能力差异是最明显的。从遗传学角度看,在100个人中,智力非常高和非常低的人都是非常少的,大多数人的智商差别不大。但是,遗传获得和后天形成的运动素质和运动技能表现却差异巨大。

表 5-1　人体形态的遗传度

形态指标	男/%	女/%	形态指标	男/%	女/%
身高	75	92	胸围	54	55
坐高	85	85	臀围	65	60
臂长	80	75	腿围	60	65
腿长	77	92	体重	68	42
足长	82	82	心脏形态	82	82
肩宽	77	70	胸廓形态	90	90
骨盆宽	75	85			

表 5-2　运动素质的遗传度[1]

指标	遗传度/%
反应速度	70
动作速度	50
动作频率	30
最大力量	35
相对力量	64
无氧耐力	85
有氧耐力	70
柔韧性	70

有的学生不用训练就能轻松跑出满分,有的学生就是再努力训练也无法及格。这种先天获得的运动素质差异又在后天环境中被不断拉大,再加上性别的差异,使体育教师教学的难度大大增加。

正视差异而不是回避差异,是教育最基本的态度。重视学生的差异就是尊重学生的学习经验和学习基础。找到学生的差异就是找到教学真实的起点,根据学生不同的起点选择不同的学习内容,形成个性化的学习计划,实施贴近最近发展区

---

[1]　国家体育总局青少年体育司,国家体育总局篮球运动管理中心.中国青少年篮球训练教学大纲[M].北京:北京体育大学出版社,2012.

的学习,这无疑是令人兴奋和鼓舞的。

分析学情是高中体育教师最基本的专业技能。准确判断学生的学习起点是进行有效教学设计的基本前提。学习的起点分为学习的应有起点与学习的现实起点。学习的应有起点是指学生按照教材要求、课标规定应该具有的知识与能力基础;学习的现实起点是指学生在多种学习资源的共同作用下,已经实际具有的知识能力、情感态度基础。把握学生学习的应有起点,可以使教学更有针对性,能有效防止教学的随意性;把握学生学习的现实起点,可以使教学更有适切性,防止难度过大而使教学目标难以落实,难度过低而没有挑战性,不能激发学生的学习潜力。那么,如何发现差异,找到学习的起点呢?

1. 教学观察

教学观察是指在课堂教学中,对学生的学习行为进行有目的、有计划、有组织的感知。通过教学观察,能够了解学生在学习中对哪些知识和技能掌握得比较好,对哪些还没有完全掌握,存在什么偏差和问题。教师可以根据这些信息,及时对教学做出调整,以减少无效劳动,确保教学活动不偏离预定的教学目标。

2. 分析问题

对学生学习起点的分析一般包括三个方面:一是分析学生学习新知识所需要的知识和技能;二是分析学生的经验和能力,即了解学生是否具备达成目标的经验和能力,以及达到的程度如何;三是了解学生对所学内容的情感和态度,是否有兴趣或误解等。

表 5-3 学生情况分析表

主题	应有起点	现实起点	存在的问题
知识和技能			
经验和能力			
情感和态度			

学习的应有起点可以是上一年级的教学目标;存在的问题实质是应有起点和

现实起点的不一致性,是期望和现实起点之间产生的差距;而现实起点则要通过观察、测试和访谈等方式获得。

3. 换位思考

"以学定教"是新课程教学改革所倡导的教学理念,就是要从学生的需要、兴趣和基础出发,设计和组织教学。其最本质的理念就是"换位思考"。比如,"对牛弹琴"这个成语大家可能都不陌生,那么"对牛弹琴"到底是谁的问题?肯定是人的问题。第一,牛不想听,第二,牛听不懂。你非要对它弹琴,弹了以后还要骂它笨。如果你觉得学生不想听、听不懂,是"对牛弹琴",那么有极大可能是你的内容选择和设计出了问题。教师给学生上课,第一要讲学生想听的,第二要讲学生能听得懂的,否则就是低效的,甚至是无效的。通过角色转换、换位思考,我们就能设身处地地为学生着想,从学生的需求和实际出发,找到学习的起点。

4. 测试、问卷和访谈

学习是一种建构的过程。学生学习新的知识和技能时,必须与原有的知识和技能发生联系,以原有的知识和技能为载体去理解新的知识和技能,重新建构新的知识和技能体系。教师分析学生已经形成的原有的知识与技能,不仅包括有利于新知识获得的,还包括不利于新知识获得的,也就是从正迁移和负迁移的角度思考问题。针对课程单元或课时的教学内容,首先要确定学生需要掌握哪些知识,具备哪些生活经验,然后再分析学生是否具备这些知识、技能和经验能力。一般可以通过单元测验、问卷调查、访谈等较为正式的方式,也可以采取抽查、提问等非正式的方式,以此确定学生的学习起点。如果发现学生知识和技能不足,一方面可以采取必要的补救措施,另一方面可以适当调整教学难度和教学方法。

表 5-4 学生运动能力评估量表(能力值 1→5)

姓名	运动认知	技战术运用	体能发展

（二）整合有效的师资力量

师资力量指学科教师整体的综合能力，一般体现在师资的数量和质量两个方面。具体指标包括学历、平均教龄、教师职称、名教师比重、获奖教师比重等。师资就是教师的资质，包括教师的教学能力、学科专业知识、专业技能、教学研究能力、自身道德修养、综合素质等多个方面。学校要尽可能地完善这些方面的信息搜集，建立详细的师资人才库，对体育组的师资力量进行总体把握，更好地发挥师资力量，有效地协调教师之间的合作。这样做不仅可以为学校的课程安排提供重要参考，也能够让学校更加优化其教学资源。由于体育教师存在年龄差距和性别差异，每位教师都有自己的教学思考和个性特点，所以选择教学内容时应发挥各自的优势，根据自身的情况，合理选择能够驾驭的教学内容。比如，年龄大的体育教师应多用经验和方法，调动学生学习的积极性，使学生原有的知识和技能主动联系新的知识和技能，建构新经验；年轻教师则可利用身体条件优势，通过优美的示范和比赛中的出色表现，赢得学生的喜爱；女教师可结合自身柔韧性好、律动感强的特点，选择教学内容时拓宽领域，穿插一些律动性的活动或艺术体操。凸显各自的特长和优势，结合自身的发展意愿，定会起到事半功倍的效果。选择难度较大的教学内容，教师不仅不能很好地完成动作，有时甚至会产生安全风险，学生也会因为教师不能顺利完成示范动作而产生怯惧心理，进而使得教师无法完成教学任务。

专项教师和非专项教师其实在执教体育专项课程方面还是存在一定差异的。专项教师因早期从事专项运动积累了大量的临场比赛经验，对整个运动项目的特点有较为深刻的认识，因此教学时会有针对性，也较受学生欢迎。他们在使用结构化内容体系时也比较容易上手。而非专项教师因为从事专项教学的时间较短，没有很多的专项教学经验的积累，因此需要多花时间踏踏实实地钻研教材和结构化内容体系，并不断提高自身的专业技能水平。"专项教学"的项目最好是本身属于专项的同类运动项目，这样就能发挥高通路迁移的优势，尽快缩小差距。而完全跨界执教的体育教师就要"努力钻研"＋"敬业"，通过不断积累，早日成为一名合格的"专项教师"。

（三）合理规划场地器材

学校的体育器材、场地设施各不相同，教师在选择教学内容时要有一个清醒的认识：体育器材、场地设施能在多大程度上满足教学的需要，就设计、开发多大规模、程度的体育专项课程。要对现有的场地器材进行统计、分析，估算出所能支撑开设篮球专项教学的班级数和学生人数。要合理规划场地器材的使用，合理安排学生的选项工作，最大化发挥体育场地器材的作用。

表 5-5　高中体育篮球专项教学场地器材统计表

项目	编号	名称	单位	数量	备注	专项班数	专项人数
运动场地	1	室内篮球场	片				
	2	室外篮球场	片				
运动器材	3	篮球	只				
	4	篮球记分牌	个				

学校可以根据经费情况，结合实际需要配置一些标准化的训练器材，比如篮球传球训练器、助跑摸高器等。标准化在某种程度上也是结构化的一种形式，要尽量创设有利于篮球学习的环境和资源，保证篮球学习的连续性和系统性。当然，还可以让学生去发明、制作简易的器材来代替受条件限制的器材，这样所选择的内容学习起来更有效果，教学意义更深远。

（四）篮球综合测试

围绕运动能力的培养，形成健康行为和塑造体育品德，是当前学校体育教学工作的主旨。能力的发展以知识和技能为基础，是知识和技能在真实情境中的临场组织和调用。与知识和技能不同的是，能力无法储存，只能自主生成。因此，对学生的测评应注重综合技术的组合运用，并要给予一定的情境设计。为了解篮球课程结构化重组教学对学生在篮球综合技术掌握方面的影响和作用，课题组开发、设计了篮球综合测试方案，并组织所有实验校的篮球班学生进行了前测和后测。

1. 篮球全场技术综合运用能力测试

（1）测试设备

篮球、标志杆、秒表、传球网兜、篮球置放架。

（2）测试场地

在标准篮球场进行测试，起点在限制区边线与端线交点上；第一个障碍物 A

到端线的距离为6.5米,距离边线3米;篮球置放架放在中圈与中线交接处(被测试者左侧),传球网兜放在罚球区90°弧顶处;黑色标志线到端线的距离为6.5米,黑色标志线、障碍物B、障碍物C、障碍物D之间的间距均匀5米,到边线的距离均为3米;障碍物D到端线的距离为6.5米。投篮区1、2均为直径1米的圆,圆心距离底线3米,距离限制区边线1.5米。具体如图5-1所示。

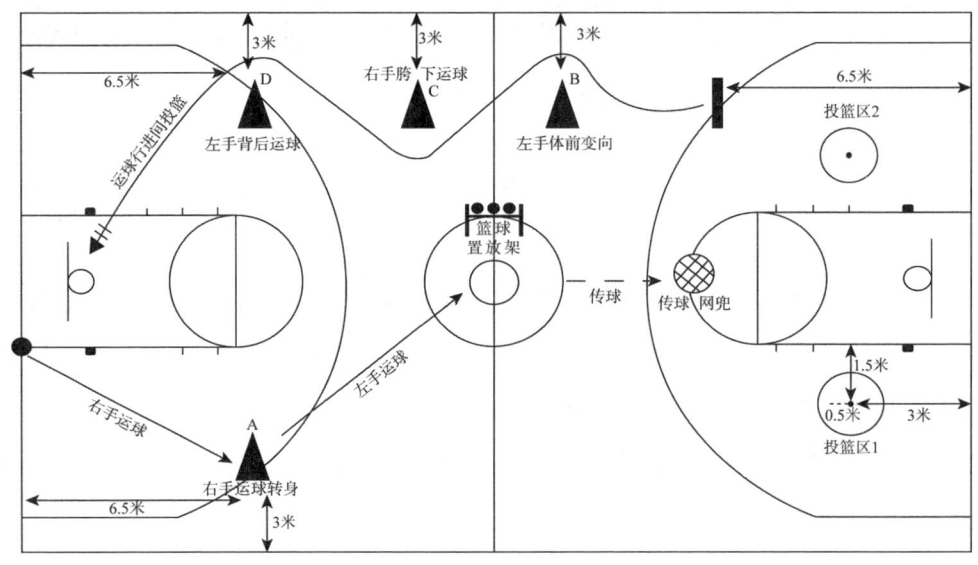

图5-1 篮球综合测试场地示意图

(3) 测试方法

被测试者在篮球场端线外前脚踩出发点持球准备出发,裁判在发令的同时开始计时,被测试者迅速用右手向右侧45°三分线处快速运球推进,遇第一个障碍物A时用右手做后转身变向运球换成左手,运球至篮球场中圈。传球进罚球区弧顶放置的网兜,连续传5球,传球时双脚不得超出中圈范围。传球不进网兜,每次加1秒。完成5次传球后,运球至右侧投篮区1处投篮,自投自抢后至左侧投篮区2处投篮,在投篮区1、2各完成两次投篮,投篮时双脚必须踩在圈内。若投篮不进,每次加1秒。最后一次投篮完成,抢到篮板球,运球至45°三分线处黑色标志线踩线后,用左手运球快速推进,在第二个障碍物B前用左手做体前变向换手运球,换成右手。运球至第三个障碍物C,做背后变向运球至左手。运球至第四个标志物D,

用左手做胯下变向运球，完成后衔接行进间投篮，如果球不进，需要补投，球入篮筐停表，记录所用时间。

（4）测试要求及细则

① 被测试者有两次测试机会，必须按照规定方法、规定路线进行；若出现遗漏，测试无效。

② 不能有带球跑、脚踢球、二次运球等违例，不得碰到障碍物。出现上述情况，每次加1秒。

③ 传球与投篮必须在限制区内完成，超出限制区完成无效，按传进不成功和投篮不进筐处理。

④ 两名裁判，一名裁判计时，另外一名裁判跟踪记录违例情况与投篮传球记录。两名裁判共同进行技术评分。

2. 篮球专项体能测试

（1）助跑单脚起跳摸高

① 测试设备

白色涂手粉、测试篮板或摸高器。

② 测试方法

被测试者在手上涂好白粉，站立于篮球场地（半场三分线内）适宜助跑起跳的位置（助跑移动路线不限）；助跑至测试篮板或摸高器下，利用左脚或右脚单脚快速向上起跳，异侧手臂上举，用指尖触摸测试篮板或摸高器，留下标记；裁判记录标记高度。

③ 测试要求及细则

A. 连续测试两次，取最好成绩。

B. 必须在规定区域内助跑。

C. 助跑后起跳脚不限，未在刻度板上留下痕迹为失败1次。

D. 计算成绩以厘米为单位，超出部分不计，向下取整。例如，315.7厘米超出315厘米，但未到316厘米，按315厘米计。

（2）原地（跳起转体）双手头上传球

① 测试设备

篮球、皮尺。

② 测试方法

被测试者双手持球站立于篮球场地端线外,背向球场,不得踩线;裁判发令后,被测试者跳起转体 180°,并采用双手头上传球方式在空中将球传向前场;裁判测量球的落点与端线之间的距离。

③ 测试要求及细则

A. 必须在空中转体完成传球动作,传球时双脚不得接触地面。

B. 连续测试两次,取最好成绩。

C. 裁判两人,一人测量距离,另一人检查是否违例。如有违例,告知被测试者违例原因并重新测试,当次成绩不算。

(3) 15 米×17 折返跑

① 测试设备

秒表。

② 测试方法

被测试者在球场的边线站立,裁判发令的同时开始计时;被测试者听到裁判口令后启动加速跑,跑至球场对面边线做急停并转身启动算一次,共在球场两条边线之间用最快速度往返做 17 次折返跑;折返时必须有一只脚踩踏到边线,否则算违例;最后一趟折回时脚踩踏到边线停表。

③ 测试要求及细则

A. 以组为单位测试,每组 6 人,左右间隔 3~4 米。

B. 学生裁判负责在边线处检查踩线违例情况,若未踩线,则被测试者被罚下场;教师裁判负责计时。

二、实施过程

(一) 明确理念,确定方向

教师的教育理念直接影响着教师的教学行为。不同的教育理念会导致教师采用不同的教学目标、教学方法和教学模式。在高中篮球课程结构化重组教学实施过程中,不同的教育理念会产生不同的教学设计方案,达到不同的教学效果。例如,一位强调让学生尽早体验完整运动的教师可能会采用领会教学方法,将战术意识的培养放在首位;而一位强调扎实基本功的专项教师则可能会采取循序渐进、由浅入深的阶梯式内容排列,从基本技术内容抓起。体育与健康作为一门以技艺见长的学科,可以通过不同的方法、途径来落实立德树人根本任务和健康第一指导思想。但总体方向和目标要保持一致,那就是基于学科核心素养的运动能力发展、健康行为养成和体育品德塑造。

1. 学习观

《论语·雍也》:"子曰:'知之者不如好之者,好之者不如乐知者。'"这是说,对于任何学问和事业,懂得它的人不如喜爱它的人,喜爱它的人又不如以它为乐的人。这个"乐"就是《论语》中的学习观。普通高中体育与健康课程强调以学生发展为中心,在发挥教师主导作用的同时,突出学生的主体地位;创设师生和谐互动、形式灵活多样、气氛热烈活泼的课堂教学氛围。[①] 从心理学发展的历史看,人们对学习的心理学解释经历了从行为主义到认知主义再到建构主义的历程。建构主义认为,学习不是知识的简单传递,而是学生对知识意义的主动建构的过程,这种建构无法由他人代替。

在教学中我们经常看到,对于同一个学生,不同交往关系的人给他同样的刺激与反馈,结果会是不同的。这是因为学生会对刺激与反馈做出自己的解释。换句话说,客观的刺激与反馈不重要,重要的是主观解释,而这种解释无疑受到了交往关系的影响。学生对于自己喜爱的老师的刺激与反馈的解释往往是积极的,反之则可能是消极的。因此,建立和谐的师生关系,是使学习得以发生的重要条件。既然学习的本质是知识的建构过程,那么学习者原有的知识结构就显得格外重要。主动分析学习者原有的知识和技能结构,并促进旧信息与新信息建立联系是主动建构的要义。树立正确的学习观就是要突出学生的主体地位,关注学生原有的学习基础与对完成新任务所必备的知识和技能的掌握程度,重视和谐师生关系与良好教学氛围的建立。

---

① 中华人民共和国教育部.普通高中体育与健康课程标准(2017年版2020年修订)[S].北京:人民教育出版社,2020:2-3.

2. 教学观

教学观支配着教师的教学实践活动,决定着教师在教学活动中采取的态度和方法。新课程学科教学观主张促进学生健康与全面发展,要从"教知识和技能"向"教素养能力"转变,从"重教师的教"向"重学生的学"转变,从"重结果轻过程"向"重结论的同时更重过程"转变,从"以教育者为中心"向"以学习者为中心"转变,从"教学生学"向"教学生自己学"转变。这些主张确立了学生作为"学习者"的主体地位,并鼓励学生参与教学的设计和决策,发挥主体作用。体育教师在使用篮球课程结构化内容体系的同时,还可以把它当成学生理解篮球教学内容结构的一种学习材料,通过师生的双向选择,使结构化的单元和课时教学内容逐步趋向更加合理和规范。

现代教学观认为,多向交流能最大限度地发挥相互作用的潜能,因为教师与学生之间、学生与学生之间的多项互动,形成了一个信息交流的立体网络,可以极大地调动学生参与教学的积极性,提高学生的参与度。教师在教学中尊重学生的主体地位,激发学生的主体意识,表现出接纳和欣赏学生的行为,是建立和谐师生关系的重要手段。如果教学过程中实现了师生之间、学生之间的互动,那么教学过程就不再是简单的传输过程,而是学生积极主动、富有创造性的参与过程。建构并合理使用篮球课程结构化内容体系对于充分开发与利用教学系统中的人力资源,减轻师生的负担,提高学生学习的积极性与参与度,增强教学效果,达到教学目标有着重要的作用。

(二)基于课程目标制订学习目标体系

自第八次全国课程教学改革以来,以目标统领内容已成为新课程教学改革的显著标志和明确要求。课程目标是指各学科的教育目标,主要是由教育行政部门和课程工作者依据学生学习需要、社会生活需要和学科发展需要预先确定的总体要求,是学生通过某门课程的学习所应达到的学习标准和结果,具有较强的方向性和规定性。课程目标是指导课程设置、编排、实施和评价的整个过程的准则,也是课程性质和理念的体现。教学目标是教师的教与学生的学的目标,是每个单元、每节课甚至每个教学环节、教学活动应达到的具体目标,具有较强的灵活性。

教学目标是指导选择教学内容的最重要依据之一。在实施篮球课程结构化重组教学过程中,我们根据体育与健康学科核心素养的三个方面梳理总体的教学目标体系,并在此基础上提炼、概括出各个单元的主题,为使用内容模板选择生成结构化的单元和课时教学内容打好基础,建立联系。

1. 制订结构化教学目标体系

表 5-6 高中篮球教学总目标

总目标
★ 熟悉篮球技战术结构体系,理解篮球学习的价值和意义;知道篮球基本礼仪、基本原理;掌握并运用篮球技战术,能够胜任基本的裁判工作;积极主动地参加与组织篮球比赛等实践活动;不断增强篮球运动中观察、判断、决策和执行的综合能力,显著提高体能、技战术能力和心理能力,有效促进身心健康。 ★ 养成良好的篮球锻炼意识和习惯;掌握与运用健康知识与方法,学会预防和简易处理篮球运动中的损伤、疲劳恢复等问题;提升在学练、比赛情境中对情绪的调控能力;增强对自然环境和社会环境的适应能力。 ★ 展现出积极进取、勇敢顽强、坚韧不拔的体育精神;具备合作与负责的团队精神、角色胜任的社会责任感和强烈的集体荣誉感;形成公平正义、遵守规则、尊重他人、文明礼貌的良好意识和行为。

高一年级教学目标	高二年级教学目标	高三年级教学目标
◆ 对篮球运动有相对完整的体验;在学练过程中能够初步了解与体验篮球传切、掩护等基础配合和人盯人防守战术;熟练掌握运球、传接球、突破和投篮等基本进攻技术、防守技术和组合技术,并在展示和比赛中加以运用;达到并保持健康的体能,专项体能提升明显。 ◆ 认识到体育锻炼对于健康的重要性,积极参与课内外的篮球学习和活动;在学练和比赛中保持良好的情绪稳定性;能妥善处理同学之间的关系,积极与他人合作交流,基本适应自然环境的变化。	◆ 对篮球运动有较为完整的理解;组合技术的流畅性、准确性不断提高,能够在比赛中有效运用突分、策应、长传快攻等篮球基础配合战术和区域紧逼与进攻区域紧逼战术,配合能力明显增强;专项体能与一般体能不断提升。 ◆ 能够较为主动地进行篮球学习与锻炼,组织班级间、同伴间的篮球比赛,具有良好的合作能力、团队精神以及较强的生活、生存能力;表现出良好的健康意识和行为。	◆ 能深入理解篮球比赛的全过程;体验角色进攻与防守的综合技术,理解并掌握区域联防与进攻区域联防战术,能够全面、均衡地运用各种篮球进攻与防守技战术完成全场比赛;增强攻防转换意识,具备一定的赛场应变能力;能胜任裁判工作,并对比赛的胜负进行全面深入的分析和评价;不断强化专项体能与一般体能,能达到参加完整比赛的要求。 ◆ 积极主动地参加校内外篮球活动,并能够根据锻炼效果调整锻炼方案;心胸开阔、情绪稳定、心态放松,对于自然环境和社会环境的适应能力较强,表现出积极向上、乐观开朗的学习态度。

（续表）

高一年级教学目标	高二年级教学目标	高三年级教学目标
◆ 在篮球项目学习中敢于面对困难、克服困难，表现出积极进取、勇于挑战自我的精神品质；能够按照运动规范和篮球规则参与学习和比赛，具有诚实守信、公平竞争的意识和行为。	◆ 理解与运用篮球的比赛规则，形成规则意识，能够正确对待比赛的胜负结果；具有勇于拼搏、挑战自我的体育精神，表现出敢于胜利、不怕失败，胜不骄、败不馁的体育品格。	◆ 具有顽强拼搏、团结奋进、追求卓越的体育精神；自律自制、遵规守纪，能有效应对和化解运动中的冲突；胜任运动角色，表现出负责任、敢担当、善担当的社会行为。

教学目标主要是由教师制订的，是对特定教学活动所要达到的学习预期或学习结果，是在实践层面对教师和学生提出的具体要求。每个学段、年级、单元和课时都有明确的教学目标，它们相互影响、相互制约，共同构成了整体的教学目标体系。在进行教学设计时，教师须持有这种整体的观念来规划教学，才能取得较好的教学效益。

2.基于单元教学目标确定单元主题

"单元主题"是教育教学中的一个关键概念，它代表了一个特定的教育单元中的核心概念、焦点或主要议题。它通常与单元的学习目标紧密相关，有利于统一和指导单元内的教学活动、学习任务和教材选择，以确保学生在单元结束时能够达到预期的学习目标。

单元主题的选择对于课程设计和教学非常重要，因为它能够为教育者提供一个明确的框架，形成完整的结构化单元体系，明确各个单元的主要任务和相互间的联系，通过有系统、有组织地传授知识和技能，达成各单元的学习目标和总体目标。不同的单元可以有不同的主题，主要根据学科、年级和单元要求来确定。

表 5-7　单元学习目标与单元主题

单元	单元学习目标	单元主题
一	1. 了解篮球基本规则，懂得相关基本技术原理，初步建立对篮球运动的整体认知；提高及掌握篮球"运、传接、投、突破和个人防守"的基本技术及其组合，并能够在展示和比赛中加以运用；一般体能、专项体能逐步增强，心理承受能力有所提高。 2. 认识到篮球运动的特点与价值；能够预防和简单处理篮球运动中常见的运动损伤；能够参与课内外的篮球活动；在学练和比赛中控制自己的情绪；理解每个人的不同之处，积极与他人合作交流，提高对自然环境的适应能力。 3. 在篮球项目学习中敢于面对困难、克服困难，表现出积极进取、勇于挑战自我的精神品质；能够按照运动规范和篮球规则参与学习和比赛，具有诚实守信、公平竞争的意识和行为。	篮球个人攻防技术组合运用
二	1. 了解篮球各种基础配合的运用时机和方法，在学练过程中体验篮球基础配合；熟练掌握传切、掩护进攻基础配合和挤过、穿过、绕过防守基础配合，并能够在展示和比赛中加以运用；专项体能提升明显。 2. 进一步认识体育锻炼对于健康的重要性，培养和激发运动兴趣；积极参与课内外的篮球学习和活动；在学练和比赛中能够及时调整情绪，保持良好的情绪和心态；能够妥善处理同学之间的关系，积极与他人合作交流，基本适应参加篮球运动和体能锻炼时的自然环境变化。 3. 能够按照运动规范和篮球规则参与学习和比赛，具有诚实守信、公平竞争的体育道德和行为；在篮球基础配合学练和比赛中，能够尊重对手、尊重同伴，与同伴团结合作，默契配合；不畏惧对手，敢于面对困难，表现出积极进取、不断超越自我的良好精神风貌。	篮球传切、掩护及挤过、穿过、绕过攻防基础配合战术运用
三	1. 在半场人盯人防守学练中，了解并掌握防守战术的目的与作用，熟练防守移动，快速判断进攻意图并做出相应防守；通过短传快攻战术学习，培养主动观察、及时跟进的协作能力；提升个人的攻防意识与战术配合能力；发展相关体能。 2. 在学习过程中主动交流沟通，保持稳定的心态，正确面对配合的失误，及时进行改进；体验成功的喜悦，鼓励同伴，共同提高。 3. 强化团队意识，培养勇敢顽强、勇于承担责任的精神；树立正确的竞争概念，在对抗中尊重对手，尊重同伴，学会篮球礼仪，形成正能量的竞赛氛围。	篮球半场人盯人防守及短传快攻战术运用

（续表）

单元	单元学习目标	单元主题
四	1. 能够熟练掌握运、传、投单个技术,组合动作,以及篮板球技术的基本要领;提升篮球专项水平,在实战运动中合理、综合地运用并转化得分,全面提高篮球素养。 2. 逐步形成自主学习和判断、决策能力;通过积极思考,懂得一些技术动作为什么要这么做,这么做有什么作用,同时鼓励学生自主、合作、探究学习,营造良好的学习气氛,激发学习兴趣;懂得篮球运动是一个集体项目,只有团队合作才能成功。 3. 主动克服学习中遇到的困难,表现出积极进取、团结协作的意志品质;懂得与遵守篮球比赛中的礼仪,同时做到公平竞争,展示出尊重对手、尊重裁判的意识和行为。	篮球个人攻防技术组合运用
五	1. 能够熟练掌握突分配合、策应配合等进攻基础配合和关门、交换、夹击、补防配合防守基础配合的技术要领;提升篮球专项水平,在实战运动中合理运用并转化得分,全面提高篮球素养。 2. 逐步形成自主学习和判断、决策能力;通过积极思考,懂得一些技术动作为什么要这么做,这么做有什么作用,同时鼓励学生自主、合作、探究学习,营造良好的学习气氛,激发学习兴趣;懂得篮球运动是一个集体项目,只有团队合作才能成功。 3. 主动克服学习中遇到的困难,表现出积极进取、团结协作的意志品质;懂得与遵守篮球比赛中的礼仪,同时做到公平竞争,展示出尊重对手、尊重裁判的意识和行为。	篮球突分、策应及关门、交换、夹击、补防、攻防基础配合运用
六	1. 能够熟练掌握快攻战术、防快攻战术的基本技术要领;提升篮球专项水平,在实战运动中合理运用并转化得分,全面提高篮球素养。 2. 步形成自主学习和判断、决策能力;通过积极思考,懂得一些技术动作为什么要这么做,这么做有什么作用,同时鼓励学生自主、合作、探究学习,营造良好的学习气氛,激发学习兴趣;懂得篮球运动是一个集体项目,只有团队合作才能成功。 3. 主动克服学习中遇到的困难,表现出积极进取、团结协作的意志品质;懂得与遵守篮球比赛中的礼仪,同时做到公平竞争,展示出尊重对手、尊重裁判的意识和行为。	篮球长传快攻与防长传快攻战术运用

(续表)

单元	单元学习目标	单元主题
七	1. 能够熟练掌握全场区域紧逼与进攻全场区域紧逼战术、半场区域紧逼与进攻半场区域紧逼战术的基本技术要领；提升篮球专项水平，在实战运动中合理运用并转化得分，全面提高篮球素养。 2. 逐步形成自主学习和判断、决策能力；通过积极思考，懂得一些技术动作为什么要这么做，这么做有什么作用，同时鼓励学生自主、合作、探究学习，营造良好的学习气氛，激发学习兴趣；懂得篮球运动是一个集体项目，只有团队合作才能成功。 3. 主动克服学习中遇到的困难，表现出积极进取、团结协作的意志品质；懂得与遵守篮球比赛中的礼仪，同时做到公平竞争，展示出尊重对手、尊重裁判的意识和行为。	篮球区域紧逼与进攻区域紧逼战术运用
八	1. 丰富、加深不同位置的个人进攻及防守综合技术，并能够在比赛中灵活运用；能够根据球场上情况选择合理的进攻、防守技术，逐步提升思考能力和篮球高阶思维；通过参加和组织教学比赛，全面提升体能与技术水平；根据自己的实际能力选择适合自己的练习内容与方法；了解并运用篮球裁判知识和规则。 2. 积极参与篮球运动，关注健康，热爱生活，形成良好的运动习惯；积极与同伴交流合作，善于与他人处理好关系；学会控制情绪，对自己的每次进攻与防守负责；以身作则，带动身边同学，形成良好的学习氛围与良性竞争。 3. 主动克服内外困难，具有勇敢顽强、积极进取、挑战自我、追求卓越的精神；篮球对抗中遵守规则，尊重他人；能够将在体育运动中学到的东西迁移到其他运动或生活中。	篮球角色攻防技术综合运用
九	1. 能够分析区域联防与进攻区域联守的基本要领；在多种篮球区域防守情境中能够综合运用有效的篮球基础战术与同伴完成进攻，在实战中逐步提升篮球高阶思维；有针对性地全面提升体能水平，努力达到执行战术过程中的实际能力需要。 2. 在身临多种篮球区域防守情境变化的过程中，逐步形成自主学习和判断、决策能力；积极参与进攻区域防守战术的设计、演练和比赛，并能够根据阵型变换进行多套进攻战术设计；在战术配合、比赛过程中能够有效调控自己的情绪，表现出良好的合作能力和团队精神，同时习得防止运动损伤的健康知识。 3. 主动克服学习中遇到的困难，表现出积极进取、团结协作的意志品质；懂得与遵守篮球比赛中的礼仪，同时做到公平竞争，展示出尊重对手、尊重裁判的意识和行为。	区域联防与进攻区域联防战术运用

(续表)

单元	单元学习目标	单元主题
十	1. 能够理解经典进攻战术的基本原理；在篮球实战情境中能够综合运用有效的篮球基础战术与同伴完成进攻，在实战中逐步提升篮球高阶思维；有针对性地全面提升体能水平，努力达到执行战术过程中的实际能力需要。 2. 通过经典进攻战术的学练，逐步形成战术进攻的思维；在瞬息万变的篮球实战过程中，积极运用经典进攻战术，并能够根据阵型变换进行多套进攻战术转换；在战术配合、比赛过程中能够有效调控自己的情绪，表现出良好的合作能力和团队精神，同时习得防止运动损伤的健康知识。 3. 培养同伴之间的默契，能够完整地完成经典战术配合；主动克服学习中遇到的困难，表现出积极进取、团结协作的意志品质；懂得与遵守篮球比赛中的礼仪，同时做到公平竞争，展示出尊重对手、尊重裁判的意识和行为。	体验篮球经典战术，提升综合运用能力

（三）选择教学内容，制订教学计划

1. 纵向结构分层次：篮球专项课程整体单元教学内容结构化设计

整体单元教学内容的选择和排列直接影响到课程目标的达成和课时教学计划的执行，是课程教学改革的中心环节。在四类教学内容中，技战术是核心内容，先将技战术按照一定的逻辑次序排列，其他内容就会以其为核心迅速归位。根据金字塔结构的纵向特点，可以将篮球运动内容分为"技术"和"战术"两个核心内容。这是第一层次的分解。然后，再将技术分为运球技术、传接球技术、投篮技术、突破技术、个人防守技术、运传接投组合技术、篮板球技术、角色进攻综合技术和角色防守综合技术九大类；将战术分为传切配合战术、掩护配合战术、突分配合战术、策应配合战术、关门、交换、夹击、补防配合战术、挤过、穿过、绕过配合战术、短传快攻与防短传快攻战术、长传快攻与防长传快攻战术、半场人盯人防守战术、全场紧逼人盯人防守战术、全场区域紧逼与进攻全场区域紧逼战术、半场区域紧逼与进攻半场区域紧逼战术、区域联防与进攻区域联防战术、团队经典战术与围绕球星的团队战术体验等十四大类。这是第二层次的分解，在此基础上还可以再进行第三、第四层次的分解，直到最基本的内容。要将这么多的教学内容放入十个大单元之中，需要遵循金字塔原理，自上而下地一层层排列。

在实施高中篮球专项课程结构化重组教学的过程中,纵向结构分层次是指将核心内容、主要内容和基本内容三个不同层次的内容分别放入单元教学计划的不同位置。核心内容相当于单元主题内容的核心,主要内容相当于学习进程的中小单元内容,基本内容相当于每一节课的内容主题。下一级内容是对上一级内容的支撑,上一级内容是对下一级内容的概括,由此构成功能聚合、结构突出的单元结构化内容体系。

在进行篮球专项课程整体单元教学内容结构化设计时,首先要考虑第一层次的核心内容是组合编排还是混合编排。不同的教学理念会产生不同的编排方式,关键是要体现技术内容和战术内容编排直线式的层次性与螺旋式的程度加深、范围扩大和要求提高。

组合编排:每个单元都是独立的技术单元或战术单元,将单元与单元按照年级和学段发展的整体需要进行组合搭配的一种编排方法。《新课标》明确提出,每个运动项目由包含相对完整内容的 10 个模块(单元)组成,其中高一 3 个单元,高二 4 个单元,高三 3 个单元。要统筹考虑在 10 个大单元中共配置多少个技术单元和战术单元,各年级的技战术单元配置比例是怎样的。我们认为,在每个年级都有逐步深化的技术单元的基础上,根据年级由低到高,逐步增加战术单元的比例或整体性,是兼顾巩固基础与提高水平的行之有效的组合编排法。具体编排由各校体育教师根据学生实际情况灵活掌握,不求面面俱到,只为实用有效。

首先,按照金字塔原理"主干先行、聚焦核心、明确总分关系"的原则,使用篮球专项课程教学结构化内容体系确定各年级模块的核心内容,核心内容用 JS 和 ZS 来表示。其次,从篮球专项课程教学结构化内容体系中选出各单元核心内容下的主要内容。例如,JS 技术单元内容可以在结构化内容体系中的技术分支体系中去选择,JS 后面连接的数字越小技术越简单,数字越大难度越高;层级越少越概括,层级越多越具体。ZS 战术单元也以此类推。遵循由易到难、由浅入深的技能学习规律来安排内容学练的顺序,可以很好地体现内容编排的逻辑性。例如,高一年级第一单元的主要内容可以用 JS1—3+JS5—6 来表示,高二年级第五单元可以用 ZSP4—6 来表示,高三年级第十单元可以用 ZSQ6 来表示,其中 JS1、JS2、JS3 等即为主要内容的学习进程。如学习进程 JS1 运球技术又由 JS1 - 1 原地运球、JS1 - 2

行进间运球、JS1-3运球组合三个具体内容组成。通过这样逐层选择,最终可呈现出篮球专项课程整体单元教学内容结构化设计。

表5-8 组合编排篮球整体单元教学内容结构化设计

	高一年级			高二年级				高三年级		
	一核心内容JS	二核心内容ZS	三核心内容ZS	四核心内容JS	五核心内容ZS	六核心内容ZS	七核心内容ZS	八核心内容JS	九核心内容ZS	十核心内容ZS
	主要内容JS1—3+JS5—6	主要内容ZSP1—3+ZSP5	主要内容ZSQ1—2+ZSK1	主要内容JS4+JS7	主要内容ZSP4—6	主要内容ZSK2	主要内容ZSQ3—4	主要内容JS8—9	主要内容ZSQ5	主要内容ZSQ6
学习进程1	JS1	ZSP1	ZSQ1	JS4	ZSP4	ZSK2-1	ZSQ3	JS8	ZSQ5-1	ZSQ6-1
学习进程2	JS2	ZSP2	ZSQ2	JS7	ZSP5	ZSK2-2	ZSQ4	JS9	ZSQ5-2	ZSQ6-2
学习进程3	JS3	ZSP3	ZSK1		ZSP6					
学习进程4	JS5	ZSP5								
学习进程5	JS6									

混合编排:每个单元都由"技术"和"战术"按不同的比例混合组成,根据单元进阶,逐步减少技术内容比例,增加战术内容比例,直至将技术学练完全融入战术演练。具体编排由教师根据学生的实际情况进行,灵活掌握技战术比例。

表5-9 混合编排篮球教学内容

年级	单元	内容	单元	内容	单元	内容	单元	内容
高一	一	JS技术80% ZS战术20%	二	JS技术70% ZS战术30%	三	JS技术60% ZS战术40%		
高二	四	JS技术50% ZS战术50%	五	JS技术40% ZS战术60%	六	JS技术30% ZS战术70%	七	JS技术20% ZS战术80%
高三	八	ZS战术20% ZS战术80%	九	ZS战术100%	十	ZS战术100%		

总体来说，不论是组合编排还是混合编排，在"主要内容"的选择方面都会体现体育教师对内容的理解和教学经验的积累。虽然个人见解和能力不同，但在使用篮球专项课程教学结构化内容体系选择教学内容时，在技术上都应体现"个人攻防组合技术→个人攻防综合技术→角色攻防综合技术"的层次性，在"战术"上都应体现"进攻基础配合战术→防守基础配合战术→短传快攻与防短传快攻战术→长传快攻与防长传快攻技术→半场人盯人防守战术→全场紧逼人盯人防守战术→全场区域紧逼与进攻全场区域紧逼战术→半场区域紧逼与进攻半场区域紧逼战术→区域联防与进攻区域联防战术→团队经典战术与围绕球星的团队战术体验"的层次性。层次性是高中篮球专项课程整体单元教学内容设计的核心要素。

由于学生原有的技战术储备不同，因此教师根据学生的实际情况所选的内容也可能不同。但有一点是相同的，那就是要贴近学生的最近发展区，按照由浅入深、循序渐进、螺旋式上升的原则选择、排列教学内容。在结构化内容体系中，选择、配置好的教学内容最终都将在篮球专项课程单元教学内容进度（模板）中归位，生成篮球专项课程单元教学内容进度。学习进程是内容相关、紧密联系的几节课时的一种集合，相当于我们以前讲的"中小单元"。它能避免和单元混同，同时也能更直观地体现内容的递进性。在进行整体单元教学内容结构化设计时，教师应通过进度模板选择好单元教学内容，再让学生根据自己的情况进行适当的调整，最终形成的单元教学内容进度由师生双方确认。

表 5－10　篮球专项课程单元教学内容进度调整模板

单元主题：

学习进程	课时	内容主题	调整	学习进程	课时	内容主题	调整
	1				10		
	2				11		
	3				12		
	4				13		
	5				14		
	6				15		
	7				16		
	8				17		
	9				18		

确认教师：

确认学生：

案例 1　组合编排：篮球专项课程单元教学内容进度

第一单元：JS1—3＋JS5—6 个人攻防技术组合运用

学习进程	课时	内容主题	学习进程	课时	内容主题
JS1 运球技术	1	JS1‐1 原地运球	JS5 突破技术	10	JS5‐1‐1 同侧步突破
	2	JS1‐2 行进间运球		11	JS5‐1‐2 交叉步突破
	3	JS1‐3 运球组合		12	JS5‐1‐3 持球突破组合
JS2 传接球技术	4	JS2‐1 原地传接球		13	JS5‐2‐1 运球推进急停急起突破
	5	JS2‐2 行进间传接球		14	JS5‐2‐2 运球变向突破
	6	JS2‐3 传接球组合	JS6 个人防守技术	15	JS6‐1 防守移动脚步
JS3 投篮技术	7	JS3‐1 原地投篮		16	JS6‐2‐1 防外线队员选位
	8	JS3‐2 行进间投篮		17	JS6‐2‐2 防内线队员选位
	9	JS3‐3 投篮组合		18	第一单元测试

第二单元：ZSP1—3＋ZSP5 传切、掩护及挤过、穿过、绕过攻防基础配合战术运用

学习进程	课时	内容主题	学习进程	课时	内容主题
ZSP1 进攻基础配合：传切配合	1	ZSP1-1-1 纵切	ZSP3 进攻基础配合：突分配合	12	ZSP3-1 弧顶中路突破防守突分配合
	2	ZSP1-1-2 横切		13	ZSP3-2 45°突破防守突分配合
	3	ZSP1-1-3 一传一切综合运用		14	ZSP3-3 底线突破防守突分配合
	4	ZSP1-2-1 L切		15	ZSP3-4 突分配合组合
	5	ZSP1-2-2 V切	ZSP5 防守基础配合：关门、交换、夹击、补防配合	16	ZSP5-1 交换防守配合
	6	ZSP1-2-3 连续空切		17	ZSP5-2 关门防守配合
ZSP2 进攻基础配合：掩护配合	7	ZSP2-1 侧掩护(1)		18	第二单元测试
	8	ZSP2-1 侧掩护(2)			
	9	ZSP2-2 前、后掩护(1)			
	10	ZSP2-2 前、后掩护(2)			
	11	ZSP2-3 挡拆配合			

第三单元：ZSQ1—2＋ZSK1 全队攻防战术＋短传快攻与防短传快攻战术运用

学习进程	课时	内容主题	学习进程	课时	内容主题
ZSQ1 半场人盯人防守战术	1	ZSQ1-1-1 球在正面时的半场缩小盯人防守	ZSK1 短传快攻与防短传快攻战术	12	ZSK1-1-1 短传快攻的发动与接应
	2	ZSQ1-1-2 球在侧面时的半场缩小盯人防守		13	ZSK1-1-2 短传快攻的推进
	3	ZSQ1-1-3 球在底角时的半场缩小盯人防守		14	ZSK1-1-3 短传快攻的终结
	4	ZSQ1-2-1 球在正面时的半场扩大盯人防守		15	ZSK1-2-1 封堵一传与接应
	5	ZSQ1-2-2 球在侧面时的半场扩大盯人防守		16	ZSK1-2-2-1 两人平行站位防守
	6	ZSQ1-2-3 球在底角时的半场扩大盯人防守		17	ZSK1-2-2-1 两人重叠站位防守

（续表）

学习进程	课时	内容主题	学习进程	课时	内容主题
ZSQ2 全场紧逼人盯人防守战术	7	ZSQ2-1-1 紧逼防守发端线界外球的队员		18	第三单元测试
	8	ZSQ2-1-2 前场紧逼夹击防守进攻队员接应			
	9	ZSQ2-1-3 前场紧逼夹击、封堵进攻传球路线			
	10	ZSQ2-2-1 中场夹击与轮转补防			
	11	ZSQ2-2-2 人盯人防中路			

第四单元：JS4＋JS7 个人攻防技术综合运用

学习进程	课时	内容主题	学习进程	课时	内容主题
JS4 运、传、投组合技术	1	JS4-1-1 原地运球＋传接球	JS7 篮板球技术	13	JS4-4-1 原地变向运球＋各种传接球＋投篮
	2	JS4-1-2 行进间运球＋传接球		14	JS4-4-2 行进间变向运球＋各种传接球＋投篮
	3	JS4-2-1 行进间运球＋投篮		15	JS7-1 抢进攻篮板球技术
	4	JS4-2-2 多种变向运球＋投篮		16	JS7-2 抢防守篮板球技术
	5	JS4-3-1 行进间传接球＋高手投篮		17	JS7-3 篮板球综合技术
	6	JS4-3-2 行进间传接球＋低手投篮		18	第四单元教学测试
	7	JS4-3-3 行进间多人传接球＋高低手投篮			
	8	JS4-3-4 多人快攻＋投篮			
	9	JS4-3-5 原地传接球＋投篮			
	10	JS4-3-6 原地传接球＋跳投			
	11	JS4-3-7 半场两人行进间传接球＋高低手投篮			
	12	JS4-3-8 半场三人行进间传接球＋高低手投篮			

第五单元：ZSP4—6 策应及挤过、穿过、绕过配合攻防基础配合战术运用

学习进程	课时	内容主题	学习进程	课时	内容主题
ZSP4 进攻基础配合：策应配合	1	ZSP4－1－1－1 罚球线接球策应传45°外线空切配合	ZSP5 防守基础配合：关门、交换、夹击、补防配合	10	ZSP5－1 交换防守配合
	2	ZSP4－1－1－2 罚球线接球策应传弧顶中路空切配合		11	ZSP5－3 夹击防守配合
	3	ZSP4－1－1－3 高位策应策应传切配合对抗及应变		12	ZSP5－4 补防配合
	4	ZSP4－1－2－1 翼侧高位策应变掩护配合对抗及应变	ZSP6 防守基础配合：挤过、穿过、绕过配合	13	ZSP6－1－1 防守掩护配合时的挤过防守配合
	5	ZSP4－1－2－2 中路高位策应变掩护配合对抗及应变		14	ZSP6－2－1 防守策应配合时的绕过防守配合
	6	ZSP4－2－1－1 底线45°低位策应＋传切配合		15	ZSP6－2－2 防守掩护配合时的绕过防守配合
	7	ZSP4－2－1－2 中路低位策应＋传切配合		16	ZSP6－3－1 防守策应配合时的穿过防守配合
	8	ZSP4－2－2－1 底线45°低位策应＋掩护配合		17	ZSP6－3－2 防守掩护配合时的穿过防守配合
	9	ZSP4－2－2－2 中路低位策应＋掩护配合		18	第五单元教学测试

第六单元：ZSK2 长传快攻与防长传快攻战术运用

学习进程	课时	内容主题	学习进程	课时	内容主题
ZSK2－1 长传快攻战术	1	ZSK2－1－1－1 四对四攻防转换	ZSK2－2 防长传快攻战术	11	ZSK2－2－1－1 篮板球的防守
	2	ZSK2－1－1－2 五对五攻防转换		12	ZSK2－2－1－2 封堵接应球员的防守战术
	3	ZSK2－1－1－3 抢篮板球后传固定接应		13	ZSK2－2－1－3 卡堵接应球员的防守战术
	4	ZSK2－1－1－4 抢篮板球后传机动接应		14	ZSK2－2－2－1 中前场一防二快攻

（续表）

学习进程	课时	内容主题	学习进程	课时	内容主题
ZSK2－1 长传快攻战术	5	ZSK2-1-2-1 全场二人长传球推进	ZSK2－2 防长传快攻战术	15	ZSK2-2-2-2 中前场二防三快攻
	6	ZSK2-1-2-2 全场三人长传球推进		16	ZSK2-2-2-3 中前场三防四快攻
	7	ZSK2-1-2-3 运球突破＋长传球推进		17	ZSK2-2-3 防长传快攻的终结
	8	ZSK2-1-3-1 推进前场后二打一终结快攻		18	第六单元教学测试
	9	ZSK2-1-3-2 推进前场后三打二终结快攻			
	10	ZSK2-1-3-3 前场5秒快攻进攻			

第七单元：ZSQ3—4 区域紧逼与进攻区域紧逼战术运用

学习进程	课时	内容主题	学习进程	课时	内容主题
ZSQ3 全场区域紧逼与进攻全场区域紧逼战术	1	ZSQ3-1-1 1-2-1-1 全场区域紧逼	ZSQ4 半场区域紧逼与进攻半场区域紧逼战术	9	ZSQ4-1-1 1-2-2 半场区域紧逼战术
	2	ZSQ3-1-2 1-3-1 全场区域紧逼		10	ZSQ4-1-2 2-2-1 半场区域紧逼战术
	3	ZSQ3-1-3 1-2-2 全场区域紧逼		11	ZSQ4-1-3 1-3-1 半场区域紧逼战术
	4	ZSQ3-1-4 2-2-1 全场区域紧逼		12	ZSQ4-1-4 3-1-1 半场区域紧逼战术
	5	ZSQ3-2-1 进攻1-2-1-1全场区域紧逼战术		13	ZSQ4-2-1 进攻1-2-2 半场区域紧逼战术
	6	ZSQ3-2-2 进攻1-3-1全场区域紧逼战术		14	ZSQ4-2-2 进攻2-2-1半场区域紧逼战术
	7	ZSQ3-2-3 进攻1-2-2全场区域紧逼战术		15	ZSQ4-2-3 进攻1-3-1半场区域紧逼战术
	8	ZSQ3-2-4 进攻2-2-1全场区域紧逼战术		16	ZSQ4-2-4 进攻3-1-1半场区域紧逼战术
				17	ZSQ4-2-5 进攻半场区域紧逼的配合战术
				18	第七单元教学测试

第八单元:JS8—9 角色攻防技术综合运用

学习进程	课时	内容主题	学习进程	课时	内容主题
JS8 角色进攻综合技术运用	1	JS8-1-1 1、2、3号位阵地进攻技术	JS9 角色防守综合技术运用	9	JS9-1-1 1、2、3号位的进攻转换
	2	JS8-1-2 1、2、3号位快攻技术		10	JS9-1-2 1、2、3号位阵地防守技术
	3	JS8-1-3 1、2、3号位发动与突破技术		11	JS9-1-3 1、2、3号位防突破技术
	4	JS8-1-4 1、2、3号位进攻技术		12	JS9-1-4 1、2、3号位防无球队员技术
	5	JS8-2-1 4、5号位快攻发动与终结		13	JS9-1-5 1、2、3号位篮板球技术
	6	JS8-2-2 4、5号位策应技术		14	JS9-2-1 4、5号位前后场篮板球与封堵
	7	JS8-2-3 4、5号位突破技术		15	JS9-2-2 4、5号位防策应技术
	8	JS8-2-4 4、5号位进攻技术		16	JS9-2-3 4、5号位防传切与掩护技术
				17	JS9-2-4 4、5号位内线防守技术
				18	第八单元教学测试

第九单元:ZSQ5 区域联防与进攻区域联防战术运用

学习进程	课时	内容主题	学习进程	课时	内容主题
ZSQ5-1 区域联防战术	1	ZSQ5-1-1 2-1-2区域联防战术	ZSQ5-2 进攻区域联防战术	7	ZSQ5-2-1 3-2落位进攻2-3区域联防战术
	2	ZSQ5-1-2 2-3区域联防战术		8	ZSQ5-2-2 2-3落位进攻1-3-1区域联防战术
	3	ZSQ5-1-3 3-2区域联防战术		9	ZSQ5-2-3 1-3-1落位进攻2-3区域联防战术
	4	ZSQ5-1-4 1-3-1区域联防战术		10	ZSQ5-2-4 1-3-1落位进攻3-2区域联防战术
	5	ZSQ5-1-5 篮球多种区域联防形式		11	ZSQ5-2-5 1-2-2落位进攻3-2区域联防战术
	6	ZSQ5-1-6 篮球区域联防中的防守配合		12	ZSQ5-2-6 1-2-2落位进攻2-3区域联防战术

（续表）

学习进程	课时	内容主题	学习进程	课时	内容主题
			ZSQ5－2 进攻区域联防战术	13	ZSQ5-2-7 2-1-2 落位进攻 3-2 区域联防战术
				14	ZSQ5-2-8 2-1-2 落位进攻 2-3 区域联防战术
				15	ZSQ5-2-9 1 盯 4 联防战术
				16	ZSQ5-2-10 前场人盯人转阵地区域联防战术
				17	ZSQ5-2-11 前场紧逼转阵地区域联防战术
				18	第九单元教学测试

第十单元：ZSQ6 团队经典战术与围绕球星的团队战术体验

学习进程	课时	内容主题	学习进程	课时	内容主题
ZSQ6－1 团队经典战术	1	ZSQ6-1-1-1 三角战术介绍	ZSQ6－2 围绕球星的团队战术体验	13	ZSQ6-2-1 围绕姚明的内外线进攻战术
	2	ZSQ6-1-1-2 三角战术体验		14	ZSQ6-2-2 围绕乔丹的低位三角进攻战术
	3	ZSQ6-1-1-3 三角战术实践		15	ZSQ6-2-3 围绕雷·阿伦的底线三分战术
	4	ZSQ6-1-2-1 钻石战术介绍		16	ZSQ6-2-4 围绕约基奇的策应配合进攻战术
	5	ZSQ6-1-2-2 钻石战术体验		17	ZSQ6-2-5 围绕詹姆斯的外线掩护进攻战术
	6	ZSQ6-1-2-3 钻石战术实践		18	第十单元教学测试
	7	ZSQ6-1-3-1 牛角战术介绍			
	8	ZSQ6-1-3-2 牛角战术体验			
	9	ZSQ6-1-3-3 牛角战术实践			
	10	ZSQ6-1-4-1 手枪战术介绍			
	11	ZSQ6-1-4-2 手枪战术体验			
	12	ZSQ6-1-4-3 手枪战术实践			

2. 横向结构选顺序：篮球专项课程课时教学内容结构化设计

整体单元教学设计和课时教学设计之间存在着重要的逻辑关系。篮球整体单元教学设计是整个篮球课程的总体设计，是课程实施的整体蓝图，是课时教学设计的依据和背景；课时教学设计则是按照整体单元教学设计的指导思想，在具体的每一节课中实施，为最终达成课程目标服务。整体单元教学设计的每一节课的内容，都需要在对应的课时计划中进一步细化和展开，而这种展开是存在顺序的。顺序是结构中特别重要的一个维度，前后顺序不一样，结构就不一样；结构不一样，事物的性质就会不一样。比如，石墨和钻石都是由碳元素组成的，但却有着天壤之别。钻石是世界上最硬的矿物金刚石的一种，璀璨夺目；而石墨却松软、脆弱，漆黑且不透明。为什么它们会有如此大的差异呢？主要原因是它们的原子排列顺序不同。

在体育教学中，先学什么、后学什么也是很有讲究的。比如，隔网运动项目一般先学正手再学反手；游泳一般先练腿部动作再练手部动作，最后练呼吸配合。有些运动项目内容的学练顺序可以调整，而有些却不能颠倒。因为运动项目的特点各不相同，所以不能一概而论。研究表明，篮球教学内容可以按基础性学练→组合性学练→比赛性学练的顺序逐次展开，用关联、递进的方式让学生全面掌握篮球项目的运动技能。

金字塔结构包含两种子结构，一种是纵向结构，另一种是横向结构。通过纵向分层和横向分类，我们能够全面、清晰、准确地看待事物和解决问题，这是一种强调先总后分的立体化结构。在上一节中，我们重点关注了以核心内容、主要内容和基本内容为主线的纵向关系，完成了10个大单元180课时的单元整体教学内容设计和各单元内容的结构化进度设计。在本节中，我们将讨论课时教学内容中的横向关系，也就是课时教学的基本内容排列顺序。

基础性学练主要指基本技术、基本功的学练。从熟练地运球到准确地跑位移动，再到精准地传球，最后将球投入篮筐，篮球运动的每一个环节都是由基本技术组成的。基本技术是篮球运动的基本手段，是决定比赛胜负的关键，是篮球战术的基础。从基本功入手，加强基本技术的学练，是提高青少年整体篮球水平的根本。基于此，可以把基础性学练分为几步：先进行原地内容的学练，再开展行进间内容的学练，最后通过对抗学练强化基础性学练。

组合性学练是指将两种或两种以上的技术组合在一起进行学练。在比赛中运用的技术基本都是组合技术。每一个运动项目都是由相互联系的知识和技能组成的,孤立学习和掌握一两个运动技术是不可能学好一个运动项目的,学好一项运动需要多种技术的组合学练和整体运用。[①] 对专项运动技能的组合性学练,是学会该运动项目的前提条件和重要保证。组合性学练可以分为无球组合性学练和有球组合性学练,有球组合性学练又分为技术组合性学练和战术组合性学练。在所有组合性学练过程中,都遵循先无球再有球、先技术再战术、先同质组合再异质组合的顺序安排内容,展开学练。

比赛性学练是一种以赛促学、以赛促练的教学方法手段。《新课标》将"展示与比赛"作为教学内容,就是对过去课堂教学缺少教学比赛的一种矫枉。比赛是检查学习效果、体现运动能力的最佳方式,也是培养学科核心素养不可或缺的真实情境。比赛和练习最大的不同就是,比赛是有输赢的,而再激烈的对抗练习只要不算分数、不论输赢,都达不到全面锻炼和提升技战术的效果。而且,比赛是在规则的约束下开展的竞技活动,对人的品德培养作用显著。根据篮球比赛的内容,比赛性学练可以分为个人技术比赛、半场比赛、全场比赛、体能比赛等四种。

从逻辑学角度看,事物的逻辑顺序一般包括时间顺序、结构顺序和重要性顺序。篮球课时教学内容的教学顺序以时间顺序为轴,按照基础性学练、组合性学练和比赛性学练三个阶段依次展开,再在各个阶段内按照一定的规则将内容排序,这样有利于学生理解和掌握学习内容,促进篮球运动能力的发展。

案例2 高一篮球专项课程课时教学内容结构化设计示例

模块	课时	内容主题	内容结构设计	教学关注点
JS1运球技术	1	原地运球	1. 理论知识:篮球场地、器材介绍。 2. 基础性学练:体前换手运球(体前换手运球、体前高换手变向、角锥体前换手变向);胯下运球(不运球胯下"8"字绕球、"8"字运球、交叉步胯下运球);背后运球(站立背后运球、马步	◎ 手形正确 ◎ 双手连续对球的控制 ◎ 拍按球的部位和用力方向

[①] 季浏,钟秉枢.普通高中体育与健康课程标准(2017年版)解读[M].北京:高等教育出版社,2018.

(续表)

模块	课时	内容主题	内容结构设计	教学关注点
JS1运球技术	1	原地运球	背后运球、低重心背后运球）。 3. 组合性学练：原地（体前换手运球＋胯下运球＋背后运球）＋投篮。 4. 比赛性学练：原地组合运球比赛。 5. 体能练习：开合进出绳梯前进、左右脚依次进出绳梯前进、碎步起动跑、28米冲刺跑。	◎ 全身协调配合 ◎ 眼睛不要看球
	2	行进间运球	1. 理论知识：篮球运球的作用与动作结构。 2. 基础性学练：行进间低运球（行进间左、右手低运球推倒、扶起角锥，行进间左、右手快速低运球，行进间左、右手低运球急停急起）；行进间高运球（行进间左、右手高运球推倒、扶起角锥，行进间左、右手快速低高球，行进间左、右手高运球急停急起）；行进间体前不换手/换手变向运球［角锥训练（体前变向）、行进间体前双手变向、行进间单手运球变向过障碍物］。 3. 组合性学练：行进间运球＋急停＋投篮。 4. 比赛性学练：面对干扰的行进间组合运球比赛。 5. 体能练习：俯卧撑、原地高频跑、弓箭步换腿跳、仰卧起坐传球。	◎ 对球的保护 ◎ 运球节奏的控制 ◎ 拍按球的部位和用力方向 ◎ 行进间手脚协调配合 ◎ 眼睛不要看球 ◎ 左右手协调发展
	3	运球组合	1. 理论知识：篮球基本规则——违例1。 2. 基础性学练：运球急起急停（行进间左、右手急停急起运球，角锥练习行进间急停急起运球，行进间有防守人急停急起运球）；体前换手运球变换胯下运球［角锥练习行进间变向运球（重心变化）、行进间过障碍物变向运球（利用场地）、行进间有防守人变向运球］；体前换手运球变换背后运球［角锥练习行进间变向运球（重心变化）、行进间过障碍物变向运球（利用场地）、行进间有防守人变向运球］。 3. 组合性学练：运球急起＋急停＋投篮。 4. 比赛性学练：运球过障碍物＋投篮比赛。 5. 体能练习：鸭子步、波比跳、俯卧登山跑、抛接药球。	◎ 速度反差大 ◎ 变向突然 ◎ 动作连贯、衔接流畅 ◎ 组合运球的能力 ◎ 灵活善变 ◎ 运球时观察场上情况的能力

（续表）

模块	课时	内容主题	内容结构设计	教学关注点
JS2 传球技术	4	原地传接球	1. 理论知识:篮球传接球的作用与动作结构。 2. 基础性学练:双手胸前传接球(不同距离、方向、速度的传接球);击地反弹传接球(不同距离、方向、速度的传接球);单手肩上传接球(原地左、右手对墙传球,原地左、右手短距肩上传接球,原地左、右手远距离肩上传接球)。 3. 组合性学练:原地接球＋投篮。 4. 比赛性学练:原地传接球比赛(定时或定次数)。 5. 体能练习:后蹬跑、多级跳、俯卧交替拨球、仰卧夹球举腿。	◎ 传接球手形 ◎ 传接球力量的把握 ◎ 手对球的方向控制 ◎ 传球距离的控制 ◎ 传球时机的把握
	5	行进间传接球	1. 理论知识:篮球安全防护——运动损伤的预防与处理1。 2. 基础性学练:行进间双手胸前传接球(徒手模仿跨步接球、1～2步距离多次推进双手胸前传接球、三人一组多次行进双手胸前传接球);行进间击地反弹传接球(近距离击地反弹传接球、中远距离击地反弹传接球、行进间有防守人击地反弹运球);行进间单手肩上传接球(行进间左、右手短距离单手肩上传接球,行进间左、右手远距离单手肩上传接球,行进间有防守人单手肩上传接球)。 3. 组合性学练:行进间传接球＋投篮。 4. 比赛性学练:行进间传接球比赛(定时或定距)。 5. 体能练习:持球抗阻转身练习、抗阻滑步练习、抗阻前倾蹬伸练习、运球背对背抗人练习。	◎ 传球的落点有提前量 ◎ 行进间脚步动作和传球动作协调一致 ◎ 力量控制 ◎ 左右手平衡发展 ◎ 同伴间配合默契
	6	传接球组合	1. 理论知识:篮球视野的重要性。 2. 基础性学练:两人原地各种组合传接球(两人击地反弹＋双手头上传接球、两人单手肩上＋单手体侧传接球、两人双手胸前＋击地反弹球);行进间两人各种组合传接球(行进间两人击地反弹＋双手头上传接球、行进间两人单手肩上＋单手体侧传接球、有防守人行进间各种传接球);行进间三人各种组合传接球(三人行进间近距离各种传接球、三人行进间远距离各种传接球、有防守人行进间三人各种传接球)。	◎ 观察判断 ◎ 时机选择 ◎ 落点控制 ◎ 传接球的目的性 ◎ 传接球的视野 ◎ 接球要积极主动 ◎ 三威胁姿势

(续表)

模块	课时	内容主题	内容结构设计	教学关注点
JS2 传球技术	6	传接球组合	3. 组合性学练:运球+传接球+投篮。 4. 比赛性学练:3V3半场教学比赛。 5. 体能练习:平板支撑、连续蛙跳、折线跑、背人跑。	◎ 各种传接球动作的综合运用
JS3 投篮技术	7	原地投篮	1. 理论知识:篮球投篮的动作结构和原理。 2. 基础性学练:单手肩上投篮(各种距离、角度、干扰投篮);双手胸前投篮(各种距离、角度、干扰投篮);跳投(各种距离、角度、干扰跳投)。 3. 组合性学练:传接球+原地投篮。 4. 比赛性学练:1分钟中距离跳投比赛。 5. 体能练习:单脚助跑摸高、原地连续双脚起跳摸篮板、击掌俯卧撑、蚂蚁爬行。	◎ 全身协调用力 ◎ 起跳与举球的衔接 ◎ 顶肘扣腕拨指 ◎ 球的向后旋转 ◎ 球的飞行弧线 ◎ 最高点出手
	8	行进间投篮	1. 理论知识:篮球基本规则——违例2。 2. 基础性学练:行进间单手高手投篮[脚步移动练习(一大、二快、三起跳),单手肩上篮筐两侧打板投篮,行进间左、右手单手高手投篮];行进间单手低手投篮[脚步移动练习(一大、二快、三起跳),一步起跳举手伸臂、拨指投篮,行进间左、右手近距离单手低手投篮]。 3. 组合性学练:运球+传球+接球+行进间投篮。 4. 比赛性学练:半场行进间投篮比赛。 5. 体能练习:十字象限跳,抛球空中补篮,双手高、低运球,连续跳过高低不同的小栏架。	◎ 行进间手脚协调配合 ◎ 身体护球 ◎ 目视篮筐瞄准点 ◎ 动作的节奏感 ◎ 双手都能使用
	9	投篮组合	1. 理论知识:如何快速地无球摆脱? 2. 基础性学练:接球+原地跳投(接球脚步+近距离跳投、接球脚步+中距离跳投、接球脚步+远距离跳投、摆脱防守人接球跳投);跑动+急停接球+原地跳投(一步急停接球跳投、二步急停接球跳投、摆脱防守人急停接球跳投);接球+运球+原地跳投(上线接球运一次球原地跳投、45°接球运一次球原地跳投、各角度摆脱防守人接球运一次球原地跳投)。	◎ 摆脱、寻找有利位置 ◎ 身体的平衡 ◎ 瞄准点 ◎ 与运、传、接、篮板球的紧密结合 ◎ 投篮的各种动作组合

155

(续表)

模块	课时	内容主题	内容结构设计	教学关注点
JS3 投篮技术	9	投篮组合	3. 组合性学练：运球＋传球＋接球＋原地跳投。 4. 比赛性学练：5V5全场比赛。 5. 体能练习：双人互背、双人坐位"V"字牵引、双人压肩、跪式前臂拉伸。	◎ 投篮的时机 ◎ 对抗下的投篮
JS5 突破技术	10	同侧步突破	1. 理论知识：篮球基本规则——犯规。 2. 基础性学练：原地持球同侧步练习；面对标志物的同侧步突破；两人一球面对站立做同侧步突破；向前抛球迅速接球急停同侧步突破；消极防守下的同侧步突破。 3. 组合性学练：同侧步突破＋行进间投篮(分球、急停跳投)。 4. 比赛性学练：3V3教学比赛。 5. 体能练习：贴膏药(游戏)。	◎ 虚晃动作逼真,虚实结合 ◎ 试探腿大步前跨 ◎ 球放前跨脚外侧 ◎ 球落地前轴心脚不可抬起
JS5 突破技术	11	交叉步突破	1. 理论知识：篮球安全防护——运动损伤的预防与处理2。 2. 基础性学练：原地持球交叉步练习；面对标志物的交叉步突破；两人一球面对站立做交叉步突破；向前抛球迅速接球急停同侧步突破；消极防守下的交叉步突破。 3. 组合性学练：交叉步突破＋行进间投篮(分球、急停跳投)。 4. 比赛性学练：3V3教学比赛。 5. 体能练习：摸肩(游戏)。	◎ 虚晃动作逼真,虚实结合 ◎ 探肩放球动作迅速 ◎ 放球后加速启动 ◎ 观察对手,寻找最佳的突破时机
JS5 突破技术	12	同侧步、交叉步突破组合运用	1. 理论知识：篮球基本规则——犯规2。 2. 基础性学练：向前抛球迅速接球急停同侧步突破＋传球＋投篮；向前抛球迅速接球急停交叉步突破消＋传球＋投篮；消极防守下的同侧步、交叉步突破＋传球＋投篮。 3. 组合性学练：运球＋传球＋接球持球突破＋行进间投篮(分球、急停跳投)。 4. 比赛性学练：3V3教学比赛。 5. 体能练习：单脚跳摸肩(游戏)。	◎ 根据自己的位置、与防守间的距离选择有利的突破方向 ◎ 假动作要逼真合理,真假结合 ◎ 突、投、传灵活运用 ◎ 敢于突破,避免犯规

(续表)

模块	课时	内容主题	内容结构设计	教学关注点
JS5 突破技术	13	运球突破	1. 理论知识:篮球突破技术的运用时机。 2. 基础性学练:运球推进急停急起突破(行进间高、低运球,行进间急起急停变速运球,有防守人急停急起运球突破);运球变向突破(运球变向突破、行进间变速变向运球、有防守人变向运球突破)。 3. 组合性学练:运球突破＋行进间投篮(分球、急停跳投)。 4. 比赛性学练:3V3教学比赛。 5. 体能练习:多姿反应起动练习、多向反应起动练习、多向制动练习、两人无球全场摆脱练习。	◎ 保持好与防守队员的距离 ◎ 虚晃动作逼真,真假结合 ◎ 变速、变向突然 ◎ 两脚均能做中枢脚 ◎ 敢于突破,避免犯规
JS5 突破技术	14	运球突破组合运用	1. 理论知识:篮球基本规则——违例3。 2. 基础性学练:单手虚晃突破、虚晃体前变向突破、虚晃转身过人、交叉步体前变向突破、虚晃背后变向突破、加速跨步突破。 3. 组合性学练:各种运球突破＋行进间投篮(分球、急停跳投)。 4. 比赛性学练:5V5教学比赛。 5. 体能练习:边线17次折返跑、底线6次折返跑。	◎ 进攻路线的选择 ◎ 突破空间 ◎ 策应队员的跑位 ◎ 突破后的动作衔接
JS6 个人防守技术	15	防守移动脚步	1. 理论知识:篮球防守技术的动作结构。 2. 基础性学练:防守基本站立姿势练习,平步防守滑步,斜步防守滑步、前转身、后转身与上步、后撤步、绕前步、绕后步与侧身站立姿势练习(有球、无球)。 3. 组合性学练:封堵防守＋各种防守步法的衔接。 4. 比赛性学练:2V1攻防教学比赛。 5. 体能练习:原地碎步跑、小栏架练习、纵向高抬腿过栏架、横向高抬腿过栏架。	◎ 正确的防守姿势 ◎ 快速逼近进攻队员 ◎ 保持身体平衡 ◎ 封堵对方的突破和传球路线 ◎ 延误进攻队员传球时机

（续表）

模块	课时	内容主题	内容结构设计	教学关注点
JS6个人防守技术	16	防外线球员选位	1. 理论知识：篮球基本规则——犯规3。 2. 基础性学练：半场位置防守移动跑位（设置角锥）；半场进攻人盯人外线球员防守跑动站位；半场进攻区域联防外线球员防守跑动站位（正位、错位、强侧、弱侧防守）。 3. 组合性学练：封堵防守＋各种防守步法的衔接。 4. 比赛性学练：3V2教学比赛。 5. 体能练习：原地跳单脚落地、倒退跑、俯撑篮球、单脚站立推手（游戏）。	◎ 正确的防守姿势 ◎ 合理选位 ◎ 防投篮 ◎ 防运球 ◎ 防弱侧切入
	17	防内线球员选位	1. 理论知识：篮球安全防护——运动损伤的预防与处理3。 2. 基础性学练：防守从45°侧翼（或弧顶）传来的球、防守从底角传来的球、防守占有身高优势的内线球员。 3. 组合性学练：封堵防守＋各种防守步法的衔接。 4. 比赛性学练：5V5教学比赛。 5. 体能练习：平衡盘练习（双臂前平举屈膝下蹲、提膝单脚踩盘、后勾小腿单脚踩盘）、斗鸡。	◎ 反应迅速，判断准确 ◎ 合理选位 ◎ 移动迅速 ◎ 防投篮 ◎ 防篮板球
	18	单元教学测试	1. 宣布单元测试的内容、方式与测试标准。 2. 讲解测试组织要求和注意事项。 3. 组织学生做好测试前身体准备活动及分组安排。 4. 测试打分。 5. 成绩汇总、录入。	◎ 终结性评价 ◎ 过程性评价 ◎ 自评、互评、师评

（四）聚焦核心问题，实施教学计划

学生的个体差异是客观存在的，但要让每个学生都能得到发展，就要为他们选择合适的内容。因此，在班级授课制的框架内，要尽可能地因材施教，精准教学。使用数字工具实施结构化重组教学，就是一条有效的路径。

1. 了解必备知识和技能，确定学习起点

教师要考虑到每个学生的学习基础和学习经历，在教学中予以充分关注，从而减小学习中的个体差异。通过了解学生的学习基础和学习经历，确定学生的学习

起点,是实施有效教学的基础。但从目前班级授课制的现实来看,要让教师全面了解每一个学生的学习基础和学习经历是不可能的,也是不经济的。我们只需要了解学生学习某一内容时所必备的知识和技能,就可以确定学习起点。而且,只要在学习内容之间建立联系,按照一定的逻辑顺序排列,就很容易推导出学习内容1是学习内容2的必备条件,学习内容2是学习内容3的必备条件,以此类推。实际上,篮球课程结构化内容体系就是按照这种"一生二、二生三"的拆解思路自上而下生成的。通过篮球综合测试的数据统计,了解学生真实的学习起点,选择适宜的教学内容展开个别化的针对性学习,并对学习进度慢的学生进行纠差补缺,使学生的个体差异逐步缩小,最终就能实现共同提高和发展。

2.参与教学内容确定,激发学生的学习动机

"学习动机是激发个体进行学习活动、维持已引起的学习活动,并使个体的学习活动朝向一定的学习目标的一种内部启动机制。"[①]实施结构化重组教学需要重点解决的问题就是激发学生的学习动机,而激发学习动机最有效的方法就是让学生参与教学决策。教师在通过进度模板选择好单元教学内容后,再让学生根据自己的情况进行适当的调整,最终形成的单元教学内容进度要由师生双方确认。

经过学生确认的内容可以更好地被学生学习,因为在他们的潜意识里已经认可了这些教学内容,这些教学内容是他们自己要学习的内容,是他们自己的需求,而不是教师强加给他们的。自课改以来,我们把大量的时间和精力都放在育人方式的变革、教学方式的转变和学科核心素养的培养上,而对教学产生重大影响的学习动机研究还没有得到应有的重视。其实,绝大部分教师都明白,主动学习和被动学习的效果差异是巨大的,但在促进学生想要学习并愿意努力学习的学习动机激发方面办法不多。确立学生学习的主体地位,充分发挥主体意识和主体性,维护内在需要,促进外部动机的内化,将是结构化重组教学需要重视的问题。

3.灵活处理内容关系,聚焦结构动态生成

皮亚杰(Jeen Piaget)认为,结构是一个由种种转换规律组成的体系,一个结构

---

① 冯忠良,伍新春,姚海林,等.教育心理学[M].3版.北京:人民教育出版社,2015.

包括三个特性:整体性、转换性和自身调整性。① 同时,他发现结构的存在方式是可以形式化或公式化的。每一个结构都是由若干部分所组成的,而这些部分是遵循结构之所以成为结构的一般规律的,这个规律从体育专项课程结构化教学内容的角度讲就是因需要而生成结构。也就是说,结构是有"功能性"特点的,是动态生成的。例如,运、传接、投、突破、个人防守等单个技术在篮球比赛中会根据需要迅速地组合成结构化的连续进攻或防守反击。因此,我们在教学中要灵活处理教学内容的关系,结合实战聚焦、模拟结构化教学内容的生成,并关注在真实情境中各种可能的联系,使动作技能结构和教学内容结构具有一定的灵活性和功能性,从而满足实际教学和学习的需要。

表 5-11 篮球专项课程课时教学内容设计模板

年级		人数		单元		课时		日期	
内容主题						重点			
						难点			
学习目标									
时间	类别		内容			代码		教学关注	
	基本知识								
	基本技战术								
	比赛								
	体能								
教学资源									
反思调整									

---

① 皮亚杰.结构主义[M].倪连生,王琳,译.北京:商务印书馆,1984.

第二节 篮球课程结构化重组教学的实施策略

著名教育学者叶澜提出了"教结构、学结构、用结构"的结构化教学理念。深层次的"核心概念"体系是联系并形成单元知识和技能结构的核心。高中体育结构化重组教学要整体把握教学内容结构化、教学方法结构化、教学情境结构化、教学过程结构化。在结构化教学理论的指导下,对体育实践课教学单元进行系统的结构化设计和整体推进,深层次挖掘高中体育专项课程课时教学计划的内容、过程、方法、情境的实践策略,就成为体育课教学实践改革的着力之处。

一、教学内容的选择策略

选择适当的教学内容对于实施结构化重组教学非常重要,需要综合考虑多种条件因素。首先,教学内容选择和设计的主体应该是授课教师或教师教研团队。课程内容和教材内容由学科专家通过课程标准、教科书等形式加以筛选、组织和编排,是教学内容设计的重要依据。从课程内容、教材内容到教学内容的转化,需要授课教师或教师教研团队根据实际情况来开发和设计。其次,对于教学内容的选择,课程标准是最主要的依据,然后是学情和师资情况,此外还涉及学校的资源和条件。教师在设计教学内容时,应根据教学实际所需,将课程内容、教材内容转化为课堂教学内容,并设计相关的教学任务、练习手段和学习活动等,其中最大的难度是资源支持。而结构化内容体系就是这样一个教学资源库,需要学科专家、骨干教师、教研员等多方力量协同打造。

选择教学内容的关键是怎样把那些隐性的教材内容、教学内容显性化。因为作为知识层面的显性内容,技术、战术、体能比较好选择,但是隐性内容如情感、态度、价值观等怎样在教学中进行转化并加以落实就是难点。结构化教学内容的选择策略涉及教学目标、学生需求、教材、教学方法等多个因素。以下是一些选择策略的建议。

第一,明确课程的学习目标和教育标准。

教学内容应与这些目标和标准相一致,确保学生获得所需的知识和技能。

第二,选择合适的学材和资源。

这些学材可以是教科书、在线资源、多媒体内容。应识别核心概念和关键内容,其中核心内容构成了课程的基础;同时,要确保核心概念在教学中得到充分的关注和解释。

第三,选择与学生的现实生活和经验相关的内容。

将教学内容与实际生活或实际应用联系起来,以增加学生学习的实用性和吸引力。

第四,将教学内容分解成小的模块或主题。

将教学内容进行分解,使之更容易组织和传授。每个分解模块都应该有清晰的结构和逻辑。

第五,确定教学内容的顺序。

将教学内容按照逻辑和难度逐步推进,有助于学生提高掌握知识的连贯性和深度。

第六,采用多样化的教学方法。

可以采用讲座、小组讨论、案例分析、实验等形式,以满足不同学习风格学生的需求。在教学过程中进行评估,以确保学生理解和掌握了教学内容。此外,要及时提供反馈,帮助学生改进。

案例1 篮球专项课程内容选择设计

以篮球课程第一单元为例,研究者根据所教授学生的实际情况,选择了相对基础的篮球内容配置在单元中,包括运球技术、传接球技术、投篮技术、突破技术、个人防守技术。在选择单元教学内容时,也应分析教学内容的学习难度,以及场地条件、体育课的课时安排等情况。有些学校篮球课教学中有两片篮球场,有些学校只有一片篮球场;有些学校在高二年级开设体育专项课,有些学校则在高一年级开设;等等。另外,需要说明,表1中的单元内容设计并不是唯一的,如果学生的实际篮球水平较高,可相应地进行调整。特别是教授篮球基础较好的班级时,基本的运球、传接球等练习内容可适当减少,而关于篮球战术方面的教学可以相对提前。

表 1　篮球专项课程第一单元内容设计

学习进程	课时	内容主题	学习进程	课时	内容主题
JS1 运球技术	1	JS1-1 原地运球	JS5 突破技术	10	JS5-1-1 同侧步突破
	2	JS1-2 行进间运球		11	JS5-1-2 交叉步突破
	3	JS1-3 运球组合		12	JS5-1-3 持球突破组合
JS2 传接球技术	4	JS2-1 原地传接球		13	JS5-2-1 运球推进急停急起突破
	5	JS2-2 行进间传接球		14	JS5-2-2 运球变向突破
	6	JS2-3 传接球组合	JS6 个人防守技术	15	JS6-1 防守移动脚步
JS3 投篮技术	7	JS3-1 原地投篮		16	JS6-2-1 防外线队员选位
	8	JS3-2 行进间投篮		17	JS6-2-2 防内线队员选位
	9	JS3-3 投篮组合		18	第一单元测试

案例 2　体能内容的结构化设计

以篮球持球突破技术为例。首先,依据学生情况、持球突破技术特点,制订单元学习目标,确定课时内容主题;其次,依据学习目标与内容主题配置一般体能、专项体能;最后,将选择编码的体能内容配置到合适的课时中。通过以上三步的结构化设计,可以起到如下作用:第一,可以使课时的体能内容与学习目标、专项技术之间产生紧密的联系;第二,课时中体能内容的配置也能起到具有专门针对性的效果,如有的体能内容是专门为了提升专项能力的,有的体能内容是起补偿性作用的。

第一,体能内容的设计流程。

对持球突破技术体能内容进行结构化设计,主要包括五个环节:持球突破技术剖析与学情分析→制订单元运动能力维度学习目标→确定课时内容主题→制订课时体能学习目标→选择体能内容编码与配置课时体能内容。

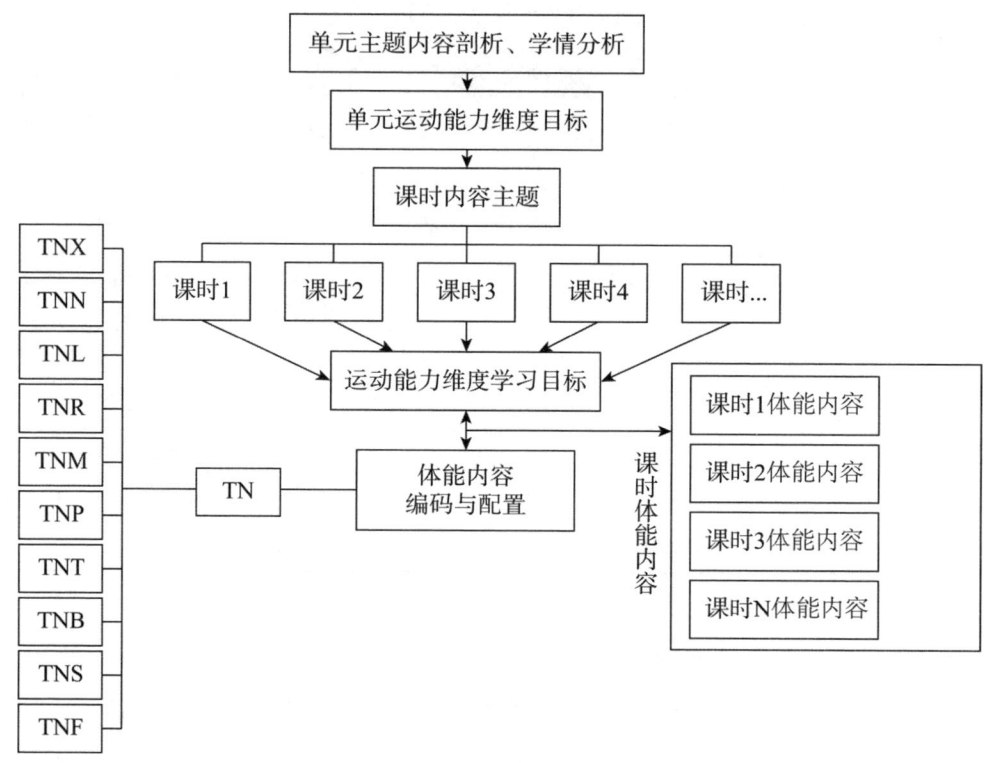

图 1 设计流程

第二,持球突破技术剖析与学情分析。

持球突破技术动作由熟练地支配球、假动作吸引、脚步动作、转体探肩、推放球加速五个环节组成。在突破时,屈膝降低重心并前倾上体,使重心前移,同时脚步动作配合,朝突破方向的反方向积极有力地蹬地,以便能达到迅速启动、摆脱对手防守的效果。突破时跨出的第一步要大,抢占有利的超越位置,但以不影响前进速度为宜。跨出的脚要落在紧靠对手的侧面,脚尖向着突破方向,以便第二步蹬地加速,突破防守。上述五个环节紧密衔接,相辅相成。持球突破技术主要由同侧步突破技术与交叉步组成。

持球突破技术对于高一专项课学生而言,是学习篮球基本技能的一次跨越。篮球专项课程学习之初的大部分内容以练习篮球基本技术为主,如运球、传球、投篮等。学习持球技术时,学生需要综合利用身体素质与持球技巧,从而掌握此项技术。相较于过去单一技术的掌握,持球技术需要学生掌握多个技术动作要领。在认知层面,学生需要明白持球突破技术的关键词,如交叉步、同侧步、中枢脚、转体探肩等;在技能层面,教师需要根据技术难点安排相应的辅助练习,循序渐进、分层指导,并且根据学生学习的情况给予及时的反馈;在体能层面,高一学生的体能水平处于全面提高阶段,力量、速度、灵敏、协调等身体素质均需要持续提高。

第三,持球突破单元运动能力维度的目标。

能够分析持球突破技术的要领和运用效果;掌握正确的持球突破技术,在比赛中灵活运用,并能与其他篮球技术组合运用;在持球突破技术与体能练习过程中,不断增强变向能力、突破速度、下肢力量与爆发力,同时全面提升力量、速度、协调与灵敏等体能水平。

第四,课时内容主题。

持球突破技术单元一般设置5课时。第1、2课时的内容主题为同侧步突破技术、交叉步突破技术,主要以教授这两项技术为主;第3课时以对前两节课所学内容的复习与巩固为主,并练习假动作+持球突破组合;第4课时是在继续练习假动作+持球突破组合的基础上,学习持球突破与其他技术在比赛中的组合运用;第5课时主要是对持球突破技术单元学习的测评。

表1 持球突破技术单元内容主题

课时	内容主题
1	同侧步突破技术
2	交叉步突破技术
3	复习同侧步突破、交叉步突破技术
4	持球突破技术组合
5	持球突破技术测评

第五,课时运动能力维度(体能)的目标。

课时内容主题确立后,需要先制订课时运动能力维度(体能)的学习目标,然后设计课时体能内容,这样可以使所设计的体能内容更加具有指向性。

表 2　课时运动能力维度(体能)目标

课时	内容主题	运动能力维度(体能)目标
1	同侧步突破技术	发展反应与移动速度、爆发力、协调等体能水平;通过同侧步练习,提升专项协调与移动能力
2	交叉步突破技术	发展耐力、爆发力、柔韧等体能水平;通过同侧步、交叉步脚步练习,进一步提升协调性与移动能力,在双人仰卧卷腹传接球过程中提升核心力量
3	复习同侧步突破、交叉步突破技术	综合提升协调、力量、柔韧等体能水平;通过综合性脚步练习,提高专项脚步移动能力
4	持球突破技术组合	持续发展速度、力量、柔韧等体能水平;通过体能循环练习,提升身体爆发力等素质
5	持球突破技术测评	通过定圈跑、折返跑练习,提升心肺耐力等体能水平,同时不断发展协调、柔韧等身体素质

第六,课时体能内容编码与配置。

课时体能内容编码与配置环节是体能内容有效设计的重要一环。在确定课时内容主题与运动能力维度(体能)目标后,就需要对课时中的体能内容进行设计。由于体能内容繁多,因此可以先将认为合适的体能内容进行分类汇总,对课时中一般体能、专项体能的所有练习都进行编码。如表3所示,在耐力方面,配置折返跑、变速跑;在力量方面,配置俯卧撑、仰卧传球、靠墙坐;等等。

表 3　课时体能内容编码

课时	体能类别	具体内容
课时1	TNT	TNT1-12 连续深蹲跳
	TNT	TNT1-17 变速变向跑
	TNS	TNS1-3-2 碎步起跑
	TNR	TNR1-8 体前屈
	TNB	TNB2-14 阻力带L形移动
课时2	TNX	TNX1-2-1 10米折返跑
	TNB	TNB2-18 连续起跳摸篮板
	TNR	TNR1-11 双人坐姿V形前伸

(续表)

课时	体能类别	具体内容
课时 2	TNT	TNT2-8 同侧步移动
		TNT2-9 交叉步移动
	TNL	TNL2-1-3 仰卧传球
课时 3	TNT	TNT1-14 绳梯单脚进、双脚出
	TNL	TNL1-1-1 俯卧撑
	TNR	TNR2-5 手足爬行
		TNR1-16 跪姿脚背支撑
	TNX	TNX2-1-2 综合性脚步练习
	TNB	TNB1-28 连续跳箱
课时 4	TNS	TNS1-1-3 听信号六角移动练习
		TNS1-3-10 阻力带跑
	TNL	TNL1-3-3 靠墙坐
		TNL1-3-12 俯卧两头起
	TNR	TNR1-13 坐姿腘绳肌肌腱拉伸
	TNB	TNB1-4 滑冰步跳
		TNB2-11 跳转大力传球
课时 5	TNX	TNX1-1-1 1000 米定时跑
		TNX2-2-2 15 米×17 折返跑
	TNR	TNR1-3 双手反交叉上举拉伸
		TNR1-5 双人扶肩
	TNT	TNT1-15 提膝顶肘

二、教学方法的选择策略

结构化教学方法是根据结构化教学内容来选择的,不同的教学内容采用不同的教学方法来演绎和传递。在体育教学中,我们不仅要考虑所安排的教学内容是否合理,还应思考运用何种教学方法以达成效果,常用的教学方法如表 5-12 所示。

表 5-12　比较常用的体育教学方法分类①

以语言传递信息为主的体育教学方法	以直接感知为主的体育教学方法	以身体练习为主的体育教学方法	以比赛活动为主的体育教学方法	以探究性活动为主的体育教学方法
◆ 讲解法 ◆ 问答法 ◆ 讨论法	◆ 示范法 ◆ 演示法 ◆ 保护与帮助法	◆ 分解练习法 ◆ 完整练习法 ◆ 循环练习法	◆ 游戏法 ◆ 比赛法 ◆ 情景法	◆ 发现法 ◆ 问题探究法 ◆ 小群体学习法

结构主义课程论者强调,教学要采用一种最能使学习者有效掌握学科结构的方法,即发现学习和探究学习。布鲁纳认为,发现学习就是把现象重新组织或转化;探究学习就是为儿童提供真实的问题情境,通过探究事物、现象和观点而自主地获得知识并形成技能和探究态度的过程。这样通过自主发现和探究,学生可以超越现象进行组合,从而丰富知识结构。结构化教学方法是一种有组织、系统化的教学方式,有助于学生更好地理解和掌握教学内容,同时也可以帮助教师更有效地组织和传递教学内容。以下是一些使用结构化教学方法的策略。

第一,明确教学目标。

在教学前,要明确想要学生达到什么样的知识和技能水平,这些目标应该是具体的、可测量的、与学生需求相关的。

第二,将教学内容分解为小的模块或主题。

这样可以使教学内容更容易组织和传授。每个模块都应该有清晰的结构和逻辑,从简单到复杂,从基础到高级。

第三,确定教学内容的顺序。

要确保教学内容按照逻辑和难度逐步推进,这有助于学生提高掌握知识的连贯性和深度。

第四,根据选择的教学内容匹配合适的结构化教学方法。

教学方法应该与教学目标和内容一致,可以结合讲座、小组合作、实践活动等不同的方法,以满足不同学生的学习需求,并提供给学生所需的信息和练习。

第五,制订详细的教学计划。

---

① 毛振明.体育教学论[M].3 版.北京:高等教育出版社,2017.

教学计划包括每个课时的内容、教学方法和时间分配。详细的教学计划有助于确保教学过程有组织和高效。

第六,注重培养学生的批判性思维能力。

鼓励学生提出问题、思考问题,并探索解决问题的方法。使用提问、讨论和解决问题等方法来激发学生思考和参与,有助于学生更深入地理解教学内容。

案例3 基本知识内容结构化设计课例

篮球策应配合+来自《新课标》必修选学中"球类运动"篮球模块中的教学内容,是篮球进攻基础战术配合单元中的第12课时。首先,围绕课时主题"策应配合+",本节课的技战术内容配置如图1所示,在准备部分有四项内容,在基本部分主要有六项内容,在结束部分有一项内容。

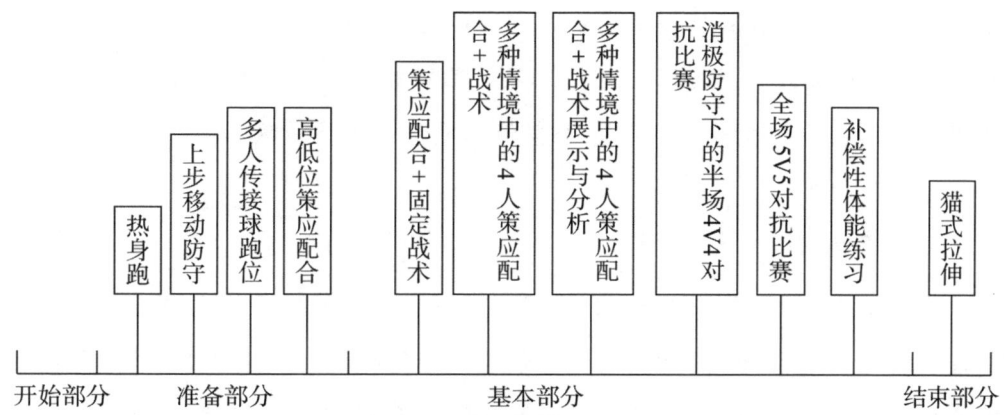

图1 课时技战术内容结构化设计

在建立课时技战术内容结构后,应结构化配置知识内容,这是一个长期被忽视的领域。接下来将按开始部分→准备部分→基本部分→结束部分,依次搭配知识内容。

1. 开始部分

开始部分未安排技战术内容,时间为2分钟,主要起学习内容引入与回顾的作用。此部分知识内容有策应配合组合的概念、策应配合组合的要领与连接、策应配合运用时的问题等,教学策略为讲解法。

2. 准备部分

准备部分共安排四项准备活动内容。由于学生在先前的课时中对四项内容已有练习,并且了解了基本要领与练习方法,因此教师在知识讲解方面主要聚焦活动的注意点。如上步移动时,要求防守脚步积极、重心降低;多人传接球跑位时,要求反应迅速。

3. 基本部分

基本部分是一节课的主干部分,所以应考虑得更加周详。基本部分的第一项内容为视频分析,教师通过视频分析与讲解的方式讲授策应者持球后在进攻中的应变处理,同时分析传切配合与策应配合的区别;练习策应配合＋固定战术前,学生需要掌握策应配合＋固定战术的概念与基本要领;在多种情境中的4人策应配合＋战术的任务练习与展示练习中,学生需要了解任务内容、练习方法,在任务操练中提升自身的元认知水平;而在后续的半场与全场对抗性比赛中,教师需要强化学生运用知识的要领;补偿性体能练习主要是教师对于练习方法的讲解与示范。

4. 结束部分

对于结束部分的猫式拉伸,教师主要讲解与示范练习动作;而在课堂评价与总结过程中,教师主要强化学生对于本节课知识的理解以及迁移,通过对策应配合组合的总结与交流,进一步促进学生对于策应配合组合的理解与运用。

表 1　课时基本知识与教学方法结构

	基本知识(F 事实性知识、C 概念性知识、P 程序性知识、M 元认知)		教学方法
	技战术内容	知识内容	
开始部分		F1:策应配合组合的基本要领 F2:策应配合组合的特点与连接 F3:策应配合运用时的实际问题	1. 讲解法 2. 问答法
准备部分	1. 热身跑 2. 上步移动防守 3. 多人传接球跑位 4. 高低位策应配合	F1:热身跑的练习要求 F2:上步移动防守的练习要求 F3:多人传接球跑位的练习要求 F4:高低位策应配合的练习要求	1. 讲解法 2. 演示法 3. 循环法

(续表)

基本知识(F 事实性知识、C 概念性知识、P 程序性知识、M 元认知)		教学方法
技战术内容	知识内容	
基本部分		
1. 视频分析与对比	C1:策应配合的情境运用特点 C2:策应配合组合的概念	1. 讲解法 2. 演示法
2. 策应配合＋固定战术	P1:策应配合＋传切配合练习方法 P2:策应配合＋掩护配合练习方法 P3:策应配合＋突分配合练习方法	1. 示范法 2. 完整练习法
3. 多种情境中的4人策应配合＋战术 4. 多种情境中的4人策应配合＋战术展示与分析	P1:多种情境中4人策应配合＋战术运用 M1:多种情境中小组策应配合＋战术运用对比与反思	1. 讲解法 2. 问题探究法 3. 讨论法 4. 发现法
5. 消极防守下的半场4V4对抗比赛 6. 全场5V5对抗比赛	F1:半场4V4、全场5V5比赛规则 P1:半场4V4、全场5V5比赛方法	1. 比赛法 2. 情景法
7. 补偿性体能练习	P1:抗阻前进跑、抗阻后撤步练习方法	1. 完整练习法
结束部分		
1. 猫式拉伸	P1:猫式拉伸的练习方法	1. 示范法
2. 讲评与互评	M1:个人策应配合＋的学习情况的总结与反思	1. 问答法 2. 讨论法
3. 知识迁移	C1:策应配合＋的运用迁移	

三、教学情境的创设策略

体育教学情境不是自然产生的,而是由体育教师创设的。体育结构化教学情境是培养学生运动能力和优秀品格的台阶。体育教师要善于利用音乐、视频、游戏、比赛、特定的体育场地和器材设备,创设由简单到复杂、由单一到多元的结构化运动教学情境。如从无对抗练习到弱对抗练习,再到强对抗练习;从双人学练到多人学练,再到全队配合学练;从个人战术到局部战术,再到全队战术;等等。通过改变运动时间、空间、人数、角色等要素,设计贴近生活和真实运动情境的组合技术动作进行学练,促进学生在结构化情境中不断提升适应能力,创造新的运动方式和形式,最终实现以学生为中心的教学方式的转变。创设结构化教学情境就是为学生提供有针对性、实际性的学习环境。以下是一些创设结构化教学情境的策略。

第一,将课程内容置于学生熟悉的现实生活场景中。

选择与课程内容相关的真实案例或情境,让学生能够将所学知识应用到实际问题中,这有助于培养学生的问题解决能力。

第二,创造虚拟情境或模拟体验。

让学生亲身体验特定运动情境,例如比快、比准,打关键球等,这有助于学生更深入地理解概念。

第三,要求学生扮演特定角色。

例如,学生可以根据身体条件和技能掌握情况自主选择场上的角色位置,有的扮演组织后卫,有的扮演小前锋,有的扮演中锋,等等。学生通过对学习机会和内容的选择,明确个人在集体中承担的责任,树立团队协作意识,培养沟通、合作和领导能力。

第四,提供引导性问题或任务。

通过问题或任务让学生自主探究和发现知识,从而激发他们的好奇心和求知欲。通过设计各种专门性技战术比赛,鼓励学生积极参与,培养他们的竞争意识和创新能力。

第五,将不同学科领域的知识融合到一个情境中。

让学生理解知识的综合性和交叉影响;提供复杂的问题解决任务,要求学生分析、规划和执行解决方案,从而培养学生的批判性思维和决策能力。

第六,根据学生的兴趣和学习风格,定制个性化的情境。

在情境中提供及时的反馈,引导学生朝着预期目标前进,并根据学生的表现进行情境的调整和优化。

案例4 "决战14秒"

为了提升高中生在实战对抗中的篮球水平,需要增设附加条件,创设情境。篮球技能较为熟练的学生在实战中未必能发挥出应有的水平,其原因在于他们所掌握的技能并不能在情境的变化下随机应变。篮球技能的掌握是基础,而在实战比赛中考验的是多方面的素质,如对抗下的心理素质、大局观等。

"决战14秒"的情境为:奥运会篮球决赛,中国队落后1分,还有全场最后一次进攻机会。暂停后,中场发球。规则要求进攻方在最后5秒内完成投篮,防守方不允许战术犯规。一名学生担任比赛解说员,其他学生呐喊比赛倒计时。现场配置专门的音乐伴奏、电子记分屏幕。

"决战14秒"被设置在"1-3-1落位进攻2-3区域联防"一课中,教授对象为高三男生篮球专项班。安排好"决战14秒"各环节后,裁判哨音响起,比赛正式开始。进攻方正式进攻,利用了两次无球掩护战术,但未形成投篮的机会,时间在一点一点流逝。最后还有3秒左右的时间时,球被传至孙同学手中,他利用身前同学的掩护以及防守队员上前的时间差,压哨投出了最后一球,此时全场的学生与观课教师似乎都融入这一情景中。"压哨,球进!"孙同学所在的进攻方队员拥抱在一起,场下的"观众们"振臂高呼。

"决战14秒"的场景设计、官方暂停、比分牌和蜂鸣器的使用将学生直接带入紧张、激烈、扣人心弦的决赛现场,充分调动起学生的集体荣誉感和对胜利的渴望,使学生深刻地感受到学以致用的魅力和团队合作、坚持到底的意义。

案例5 篮球情境任务设计

针对篮球战术方面的教学,创设情境,配置学习任务有三项优势:第一,解决了学生个体之间的能力差异问题,学生为了完成同一任务而尝试合作;第二,在篮球任务设计过程中,培养学生的高阶思维;第三,提升了学生的篮球实战水平。创设的篮球情境是对真实比赛的还原,经过篮球情境任务的训练后,学生在面临相似实战情境时,就能快速选择最为合适的配合战术。

在任务A与任务B中,学生在形成学习小组之后,还应在组长的带领下承担进攻角色任务。任务A共设置三项情境任务,学生小组需合力设计四种不同的进攻配合战术。任务B共设置四项情境任务,区域参与的人数较多。相对来说,进攻区域联防战术的演练比较适合高三年级的学生,主要原因在于他们已经具备一定的篮球技术水平与战术意识、战术配合能力。在任务A与任务B的情境中,主要为对位防守。如果学生的篮球战术水平较高,也可创设更加具有难度的情境任务,让学生接受更高层次的挑战。

任务A:"突分配合"3人进攻情境任务。(见图1)

1. 请根据图中3人进攻位置（1、2、3号位），设计3种不同的进攻配合战术；
2. 请根据图中3人进攻位置（2、3、4号位），设计3种不同的进攻配合战术；
3. 请根据图中3人进攻位置（3、4、5号位），设计3种不同的进攻配合战术；
4. 请根据图中3人进攻位置（1、2、5号位），设计3种不同的进攻配合战术。

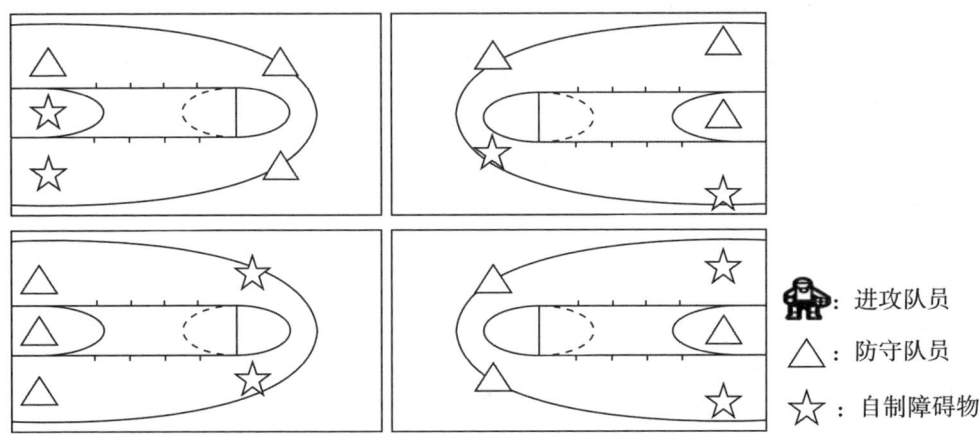

图1　3人进攻情境任务

任务B："2-1-2落位进攻2-3区域联防战术"4人进攻情境任务。（见图2）

1. 请根据图中4人进攻位置（1、2、3、5号位），设计3种不同的进攻配合战术；
2. 请根据图中4人进攻位置（1、3、4、5号位），设计3种不同的进攻配合战术；
3. 请根据图中4人进攻位置（1、2、3、4号位），设计3种不同的进攻配合战术。

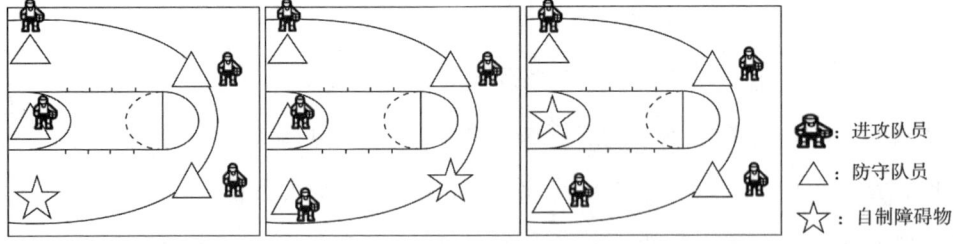

图2　4人进攻情境任务

四、教学过程的组织策略

当前，学校体育教育改革的重点是"教会、勤练、常赛"，体育课堂实施"教、学、练、赛、评"五维一体的结构化教学,通过相对稳定的五个教学环节的设定,将结构化教学中教的内容、学的内容、练的内容、赛的内容和评的内容有机渗透于体育课堂教学的全过程。教师和学生可以共同通过目标设定和需求分析,选择合适的结构化内容,形成个性化的学练方案,推动体育课程结构化教学的深入实践和改革发展。

从根本意义上讲,结构化重组教学针对的是碎片化教学,是对"碎片化"的一种否定和进化。体育课堂实施结构化重组教学,不仅是指知识和技能的内容结构化重组,而且是指"教、学、练、赛、评"五个环节教学过程的结构化重组。因此,明确"教、学、练、赛、评"五者之间的关系,是认识、理解和把握体育课堂结构化重组教学的前提条件。从学习角度说,教是前提,学是基础,练是提高,赛是运用,评是对"教、学、练、赛"的反馈。通过全面、有针对性的评价,优化、完善"教"的内容,形成循环往复的教学内部闭环,在"教、学、练、赛、评"逐级递进的顺序结构的作用下,激活并唤醒学生的主体意识,共同构建起学生知识和技能的整体结构,使体育课堂因结构化重组教学而充满活力、生命力、凝聚力和挑战力,进而在整体学习和整体构建中培养具有学科核心素养的人。组织结构化教学过程是确保教学顺利进行的关键。以下是一些组织结构化教学过程的策略。

第一,在教学开始前,制订详细的课程计划。

课程计划包括每堂课的目标、内容、教学方法、时间分配等,这有助于确保教学有条不紊地进行。

第二,在每堂课开始时,明确传达当堂课的学习目标。

明确学习目标,可以让学生知道他们将学习什么。

第三,将课堂分为教、学、练、赛、评五个阶段。

比如,将学、练、赛分为基础性学练、组合性学练、比赛性学练,这样安排教学过程可以帮助学生逐步构建知识技能体系,同时加强记忆和理解。

第四,在教学计划中合理分配时间。

合理分配时间,可以确保每个阶段都有足够的时间进行,避免时间过长或过短导致课堂失衡。

第五,关注每个学生的学习需求和进步。

注重每个学生的真实需求,必要时提供额外支持或挑战。

第六,在适当的时间进行形成性评估。

了解学生的理解程度,并提供及时反馈,这样可以帮助调整教学策略和内容。安排适当的课后作业,帮助学生巩固所学内容,并为下堂课做准备。

第七,在教学结束后,反思教学过程,评估效果。

根据学生反馈的情况,通过反思总结,优化下一次的教学过程。

案例6 泛化→分化→巩固→自动化教学过程结构

著名生理学家巴甫洛夫依据运动技能学习的生理特点,将运动技能形成与发展的过程划分为泛化、分化、巩固、自动化四个阶段。[①] 以篮球运球技术为例,在泛化阶段:学生对运球技术往往是一种感知认识,容易出现运球不协调、不熟练等现象。学生通过模仿教师示范或参考教材,逐步掌握运球技术及其组合。在分化阶段:学生通过不断地模仿练习,逐渐理解练习动作的内在规律,运球的错误动作得到纠正,能比较顺利、连贯地完成各种运球动作。在巩固阶段:学生通过进一步的练习,运球技术动作定型并得以巩固,能够比较熟练、准确地运用各种篮球运球技术。在自动化阶段:学生可以在无意识情况下完成各类运球技术。但运球技术达到自动化阶段后,学生仍需要不断检查动作质量,精益求精。

案例7 篮球战术课的教学过程结构重构

如果采用篮球技术的教学过程去教授篮球战术,则会产生几方面的问题与不足:第一,整体的课堂教学不能满足学生能力的差异性,由于课堂教学是统一的,因此部分能力强、水平高的学生将受到束缚;第二,无法体现学生的主体性,课堂教学以教师的"教"为主,学生大部分时间主要是完成辅助教师的练习;第三,角色学习被忽视,学生无权选择合适的篮球位置,导致自身的优势无法充分发挥;第四,学生的篮球思维发展受到限制,在练习中更多是训练"知道""了解""运用"等一般思维,而并不是在具体情境中提升"分析""评价""创造"等高阶思维。

---

① 王瑞元,孙飙.运动生理学[M].6版.北京:人民体育出版社,2022.

我们基于篮球战术的教学经验与学生学情,构建了篮球战术新型教学过程:课前预学→视频先导→情境任务→角色学习→实战反馈→体能菜单。在此以课时内容主题篮球"1-3-1落位进攻2-3区域联防战术"(简称"进攻'2-3'区域联防战术")进行具体的教学实践,该内容属于高三年级篮球专项教学内容。

1. 课前预学

要打破联防的阵式取得胜利,进攻队员需要在局部身临不同情境时,将先前所学的单个基本技能(运、传、投)和组合而成的基本进攻战术(传切、突分、策应、掩护等)进行有效运用;同时,团队、同伴间要形成良好的默契意识。

2. 视频先导:认知平衡

教师在课前剪辑CBA或NBA篮球比赛中进攻"2-3"区域联防战术片段,制作成教学视频,利用课前的3~5分钟进行播放。学生在正式上课前通过观看视频提升对进攻"2-3"区域联防战术的认知,同时也使得学生之间的认知水平逐渐趋近。

3. 情境任务:合作解锁

学习篮球战术的核心价值在于使学习者能根据环境的不断变化做出反应,调整自己的进攻战术,完成高效进攻。结构化的进攻战术组合是应对防守情境变化的有效武器。创设区域进攻情境,让学生利用教师课前提供的多样化进攻手段("武器库"),在多种情境中分析、选择与演练进攻战术;通过设置进攻与防守人数、进攻位置、进攻区域,逐渐提升学生的进攻战术运用能力;最后,通过实战检验团队配合能力与战术执行能力,充分激发学生的主体参与性,促进自主学习能力的提升。

分别创设3人与4人的区域进攻情境,学生以小组形式在对位防守的情境中,通过战术配合的演练至少创造3种区域进攻战术。

4. 角色学习:机会与内容的选择

尊重个体差异和独特性是促进学生发展的先决条件。学生小组根据身体条件和技能掌握情况进行自主选择,设定进攻区域联防时的角色位置,开展分工明确的针对性进攻战术演练。以组1为例,在3人进攻区域联防情境中,有的学生扮演组织后卫(1号位),有的学生扮演小前锋(3号位),有的学生扮演中锋(5号位)。通过对学习机会和内容的选择,明确个人在集体中承担的责任,树立团队协作意识。这样既有利于接近真实情境的学练,又能够发挥个人特长,有效帮助学生建立自信心,促进学生主动参与课堂体育学习。

表1　多种情境中3人进攻配合组

	学生A进攻位置	学生B进攻位置	学生C进攻位置
组1	3、4号位	1、2号位	4、5号位
	学生D进攻位置	学生E进攻位置	学生F进攻位置
	1、2号位	2、3号位	3、4号位

5. 实战反馈:比赛与评价的运用

从多种情境中的区域3人进攻战术练习,到4人进攻战术练习,直至5V5实战比赛,课堂教学的宗旨就是在对抗与比赛的真实情境中学练,逐步提升进攻战术的实战能力。比赛是体育的灵魂,也是检验学习效果的最佳手段。"决战14秒"的场景设计、官方暂停、比分牌和蜂鸣器的使用将学生直接带入紧张、激烈、扣人心弦的决赛现场,而且专门配置现场比赛音乐,充分锻炼了学生关键时刻的比赛能力和心理素质。

6. 体能菜单:精准与补偿的训练

体能练习的常见组织方式有集体练习、分组练习、循环练习。本节课的体能练习基于个性化教学理念,以学生的实际情况为基础,尝试设置多种类型的体能练习内容,为学生提供可选择的体能菜单。体能菜单包括:俄罗斯转体F1、俯卧脚撑球F2、六角折返跑F3、六边形步伐训练F4、抗阻移动F5、阻力带移动F6、绳梯训练F7、连续跳跃练习F8、换腿跳箱练习F9、健身药球练习F10。学生至少选择3项适合自身的体能练习内容,在规定位置上、规定时间内自主练习。教师进行巡回指导。

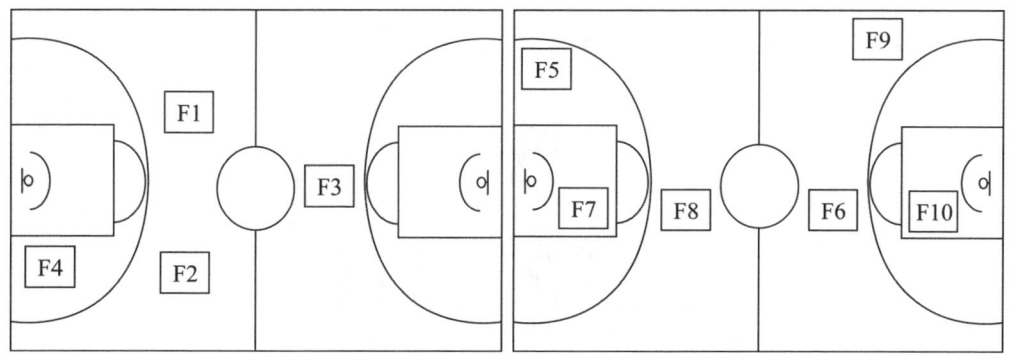

图 1　体能练习内容场地布置图

第三节　篮球课程结构化重组教学的实践成效

为了促进本课题研究的顺利开展,印证结构化教学的实践效果,课题组以上海市静安区 6 所高中学校为教学测试点,即华东模范中学、新中高级中学、民立中学、市西中学、彭浦中学、市北中学。每所学校高一、高二、高三年级分别选取两个自然班,其中一个为实验班,另一个为对照班,两个班的学生相差不超过 5 人。实验班采用结构化教学模式,运用课题组提供的结构化重组数字工具进行备课。对照班按照传统教学模式进行授课,前后测通过多个维度进行数据的分析比较。实验干预时间段为一学年,从 2022 年 9 月到 2023 年 9 月。同时,对静安区高中篮球专项教师与学生进行问卷调查,进一步了解结构化重组数字工具运用后的篮球专项课程教学效果。

一、实验班体育教学质量稳步提升

(一) 学生体质健康标准测试成绩逐步提高

1. 摸高高度提升明显

测试数据显示,实验班前后测 T 检验 P 值为 0.006,小于 0.01,具有显著性差异,摸高高度提升明显;而对照班前后测 T 检验 P 值为 0.05,虽然摸高高度也有一定的提升,但是并不明显。

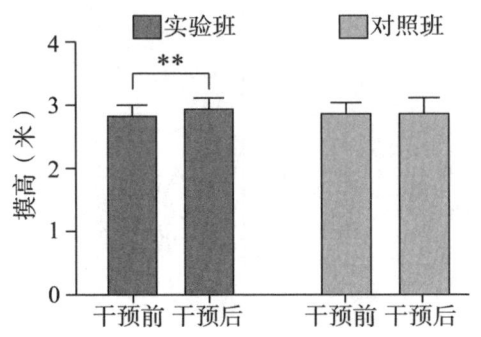

图 5-2　实验班、对照班摸高情况比较

2. 投掷远度提升明显

在篮球投掷远度的比较中,实验班前后测 T 检验 P 值为 0.02,而对照班 P 值为 0.782,说明实验班在投掷远度方面具有显著差异,而对照班则相对不明显。实验班学生后测相较于前测平均进步了 0.5 米。研究认为,实验班学生在结构化的教学中,相对可以学习到更多的篮球技战术内容,对身体的控制能力与反应能力有着一定的影响,特别是当身体离开地面转身 180°抛球时对方向的控制能力。实验班学生抛球时相对稳定,而对照班由于投掷方面能够迁移的篮球内容有限,制约了这方面的发展。

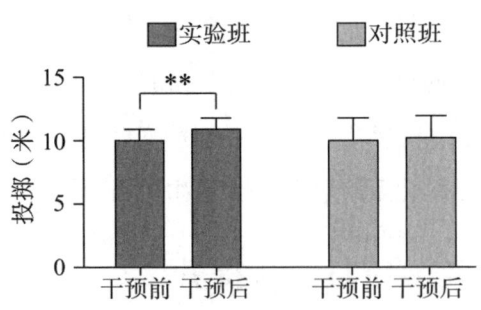

图 5-3　实验班、对照班投掷情况比较

3. 折返跑成绩有一定提升,但相对不明显

在心肺耐力方面,采用折返跑进行实验班与对照班的前后测比较。测试数据显示,实验班前后测 T 检验 P 值为 0.117,对照班 P 值为 0.925,均未有显著差异。但相比较而言,实验班的进步幅度更大,为 0.5 秒左右。

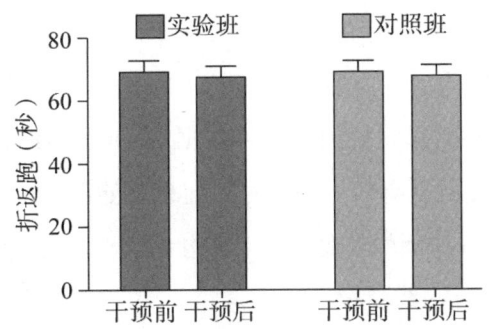

图 5-4　实验班、对照班折返跑情况比较

（二）研究前后测学生篮球综合能力的比较分析

测试篮球综合能力的表现需要从多个维度进行考量，包括运、传、投、移动等在实践中的运用水平。为了更加直观、有针对性地比较分析学生的篮球综合能力变化，课题组开发了全场综合运球测试系统，测试分为技能考评与综合考评。技能考评指学生完成测试过程中的任务所得分数的总和，而综合考评则是对学生测试过程中篮球技术表现的评价。同时，课题组也通过大数据的评估，制订了科学的测试标准。

1. 篮球技能水平提升明显

在全场综合测试中，实验班学生的整体测试结果明显强于对照班。实验班前后测 T 检验 P 值为 0.007，小于 0.01，具有显著性变化；而对照班前后测 T 检验 P 值为 0.03，虽然小于 0.05，有一定变化，但并不明显。

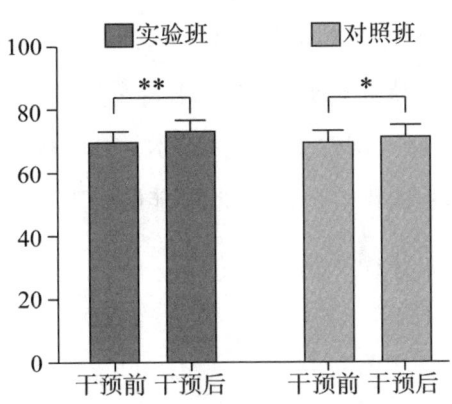

图 5-5　实验班、对照班篮球技能水平测试情况比较

2. 篮球技术表现水平变化显著

如图5-6所示,实验班与对照班前后测T检验P值均小于或等于0.01,其中实验班在篮球技能的展现方面更加优异。数据说明,虽然结构化教学相较于传统的篮球教学对学生的发展更有效、更有质量,但也不能说传统的教学没有效果或者方法不正确。总之,通过具体实践发现,结构化教学更能够促进学生提升学习效果。

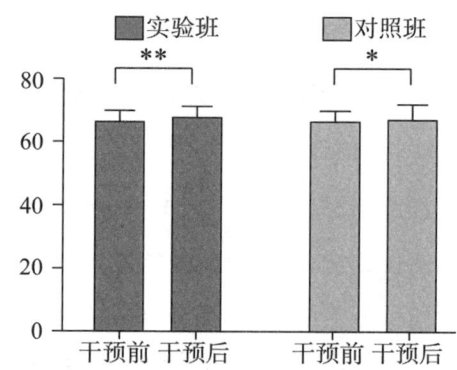

图5-6 实验班、对照班篮球技术表现评价情况比较

二、实验班学生篮球综合能力明显增强

(一)研究前后学生观念的比较分析

在篮球技能学习的调查中,我们以"单一技术学习""组合技术学习""无所谓"为选项对学生进行调查。结果显示,学生越来越喜欢几项单一技术组合授课的课堂教学模式。主要原因在于,课堂中以单一技术为主的教学方式较为枯燥,而通过归纳、设计,将单一技术结构化组合进行授课,能够解决某些核心问题,更容易激发学生学习篮球技能的主动性。

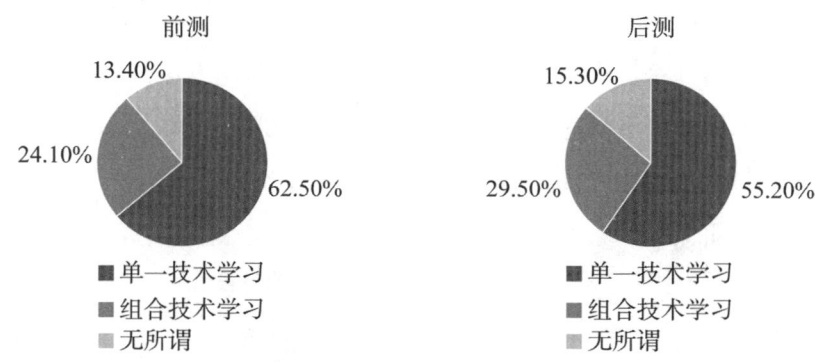

图 5-7 篮球技能学习情况前后测比较

（二）学生学习行为的调查

调查结果显示，有更多的学生能够在学习新的运动技术时运用先前所学的、与其相关的知识和技能或已有的学习经验。研究表明，教师在实施结构化教学的过程中，经常会分享给学生结构化学习的思路或经验，学生在学习时也会受此影响，从而转变学习习惯与策略。

图 5-8 学生学习前后测对比

三、实验班篮球教师教学能力逐步提高

（一）研究前后教师观念的比较分析

1. 结构化教学内容实施情况调查

调查显示，在教师运用结构化教学内容进行授课的比例方面，后测相较于前测明显提升。前测仅有 76.4% 的教师曾经运用结构化教学内容进行授课。究其原

因,很多体育教师在前测时虽然知道结构化教学,但并不清楚结构化教学的方法和手段,也没有见到过完整的篮球结构化内容体系。课题组开展体育课程结构化教学培训,展现篮球结构化内容体系,提供结构化重组数字工具,在这一过程中很多教师的教学观念逐渐发生变化,开始接受结构化教学的方法等。

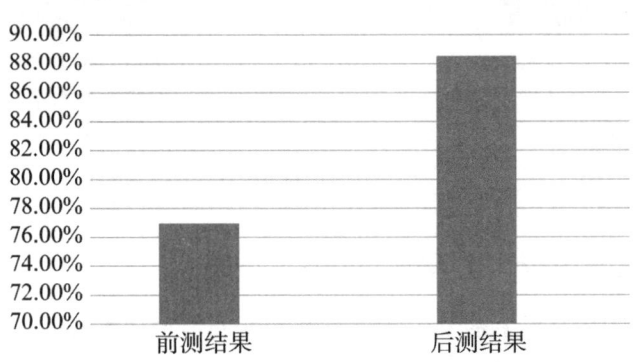

图5-9 结构化教学内容实施情况

2. 结构化教学的实施意愿

关于结构化教学实施意愿的调查显示,前后测差异并不明显,前测为93.3%,后测为95.5%,这说明绝大部分体育教师还是认为结构化教学是促进学生学习的有效策略。需要强调的是,在项目实施过程中,虽然后测相较于前测仅提升了2.2%,但教师对于结构化教学的理解程度显著加深。

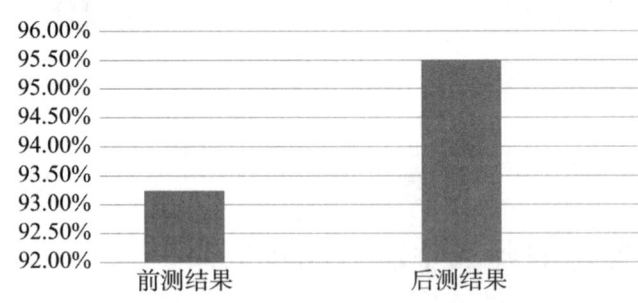

图5-10 结构化教学的实施意愿情况

(二)研究前后教师行为的比较分析

1. 结构化教学工具的使用情况

如图5-11所示,在前测中,仅有40.3%的教师使用过结构化教学工具。笔者认为,虽然关于体育教学结构化的理论较多,但关于结构化教学的辅助工具较少。后测显示,有85.1%的教师使用过结构化教学工具。主要原因在于,课题组将所开发的结构化教学工具进行了区域辐射,篮球专项课任课教师或多或少地运用结构化重组数字工具,或者运用课题组提供的结构化教学备课计划模板,查阅篮球结构化内容体系等。

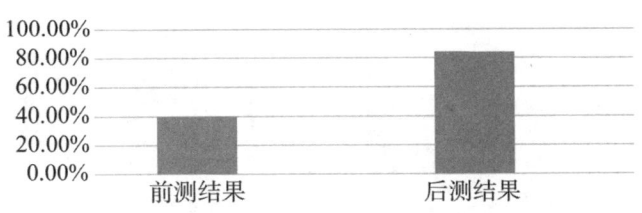

图5-11 结构化教学工具的使用情况

2. 教师课堂教学的指导情况

在学习完某项运动动作技术后,教师是否能够对学生所学的运动知识和技能进行归纳、总结与指导,直接影响学生的理解水平。调查显示,在实施结构化教学的过程中,教师在课堂中指导学生的频次发生了显著变化。在前测中有68.4%的教师经常指导学生,而在后测中则上升至84.5%。笔者认为,发生这一变化的关键在于结构化教学的特点。相较于以往的课堂教学备课,教师在实施结构化教学的过程中需要更加注重思考课堂中所配置内容的关联性、合理性,并且要通过这些有着相关性的活动促进学生快速理解。

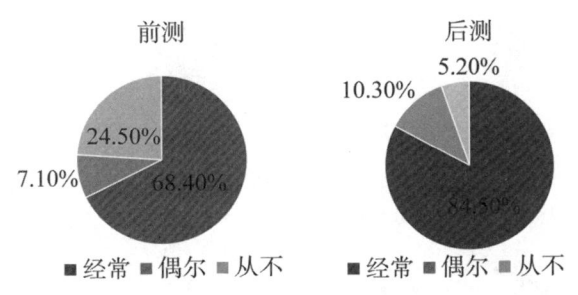

图5-12 教学指导频次

3. 实施结构化教学的现实困境

课题组在实施结构化教学的现实困境的调查中发现,教师在结构化教学策略、方法、工具及使用情况方面都有显著提高。但现实困境同样存在,例如教师在实施结构化教学时,课时中所配置的内容还需要考虑到学生的能力差异问题。有部分体育教师反馈,课题组所提供的结构化教学工具还需要一段时间的适应。场地条件也是实施结构化教学的障碍,有些学校受场地因素影响,所安排的练习活动无法开展。

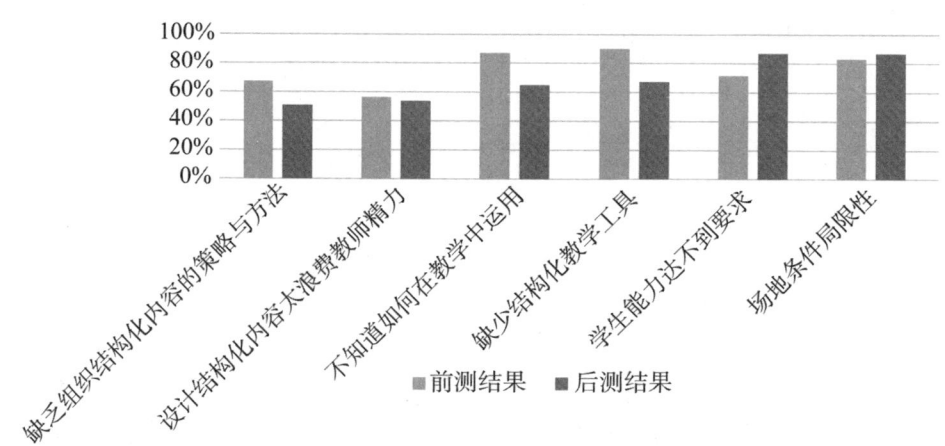

图 5-13　结构化教学困境

第六章 篮球课程结构化重组教学的数字工具

第一节 数字工具的设计框架

一、开发思路

随着数字化技术的发展,篮球课程教学内容结构化重组数字工具的开发与应用成为提高篮球教学效果的重要手段。以下就是数字工具开发的一些思路。

(一)确定教学目标和要求

自动教案生成系统需要能够识别并理解教师输入的教学目标和要求,其中包括学生应该掌握的技能、知识、能力等。

(二)分析教学内容

自动教案生成系统需要根据教学目标和要求分析教学内容,例如根据特定的学科领域或者教材生成合适的教案。

(三)推荐教学方法

自动教案生成系统可能需要了解不同的教学方法,并根据教学内容和学生能力推荐合适的方法。例如,可以推荐使用演示教学、任务驱动教学等方法。

(四)定制教案

根据上述步骤生成的教学目标和要求、教学内容以及教学方法,自动教案生成系统可以自动生成相应的教案,包括教学内容的呈现顺序、教学活动的安排等。

(五)提供评估方式和指标

自动教案生成系统还可以提供评估方式和指标,帮助教师更好地了解学生的学习情况。

在查阅大量的国内外文献以及通过 ChatGPT 进行大数据汇总后,我们未发现国内外有类似的自动生成系统,因此这项研究具有非凡的价值。

二、开发要点

我们采用 Foxtable 进行工具开发。Foxtable 是一个强大的、可扩展的、适合教育行业的软件开发平台,它提供了丰富的控件和功能,可以方便地创建各种教育应用。

在开发教学进度软件时,需要考虑以下几个方面:

(一)数据建模

需要设计一个合适的数据模型来存储和管理教学进度的相关信息,例如学生信息、课程信息、教师信息等。在 Foxtable 中,可以使用表格来定义和管理这些数据。

(二)用户界面设计

需要设计一个直观、易用的用户界面,以便用户方便地使用和操作该软件。在 Foxtable 中,可以使用内置的控件和布局管理器来创建各种界面元素。

(三)业务逻辑实现

需要编写一些业务逻辑代码来处理用户请求和数据操作,例如学生信息的增删改查、教师对学生的评分和评价等。在 Foxtable 中,可以使用内置的函数和表达式来完成这些操作。

(四)数据持久化

需要将用户界面与数据模型连接起来,以便用户在界面上轻松地完成数据操作。在 Foxtable 中,可以使用内置的数据源和数据绑定功能来实现这一目的。

(五)安全性

需要考虑如何保护用户数据的安全性,例如使用加密技术来保护用户密码等敏感信息。在 Foxtable 中,可以使用内置的安全机制来保护应用程序和数据。

总体来说,选择使用 Foxtable 开发教学进度软件可以快速地创建各种复杂的教育应用系统,无须编写大量的代码,而且它还提供了丰富的控件和功能来满足各种需求。

三、开发流程

篮球课程教学内容结构化重组数字工具的开发过程包括需求分析、功能设计、系统开发、测试与优化等环节。首先,通过对篮球课程教学内容的分析,明确数字工具的需求；其次，根据需求设计数字工具的功能；再次，进行系统开发，实现数字工具的功能；最后，对数字工具进行测试与优化，确保其性能稳定、操作简捷。篮球课程教学内容结构化重组数字工具基于开放的数字平台理念进行设计，随着使用次数的增多，会积累大量的教学数字资源，在不断的优化中实现升级迭代，从而更好地服务教学。

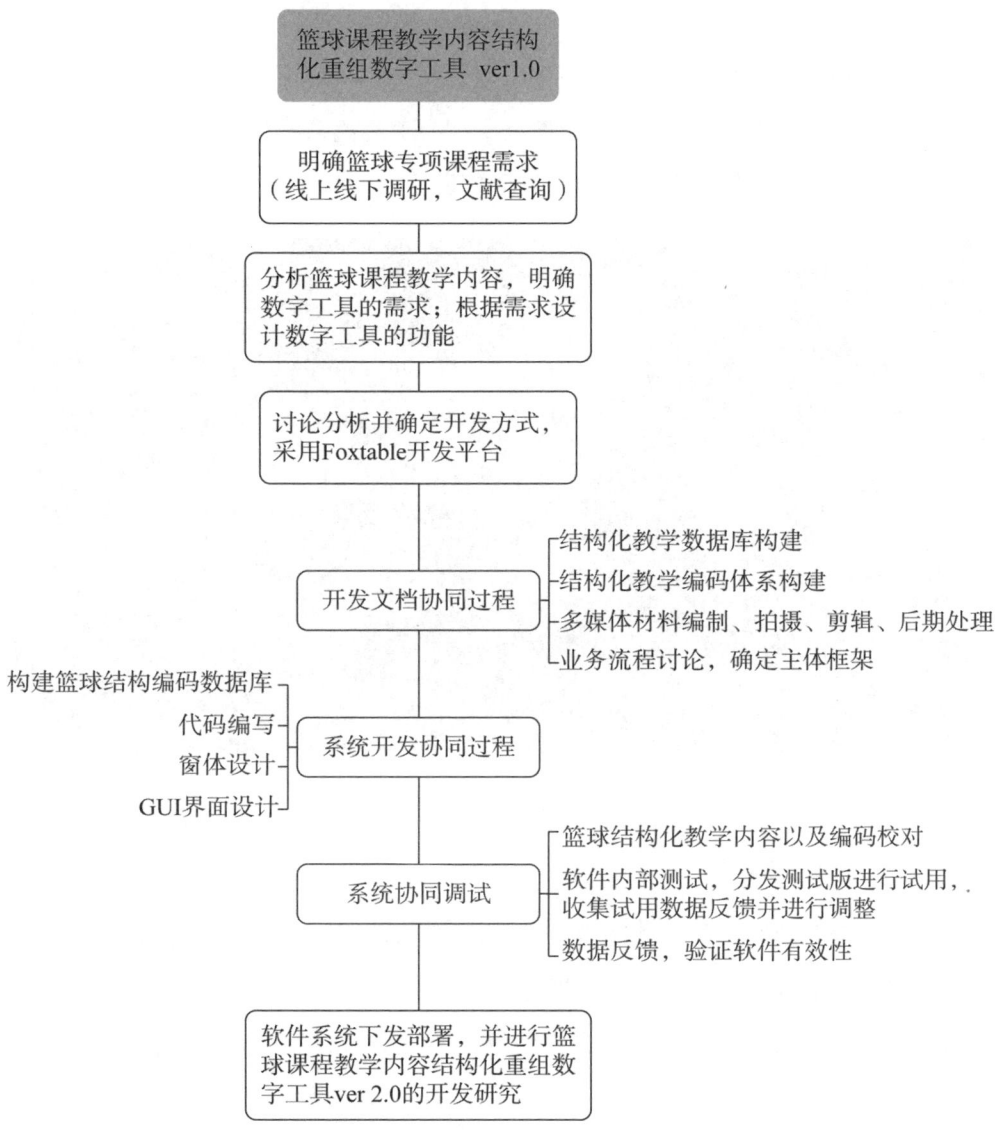

图6-1 数字工具的开发流程

第二节 数字工具的功能特点

一、功能模块说明

（一）启动界面

软件启动后,需要在后台加载大量数据。为了避免系统"假死",软件会显示启动界面,一方面检测数据完整性,另一方面告诉使用的教师系统处于启动中。

图6-2 启动页面

（二）登录界面

用于区分系统管理员和教师用户权限,不同的权限对应不同的功能。系统管理员可以进行软件后台通用数据的增加、删除、修改、查询,这些操作不会影响用户的数据。管理员权限覆盖教师用户权限;教师只能对自己的数据进行增加、删除、修改、查询。

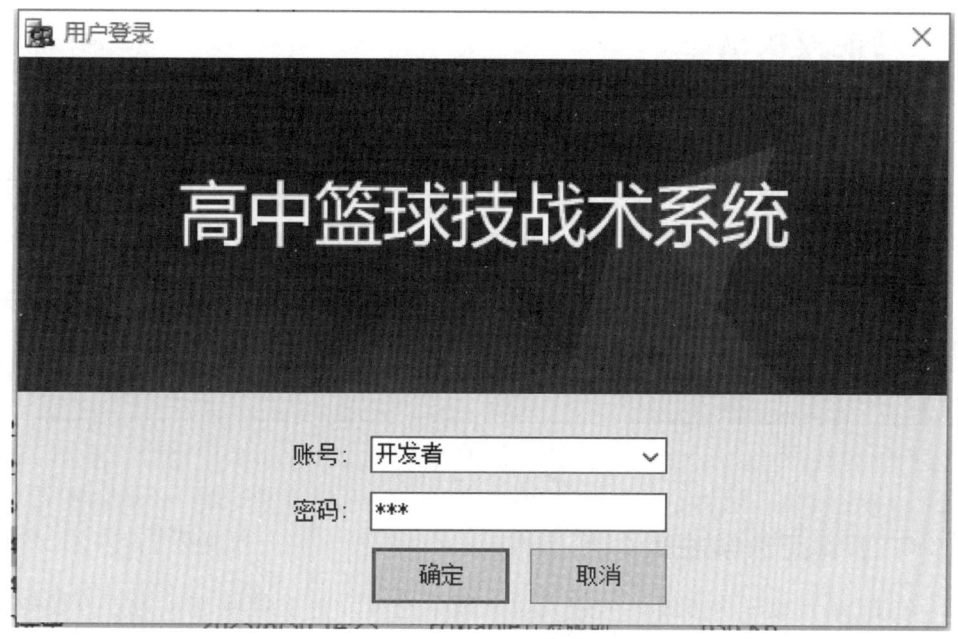

图6-3 用户登录

（三）系统主界面

系统采用C/S架构开发，采用传统的顶部工作区、下部操作区的操作习惯，降低教师的使用和学习门槛，便于教师快速上手使用。

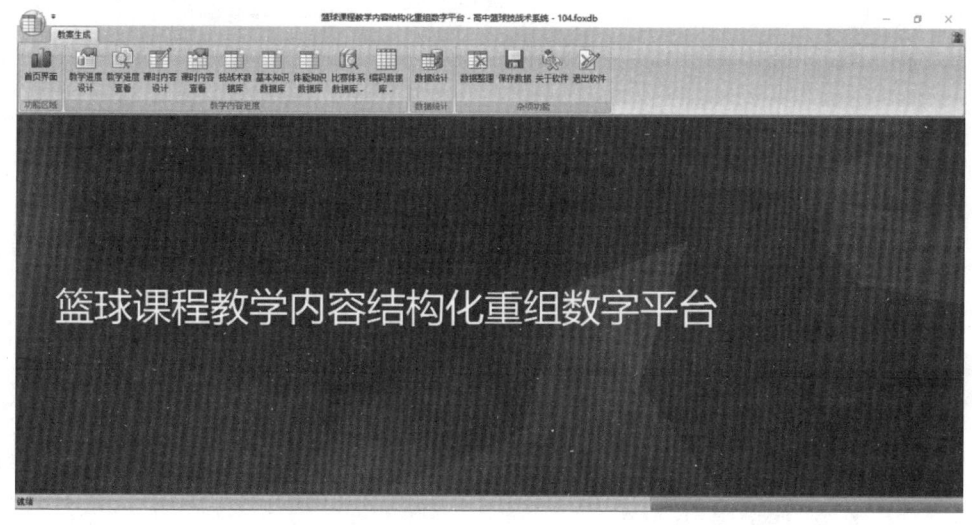

图6-4 系统主页面

191

二、功能模块描述

(一) 首页界面

单击"首页界面",系统会跳转到官方网站界面,同时保存数据清空界面窗口,还原到原始工作界面状态,便于教师快速一键进入全新工作状态。

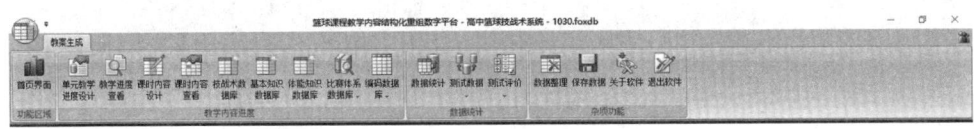

图6-5 工具栏

(二) 单元教学进度设计

单击"单元教学进度设计",进入单元教学进度设计功能状态。为了方便教师设计个性化的教学进度,系统内部集成了一定数量的教学进度模板方案。教师可以直接采用系统内置的进度进行教学,也可以基于系统模板进行个性化修改,还可以根据自己的实际情况进行全新的单元教学进度设计。

图 6-6　单元教学进度

单元教学进度设计采用先进的数据库点选方式生成,最大限度降低了教师的工作强度。教师根据系统的结构化教学数据库的树形点选,逐级延伸,便于教师选择合适的条目。系统会自动调取相关代码信息生成教学进度表,教师可以根据需要进行修改。教学进度表完成后,教师可以将其打印出来。

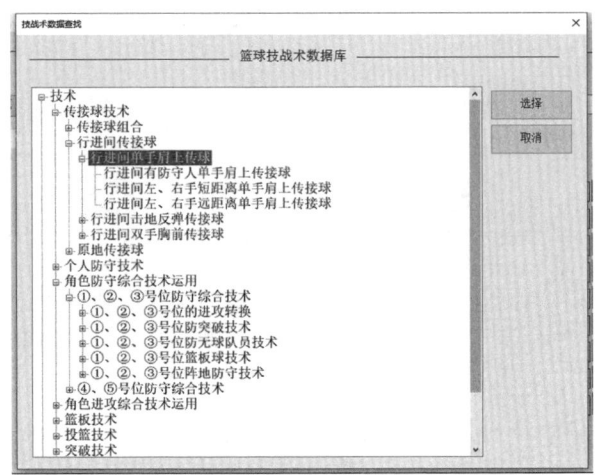

图 6-7 技战术数据库

进度表打印系统分为"详表"和"简表",其中"详表"打印的内容非常丰富,包括进度内容的编码。编码功能方便教师直接理解教学内容,也方便教师将来使用编码快速查询和生成对应的教学进度表并用于科研方面。

篮球专项课程教学内容进度（详表）

单元主题编码： ZSK+ZSQ
单元主题： 快攻与防快攻战术+全场攻防战术

课时	编码	学习进程	编码	内容主题	课时	编码	学习进程	编码	内容主题
1	ZSQ1	半场人盯人防守战术	ZSQ1-1-1	球在正面时的半场缩小盯人防守	10	ZSQ2	全场紧逼人盯人防守战术	ZSQ2-2-1	中场夹击与轮转补防
2	ZSQ1	半场人盯人防守战术	ZSQ1-1-2	球在侧面时的半场缩小盯人防守	11	ZSQ2	全场紧逼人盯人防守战术	ZSQ2-2-2	人盯人防中路
3	ZSQ1	半场人盯人防守战术	ZSQ1-1-3	球在底角时的半场缩小盯人防守	12	ZSK1	短传快攻与防短传快攻战术	ZSK1-1-1	短传快攻的发动与接应
4	ZSQ1	半场人盯人防守战术	ZSQ1-2-1	球在正面时的半场扩大盯人防守	13	ZSK1	短传快攻与防短传快攻战术	ZSK1-1-2	短传快攻的推进
5	ZSQ1	半场人盯人防守战术	ZSQ1-2-2	球在侧面时的半场扩大盯人防守	14	ZSK1	短传快攻与防短传快攻战术	ZSK1-1-3	短传快攻的终结
6	ZSQ1	半场人盯人防守战术	ZSQ1-2-3	球在底角时的半场扩大盯人防守	15	ZSK1	短传快攻与防短传快攻战术	ZSK1-2-1	封堵一传与接应
7	ZSQ2	全场紧逼人盯人防守战术	ZSQ2-1-1	紧逼防守发端线界外球的队员	16	ZSK1	短传快攻与防短传快攻战术	ZSK1-2-2-1	两人平行站位防守
8	ZSQ2	全场紧逼人盯人防守战术	ZSQ2-1-2	前场紧逼夹击防守进攻队员接应	17	ZSK1	短传快攻与防短传快攻战术	ZSK1-2-2-2	两人重叠站位防守
9	ZSQ2	全场紧逼人盯人防守战术	ZSQ2-1-3	前场紧逼夹击、封堵进攻传球路线	18				第三单元测试

图 6-8 单元详表

"简表"的内容相对就单一，主要针对教学工作，便于教师在课堂上使用。

篮球专项课程教学内容进度（简表）

单元主题：　　快攻与防快攻战术+全场攻防战术

课时	学习进程	内容主题	课时	学习进程	内容主题
1	半场人盯人防守战术	球在正面时的半场缩小盯人防守	10	全场紧逼人盯人防守战术	中场夹击与轮转补防
2	半场人盯人防守战术	球在侧面时的半场缩小盯人防守	11	全场紧逼人盯人防守战术	人盯人防中路
3	半场人盯人防守战术	球在底角时的半场缩小盯人防守	12	短传快攻与防短传快攻战术	短传快攻的发动与接应
4	半场人盯人防守战术	球在正面时的半场扩大盯人防守	13	短传快攻与防短传快攻战术	短传快攻的推进
5	半场人盯人防守战术	球在侧面时的半场扩大盯人防守	14	短传快攻与防短传快攻战术	短传快攻的终结
6	半场人盯人防守战术	球在底角时的半场扩大盯人防守	15	短传快攻与防短传快攻战术	封堵一传与接应
7	全场紧逼人盯人防守战术	紧逼防守发端线界外球的队员	16	短传快攻与防短传快攻战术	两人平行站位防守
8	全场紧逼人盯人防守战术	前场紧逼夹击防守进攻队员接应	17	短传快攻与防短传快攻战术	两人重叠站位防守
9	全场紧逼人盯人防守战术	前场紧逼夹击、封堵进攻传球路线	18		第三单元测试

图6‑9　单元简表

（三）教学进度查看

本功能模块主要是为了方便教师查看系统自带的模板和自己的历史记录，以及调出合适的进度计划进行修改或者打印以应用于教学。

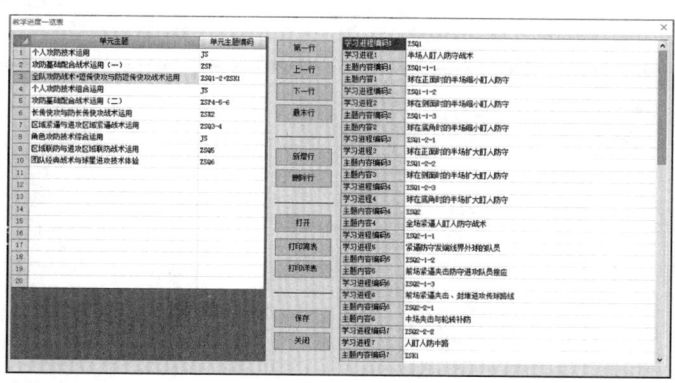

图6‑10　教学进度

教师也可以在这个模块上进行教学进度的新建、修改、删除等操作，并快速打印简表和详表，方便进行日常教学工作。

（四）课时内容设计

本功能模块为系统最重要的组成部分。为了减少教师的工作量，系统在很多方面采用点选方式进行录入，教学重难点和学习目标可以根据录入的关键字自动生成，教师在此基础上进行修改、调整。教学内容分为基本知识板块、基本技战术板块、比赛板块、体能板块以及教学资源和反思调整板块。对每一板块的内容，教师可以通过点击页面标签进行切换。每一个板块预留 4 个条目，教师可以根据需要进行选择。在点击"选择"按钮后，系统会弹出选择的树形界面菜单。在教师选取对应的内容后，对应的教学关注点会自动生成并填入，无须教师手动录入。

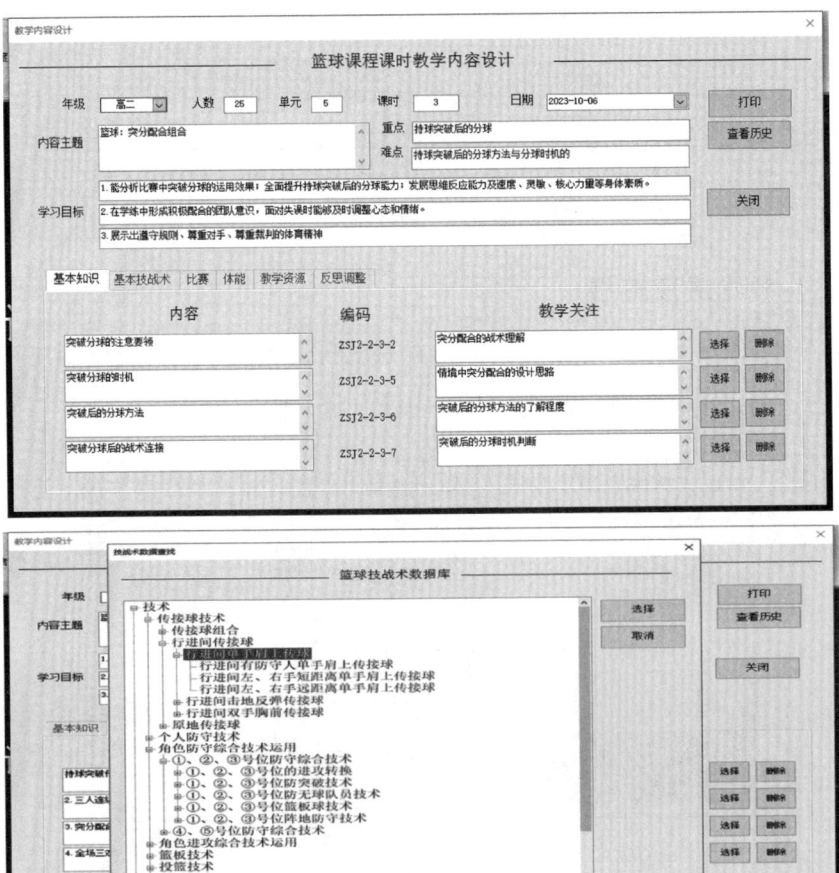

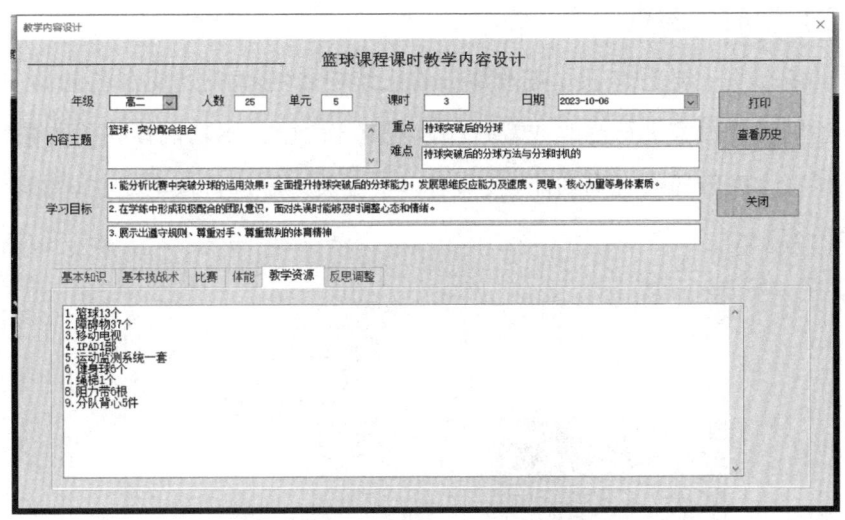

图 6 - 11　课时教学内容设计

在教学内容设计完成后，点击“打印”按钮，就可以打印出教师制订的个性化的教学内容设计表；点击“查看历史”按钮，就可以进入课时内容查看模块。

年级	高二	人数	24	单元	五	课时	3	日期	
内容主题	篮球；突分配合组合					重点	持球突破后的分球		
						难点	持球突破后的分球方法与分球时机的选择		
学习目标	1. 能分析比赛中突破分球的运用效果；全面提升持球突破后的分球能力与应变能力；发展思维反应能力及速度、灵敏、核心力量等身体素质。 2. 在学练中形成积极配合的团队意识，面对失误时能够及时调整心态和情绪。 3. 展示出遵守规则、尊重对手、尊重裁判的体育精神。								
时间	类别	内容				代码		教学关注	
3	基本知识	1. 突破分球的注意要领 2. 突破分球的时机 3. 突破后的分球方法 4. 突破分球后的战术连接 5. 篮球比赛中突分配合的战术运用情境				ZSJ2 - 3 - 3 - 2 ZSJ2 - 3 - 3 - 5 ZSJ2 - 3 - 3 - 6 ZSJ2 - 3 - 3 - 7		◆ 突分配合的战术理解 ◆ 情境中突分配合的设计思路 ◆ 突破后的分球方法的了解程度 ◆ 突破后的分球时机判断	
20	基本技战术	1. 持球突破传接球 2. 三人连续突分配合 3. 突分配合设计 4. 全场三对二攻防				ZSP3 - 4 - 1 ZSP3 - 4 - 2 ZSP3 - 4 - 3 ZSP3 - 4 - 6		◆ 突破后的“低头现象” ◆ 突破分球的意识 ◆ 所设计的突分配合的运用情况 ◆ 以多打少时突分配合的运用时机与效果 ◆ 突分配合时无球队员的跑动路线	
7	比赛	1. 半场 3V3 人盯人教学比赛 2. 全场 5V5 人盯人教学比赛				BSB3 BSQ4		◆ 半场 3V3 比赛中突分配合的运用效果 ◆ 全场 5V5 比赛中突分配合的运用效果	
5	体能	1. 10 米折返跑 2. 拉力带运球 3. 连续起跳摸篮板 4. 蛙跳				TNX1 - 2 - 1 TNL2 - 1 - 9 TNB2 - 18 TNL1 - 2 - 2		◆ 抗阻移动时的身体重心 ◆ 连续跳跃的发力与落地缓冲 ◆ 健身球练习动作的规范性与安全性	
教学资源		1. 篮球 13 个 2.障碍物 37 个 3.移动电视 4.iPad1 部 5.运动监测系统一套 6.健身球 6 个 7.绳梯 1 个 8.阻力带 6 根 9.分队背心 5 件							
反思调整									

图 6 - 12　篮球专项课程教学内容设计

（五）课时内容查阅

本功能模块主要是为了方便教师查看系统自带的模板以及自己的历史记录，调出合适的教学内容进行修改或者打印以应用于教学。本功能模块为方便教师查找合适的教学内容提供查询功能，教师可以根据关键字进行快速定位，并调出合适的教学内容。

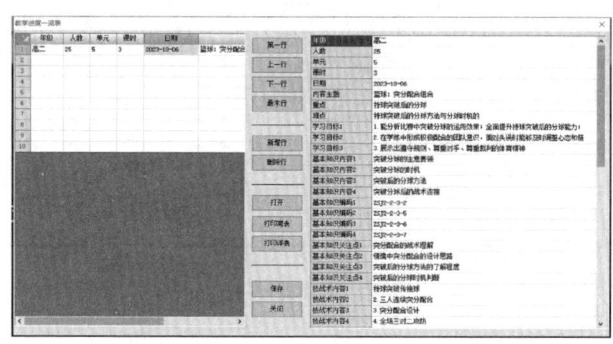

图6-13　篮球课时内容查阅

教师也可以在这个模块上进行教学内容的新建、修改、删除等操作，并快速打印教学内容表，方便进行日常教学工作。

（六）技战术数据库

本功能模块主要提供系统内部集成的结构化技战术数据查询，根据登录的不同权限，赋予不同的功能。管理员权限可以对整个数据库进行修改，包括增加、修改、删除内容等操作。教师权限只能进行数据查询，查询方式支持字段和编码查询。点击左侧窗口内的任意条目，会在右侧窗口显示选中条目的内容，包括结构化编码的详细信息。

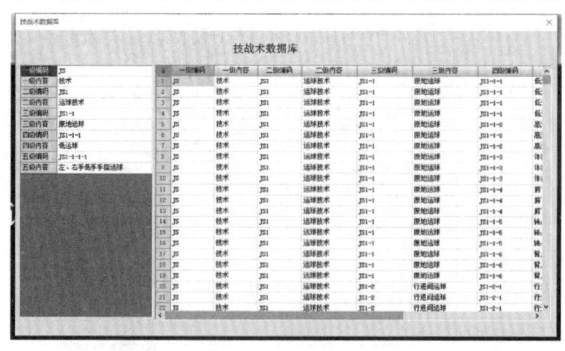

图6-14　篮球技战术数据库

（七）基本知识数据库

本功能模块主要提供系统内部集成的结构化基本知识数据查询,根据登录的不同权限赋予不同的功能。管理员权限可以对整个数据库进行修改,包括增加、修改、删除内容等操作。教师权限只能进行数据查询,查询方式支持字段和编码查询。点击左侧窗口内的任意条目,会在右侧窗口显示选中条目的内容,包括结构化编码的详细信息。

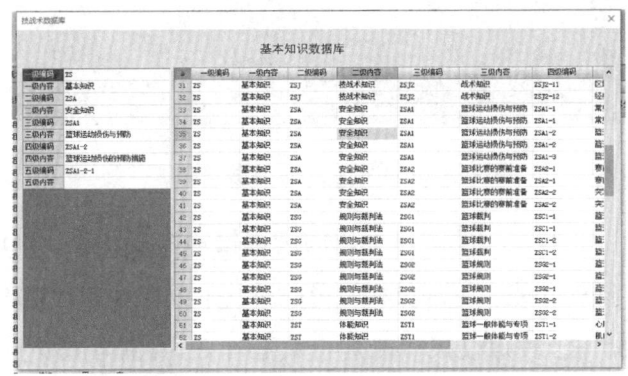

图 6-15　篮球基本知识数据库

（八）体能知识数据库

本功能模块主要提供系统内部集成的结构化体能知识数据查询,根据登录的不同权限赋予不同的功能。管理员权限可以对整个数据库进行修改,包括增加、修改、删除内容等操作。教师权限只能进行数据查询,查询方式支持字段和编码查询。点击左侧窗口内的任意条目,会在右侧窗口显示选中条目的内容,包括结构化编码的详细信息。

图 6-16　篮球体能知识数据库

(九) 比赛体系数据库

比赛体系数据库包括四个板块的内容，分别是"半场比赛""全场比赛""个人技术比赛""体能比赛"。下面以"个人技术比赛"板块的内容为例进行简要介绍，其他板块的结构与其类似。

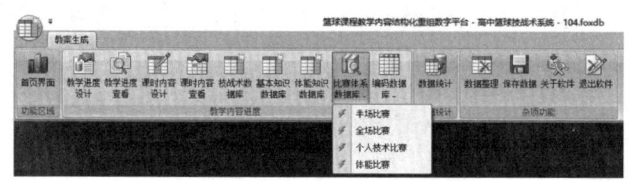

图 6-17　比赛体系数据库

"个人技术比赛"板块主要提供集成的结构化基本知识数据查询，根据登录的不同权限赋予不同的功能。管理员权限可以对整个数据库进行修改，包括增加、修改、删除内容等操作。教师权限只能进行数据查询，查询方式支持字段和编码查询。点击左侧窗口内的任意条目，会在右侧窗口显示选中条目的图片及视频，便于教师直观地学习相关知识。

图 6-18　个人技术比赛内容

(十) 编码数据库

编码数据库主要是扩展内容，主要作用是为篮球结构化教学的所有内容进行编码，以编码的长短定义内容的层级，便于教师理解编码的意义，也为将来的科研进行底层数据积累。

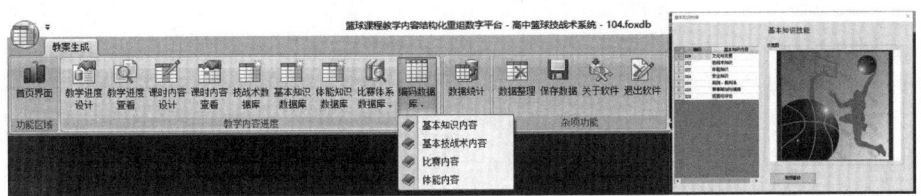

图 6-19 编码数据库

（十一）数据统计

数据统计作为 2.0 版本升级的接口，主要功能是针对采用结构化教学前后学生体能、技能、知识的变化，提供横向和纵向的数据比对，为不断提高学生篮球技战术水平服务。

（十二）测试数据

测试数据分为前测数据和后测数据。前测数据记录了在进行结构化教学前专项体能和综合技能的数据，后测数据记录了在进行结构化教学后实验班和对照班的数据，便于进行教学有效性的验证。

图6-20 测试数据录入

（十三）测试评价

弹出菜单分为"投掷""摸高""折返跑""综合运用"的测试说明和动作演示，主要用来为教师和学生讲解测试环节与评价标准。

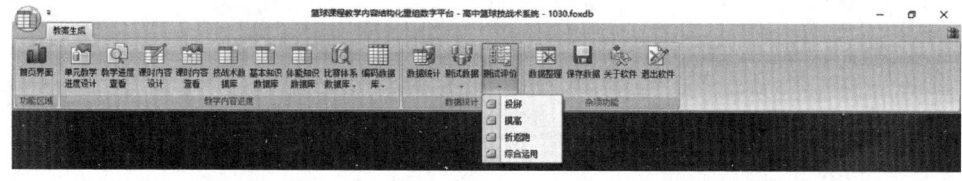

图6-21 测试评价

（十四）数据整理

主要对一些已经删除的数据做最后的去留处理，具有数据"回收站"的功能，可以永久删除数据或者恢复一些已经删除的数据。

（十五）保存数据

具有即时保存数据的功能。

（十六）关于软件

主要描述软件的开发参与人员以及声明软件的版权、版本。

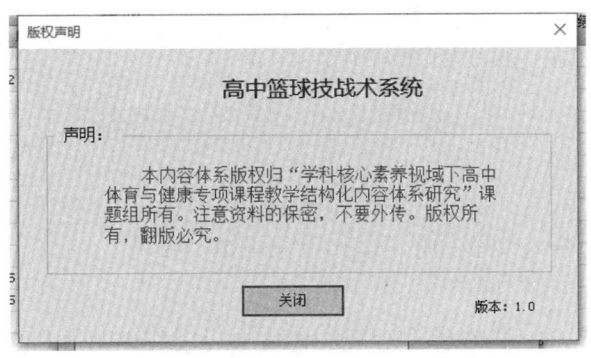

图 6-22 软件声明

三、功能模块应用

篮球课程教学内容结构化重组数字工具在教学实践中的应用主要包括以下几个方面：

第一，教学资源整合：数字工具将篮球课程相关的教学资源进行整合，方便教师和学生随时查阅、下载。

第二，个性化教学：数字工具可以根据学生的实际情况，提供个性化的教学内容和练习，满足不同层次学生的需求。

第三，教学效果评估：数字工具可以对学生的学习进度和成绩进行实时监测，帮助教师及时调整教学策略，提高教学效果。

第四，教学互动与反馈：数字工具可以提供线上互动功能，方便教师和学生进行实时沟通，及时获取学生的反馈，优化教学内容。

总之，篮球课程教学内容结构化重组数字工具的开发和使用，有助于提高篮球教学的效果，实现个性化教学，满足不同层次学生的需求。此外，也可以提高教师的工作效率，减轻教学负担。

第七章 高中体育专项课程结构化重组教学的项群拓展

核心素养的本质是指能够在真实的情境中运用关键能力和必备品格解决复杂问题。体育与健康学科的关键能力无疑是指运动能力，运动能力的形成和发展不仅需要运动知识、技战术和体能的累积，更需要它们在复杂情境下的快速提取和广泛迁移。结构化内容体系是快速提取和广泛迁移的基础，是运动能力形成的有效工具。高中体育专项课程内容包括六个运动技能系列，每个运动技能系列又由若干运动项目组成，覆盖面广，适用性强，便于学生进行选择性学练。高中体育专项内容结构化重组教学可以在学习迁移理论和项群训练理论的指引下，进一步扩大学习效果，从分类分层的角度集约化地进行学习，实现少教而多学、一专多能的个性化教学发展愿景。

迁移是教育的重要目标，学生的学习只有达到了迁移水平才能将知识和技能转化为能力，在实践中灵活自如地运用。运动技能迁移是指学生原有的运动技能或经验对新技能学习的影响，是将在一个领域或项目中学到的技能、技术或经验应用到另一个领域或项目中的过程。这种影响有积极、消极两个方面，依据不同的分类方式可分为正迁移和负迁移、直接迁移和间接迁移、纵向迁移和横向迁移、顺向迁移和逆向迁移等。[①] 依据项群训练理论，将一组具有相似的一般运动特征及教学要点的运动项目放在一起进行分类、比较研究，在教学内容的安排中充分考虑和发挥学习正迁移的作用，是提高与发展学生的运动能力，培养和发展学科核心素养的有效路径。

---

① 张玲.试论自由体操与竞技健美操之间的运动技能迁移[J].辽宁体育科技,2006,28(2)：71-72.

第一节　运动技能迁移学习

中国学校体育经历了百余年的发展历史,现已形成具有基础性、实践性、选择性和综合性的学科课程。普通高中体育与健康课程在基础教育阶段的地位极其重要,引领着小学和初中体育与健康课程的走向和价值追求,在培养高中学生的体育与健康学科核心素养和增进高中学生身心健康方面发挥了巨大作用。专项运动技能是高中阶段体育教学的标志性内容。上海实施的高中体育专项化教学改革和《新课标》中的"必修选学"内容都力图以专项运动项目为载体,"以体育人",落实体育与健康学科核心素养的培养。专项运动技能是构成专项运动项目的基石,通过对专项运动技能"学习迁移"的研究和实践,能够使学生更好地把握专项运动项目的本质特征,理解专项运动技能之间的联系,践行"举一反三""触类旁通""闻一知十"的教育理念,实现教学效益的不断提升。善于运用动作学习之间的积极影响,形成正迁移效应,能够大大提高教学质量和效率,缩短学习和掌握新动作的时间,实现教学和训练效益最大化。在高中体育教学中,体育教师应当合理利用正迁移的积极影响,进行知识和技能的增值学习,同时也要正视负迁移,对不利因素进行深入对比和分析,引导学生找出规律,提升学习效率。

一、运动技能迁移学习的实践意义

在高中体育专项课程教学中,迁移学习是一种有效的教学方法,它不仅影响着新知识和新动作的快速形成,而且影响着对以前所学知识和动作的巩固和提高。因此,这种教学方法具有较强的实效性。

(一) 合理运用动作技能迁移学习,可以明确学习起点

从已掌握的知识和技能着手,引入新知识和新技能,学生们不仅能融会贯通地学,还可以高效率地进行复习,在新旧知识点之间做好对比和进阶,从而大大激发学生的探究精神及学习兴趣。这有助于防止学习和锻炼中的倦怠感,使学生更加

专注和积极。例如,有了一定的乒乓球训练基础,再去学习羽毛球、网球等隔网类挥拍运动,就会比较容易上手。通过增加运动多样性,提高运动能力,学生能够更好地应对各种挑战。

(二)合理运用动作技能迁移学习,有助于学生深化对知识和技能的理解,提高学习效率,节省教学时间

教师在有限的课程时间内完善和建构结构化的知识、技能、体能和比赛体系,并对教学进行结构化重组,可以使学生在有限的时间内优化学习过程,提高学习效率。

(三)合理规划动作技能迁移学习,可以帮助学生在多个体育项目中获得技能,从而促进身体的全面发展

例如,熟悉了自由泳后,再学习蝶泳的技术要点和实际操作就会更容易。迁移的技能可以减轻某些肌肉和关节的过度使用,使身体发展更加均衡。

(四)通过将某一专项运动技能迁移到其他项目,学生可以获得全新的视角和技术

将不同项目中的战术和战略元素迁移到原有项目中,学生可以获得竞争上的优势,发展新的战术思维,使对手难以应对。例如,篮球专项学员可能通过学习足球运动中的协同配合技能,提高在篮球场上的团队协作能力。

高中体育专项运动技能的迁移学习为我们提供了更为全面的体育教育,有利于学生的综合发展和体育教师的专业化发展。在体育教学中,我们应更好地运用运动技能迁移学习,充分理解专项运动技能迁移的实践意义,遵循专项运动技能运用的基本原则和规律,在实践中不断探索,努力提高学习效率。

二、运动技能迁移学习的运用逻辑

在高中体育教学中,运动技能迁移学习是一种基本的技能学习形式。实际教学中的教学顺序一般是由浅入深、从易到难展开的,因为这是容易引起迁移的过程。所以,要从简单到复杂逐步过渡,循序渐进地进行技战术的学习和掌握,这是迁移学习的一般规律。例如,在进行乒乓球攻球技术教学时,一般都是从正手攻球

的动作开始的,在学生基本掌握该项技术的框架结构,建立起初步的动力定型后,再以此为基础进行其他难度加大的动作的学练,如正手拉球和正手拉弧圈球。因此,体育教师在教学中应充分认识和理解迁移规律,并遵循这一规律安排教学内容和顺序,通过调整不同项目的教学顺序,优化教学安排,让学生通过迁移学习快速掌握新的运动技能。

(一) 归纳共同要素,合理安排教学内容和顺序是实现迁移学习的前提

桑代克(E.L.Thorndike)和伍德沃斯(R.S.Woodworth)指出,迁移发生的前提条件是在不同情境中二者有共同的部分或因素,存在相似性;共同部分的数量与迁移发生的可能性呈正相关;动作技能之间有共同的因素是迁移的基本条件之一,原有的动作技能与新动作技能之间具有相同或相似的要素就能使迁移产生。因此,在开展高中体育专项教学之前,体育教师应当加强对相关知识和技能的钻研,分析不同运动技能间存在的异同点,归纳出共同要素,列出可能形成正迁移的多种技能;同时,在安排教学进度时,将有相同或类同技术要素的动作安排在一起,先学习简单的技术,再学习复杂的技术,通过简单技术向复杂技术产生迁移,帮助复杂动作的学习和掌握。从宏观角度来看,具有共有特征的项目间运动技能迁移比较容易,可以形成项目学习的迁移(如篮球和手球)。从微观角度来看,同一项目内多种运动技能的身体姿势、动作轨迹、动作时间、动作力量、动作节奏等要素越相似,相同的学习反应就越强烈,运动技能迁移越容易形成(如足球正脚背射门和脚背内侧、脚背外侧射门)。总之,不同运动技能间的共同要素是产生技能迁移的前提。

(二) 指导学生强化理解,巩固、提高原有的运动技能是实现迁移学习的基础

运动技能属于操作技能的范畴。操作技能的学习可分为操作定向、操作模仿、操作整合和操作熟练四个阶段。操作定向即了解操作活动的结构与要求,在头脑中建立起操作活动的定向映像的过程,[①]是操作技能形成过程中的一个重要环节。以往我们较为关注泛化、分化和自动化的过程,重示范而轻讲解,对运动技能的理

---

① 冯忠良,伍新春,姚海林,等.教育心理学[M].3版.北京:人民教育出版社,2015.

解不透、不够，造成了对运动技能的一知半解，不利于运动技能的迁移。教育心理学告诉我们，要实现高质量的运动技能学习，不能忽视"操作定向"环节在技能学习中的作用。学生对运动技能的概念、原理等知识学习和理解得越好，对动作细节的掌握就会越好，迁移的效果也就越好。

同时，学生需在熟练掌握一项技能后，再去学习一项新的具有相似要素的动作技能，学习迁移才会产生积极作用。因为已掌握的动作技能越熟练，产生正迁移的数量越多，质量也会越好。反之，若已掌握的动作技能不熟练，就可能会存在对新技能学习的干扰因素，导致出现负迁移。所以，体育教师应在教授新动作前，先巩固学生原有的动作技能，待熟练之后再在间隔较短的时间内学习新的动作技能，就能促进运动技能的正迁移发生，提高体育教学效率。

（三）帮助学生提高分析及概括问题的能力是实现迁移学习的关键

运动技能的共同要素都是在分析、比较的基础上概括出来的。贾德（Charles H. Judd）认为，两种学习之间的共同成分只是学习迁移产生的必要条件，概括出两种学习的共同原理才是学习迁移的关键。这种概括能力与教师的教学方法、学生的思维水平有密切的联系。[①] 将原有的运动技能迁移到后来的学习过程中，是要在熟练掌握先前学习的运动技能后，概括出某种原理，再将原理的一部分或全部运用到后来学习的运动技能中去，这样才能实现技能学习的迁移。这种分析概括能力体现了学习者对已经掌握的运动技能的熟练水平，以及对将要学习的运动技能的认识程度。学习者对新旧两种运动技能间的共同原理掌握得越多，运动技能迁移越普遍。

在体育教学中，教师应引导学生正确理解和分析不同运动间的联系，帮助学生加强对动作的分析和概括能力。学生对不同动作技能之间的关系理解得越清楚，动作技能间的比较和分析能力就越强，迁移效果也就越好。对于学生概括能力的培养，不仅要使学生掌握所学的技术，而且要使其对所学技术动作的概念、原理有所了解，并能在实践中加以运用，从而起到举一反三、触类旁通的学习效果。例如，在乒乓球教学过程中，学生了解了乒乓球旋转的原理，就能在以后的乒乓球学习中

[①] 张大均.教育心理学[M].2版.北京：人民教育出版社，2011.

加以运用。学生的归纳能力越强,就越能反映同类事物间的共同特点和规律性联系,也就越有利于迁移的产生。因此,在教学中教师要注重学生思维品质的塑造,鼓励学生自己寻找运动技能的内部规律,通过分析、对比找到不同运动技能之间的相同之处和不同之处,使其在学习新技能时能联想到原有运动技能的运作原理,合理运用共同要素,提高新技能的学习效率。

(四) 对运动技能迁移效果进行评价是实现迁移学习的保障

为保障新旧运动技能间的迁移效果,体育教师应该对由技能迁移产生的教学效果进行评价。首先,在每次课后小结时,教师可以主动询问学生的学习状态,并鼓励学生分享自己在本次学习中的心得,诉说运动技能迁移带给自身的影响及直观感受。教师通过简单的语言评价,不仅能够促使学生养成寻找运动技能之间联系的习惯,同时还能够锻炼学生独立分析和表达的能力,提高其对新技能、旧技能间共通点、互斥点的认知,进而不断在思维上深化有关运动的含义,促进正迁移的形成。[①] 其次,可以采用迁移测试的方法来评估设计的教学内容、顺序和方案等是否有效,是否在新旧技能间产生了正迁移,以及迁移效果如何。只有根据评估结果对教学内容、顺序和方法进行调整,才能有效提高教学效率,为迁移学习提供持续的制度化保障。

第二节 基于项群训练理论的高中体育专项课程

相关问卷调查显示,当前学生学习压力普遍较大,对体育专项课程内容练习时间不够是学生在学习中较常见的问题,同时在课余时间参加体育活动的时间也非常有限。所以,要想使体育与健康学科的教学效果达到理想的水平,掌握1~3个运动项目,体育教师应该充分发掘不同运动项目之间的联系,充分利用不同项目之间运动技能的迁移效应,使一种运动技能的掌握能够促进其他一种或几种运动技

[①] 于松江,陆雯,杨淼.两侧性迁移在高校运动项目训练中应用的文献综述[J].体育风尚,2020(4):91.

能学习速度的提升和运动技术水平的提高,起到举一反三、触类旁通的效果,从而使学生在有限的课堂时间内能更快、更好、更多地学习。

一、学校体育运动项目分类

学校体育运动项目众多,依据不同的目的和需要存在着多种不同的分类方法,不同的分类体系也不同程度地推动着学校体育的发展与进步。

董文梅根据运动技能学会的难易程度,提出了运动技能"会能度"的分类方法。她认为,一些运动技能在会与不会之间有明显区别,另一些运动技能在会与不会之间没有明显区别,还有一些运动技能属于中间型。她把"会能度"划分为 0.2~0.49、0.5~0.79、0.8~1 三组数值,数值越小代表运动技能学会的难度越大。① 于素梅从学生的体育需求出发,按照生存、生活、传承、审美、竞争、挑战六项需求对学校体育运动项目进行重新归类,划分为宏观、中观、微观三个层次,宏观上有一个总需求,中观上包含三大类需求,微观上聚焦六项具体需求,即形成了"136"运动需求框架体系。②

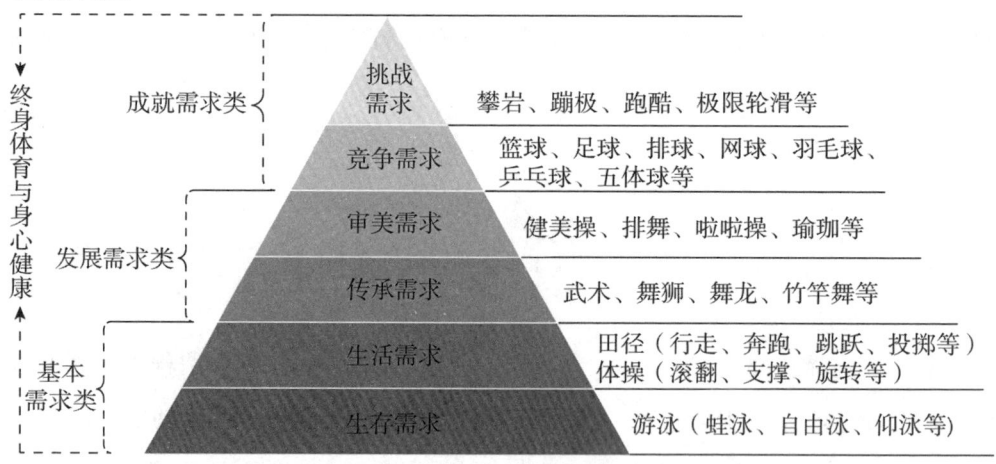

图 7-1 运动需求框架体系

---

① 董文梅.运动技能分类的新视角及运动技能"会能度"的调查(二)[J].体育教学,2009(8):43-45.

② 于素梅.运动需求理论建构——兼论学校体育运动项目分类[J].体育学刊,2019(6):1-7.

这是一种有利于学生选择性学习的整合式分类方法,在新课程推进的过程中被广泛使用。不同的分类体系反映的是特定背景下的目标追求和价值需求。"会能度"从运动技能掌握的角度体现了项目完整技能和分立技能掌握的难易度,为进一步解释运动技能的本质,建立运动技能的分类理论,解决体育教学方法的实际运用问题奠定了一定基础。例如,教师在教会与不会之间有明显区别的运动技能时,宜采用分解教学法;在教会与不会之间没有明显区别的运动技能时,可以直接使用完整教学法。按需求分类能更好地激发与分层次培养学生的运动兴趣,满足学生多元运动需求,从而进行更有效、更全面的体育教育,是运动项目分类理论的一种突破。《新课标》采用的是多角度整合的分类方法,从多元运动的角度满足了学生的主体选择性需求,对深化体育课程教学改革,保障运动学练的延续性,使学生掌握1～2项运动技能,养成运动习惯,为终身体育打下基础,培养运动能力,培育学科核心素养都具有突出的实践价值。

二、项群训练理论对高中体育教学的意义

高中体育专项化教学在上海已实行多年。自实施新课程教学改革以来,普通高中体育与健康课程内容的必修必学和必修选学的课程内容设计又将体育专项教学提到了十分重要的位置,并在实践中取得了良好的教学效果与丰硕的研究成果。总体而言,其研究主要集中在运动项目的选择、学生学习动机的激发、专项教学方法手段的运用等方面,而从运动项目本身特点出发,探究体育专项运动项目的内在本质、项目间的相互联系、运动技能迁移等方面的研究相对较少。

20世纪80年代初,田麦久等人创立了项群训练理论,使人们更清晰地了解与认识到不同竞技项目的本质特征和相互之间的内在联系。对不同项群训练特征的揭示,加强了人们对不同层次的项群及专项特征的更深入认识。以项群为基本单位去认识和概括同类竞技运动的共同特点,既能获得远远大于一个单项运动实践的视野,在较高层次上把握几个甚至几十个单项运动共同的训练规律,又不会因受到其他类属项目不同特点的约束而使一个项群的共有规律无法显现出来。[①] 如技

---

① 田麦久.运动训练学[M].2版.北京:高等教育出版社,2017.

战能主导的同场对抗类运动项目的主要运动模式和策略都是通过控球投篮（射门）得分，同时利用场地防守空当阻止对方得分。其他同类项目的攻防策略在本质上也是相同或相近的。明确不同项目的分类可以在构建结构化教学内容时抓住项目的本质特点，形成内容间的联系，并充分发挥项目间的迁移作用，提升学生的综合运动能力。

项群是一种朴素的分类思想，通过将从零散、杂乱的个体项目中提炼、概括出的共性应用于其他项目和技能的拓展学习，可以实现同类项目之间运动素质和运动技能的积极迁移，以及教学方法的相互渗透、相互移植。项群训练理论为高中体育教学提供了一种有益的分类框架，可以帮助学生发展多种运动技能水平和运动思维能力，培养自信心和持久坚韧的学习品质，以及为未来的体育生涯发展打下基础。通过研究项群训练理论来合理规划高中体育专项课程教学内容的分类，对设计更有效的体育教学计划，实施运动技能迁移学习具有现实的指导意义和借鉴价值。

三、项群训练理论下的高中体育专项课程教学内容分类

依据项群训练理论，目前有三个各自独立而又密切联系的分类体系：按运动能力的主导因素分类、按运动项目的动作结构分类和按运动成绩的评定方法分类。其中，运动能力是促进和发展学生学科核心素养的关键，因此我们将运动能力的主导因素作为学校体育运动项目的分类标准并形成分类体系。按运动项目所需运动能力的主导因素，我们将高中体育运动项目分为体能主导类、技能主导类、技心能主导类和技战能主导类四大类。然后，以各项目在四大类中的主要表现形式和特征作为二级分类标准，体能主导类项目可分为快速力量性项群、速度性项群和耐力性项群三个亚类，技能主导类项目即为难美性项群，技心能主导类项目即为准确性项群，技战能主导类项目可分为隔网对抗性项群、同场对抗性项群、格斗对抗性项群和轮换攻防对抗性项群四个亚类（见表 7-1）。在此分类基础上，对不同类别运动项目项群的一般特征和教学要求进行专题研究，以期归纳共同特性，强化学习理解，借鉴方法手段，促进迁移运用，为高中体育教学的研究与实践开拓思路。

表 7-1 按运动能力的主导因素对运动项目的分类

大类	亚类	运动项目举例
体能主导类	快速力量性	铅球、铁饼、挺身式跳远、背越式跳高、三级跳远
	速度性	短距离跑、跨栏跑、短距离游泳、短距离速度滑冰
	耐力性	中长距离跑、中长距离游泳、中长距离速度滑冰、高山滑雪、定向运动
技能主导类	难美性	体操、健身健美操、操舞运动、武术套路
技心能主导类	准确性	射击、射箭、弓弩、飞镖
技战能主导类	隔网对抗性	乒乓球、羽毛球、网球、排球
	同场对抗性	足球、篮球、冰球、旱地冰球、手球
	格斗对抗性	摔跤、柔道、跆拳道、空手道、拳击、击剑、武术散打
	轮换攻防对抗性	棒球、垒球、板球、台球、冰壶

第三节　高中体育专项课程教学内容的项群特征与实施要点

一、教学内容的项群特征

（一）体能主导类项群教学内容的一般特征

1. 体能主导类快速力量性项群

属于体能主导类快速力量性项群的项目在高中体育与健康教材中主要包括田径中的投掷、跳跃。投掷项目包括铅球、铁饼,跳跃项目包括挺身式跳远、背越式跳高、三级跳远。该项群对学生的快速力量和最大力量有突出的要求,快速力量和最大力量水平直接决定运动水平的高低。对高中生而言,该项群主要是发展快速力量。相对于其他项群而言,体能主导类快速力量性项群是单独完成跳跃、投掷动作的,战术和运动智能对比赛结果的影响相对较小。该项群的技术动作具有结构单一、非周期性的特点,优秀的技术表现为动作稳定、准确,具有高度的可控制性,体现出实效性和经济性的特点。

2. 体能主导类速度性项群

属于体能主导类速度性项群的项目在高中体育与健康教材中主要包括短距离跑、跨栏跑、短距离游泳、短距离速度滑冰等短距离位移项目。虽然有的属于陆上项目,有的属于水上项目,但在比赛中均体现出以下特征:以用时最短或平均速度最快为运动成绩的评判标准,以单人竞赛为主,属于以速度、快速力量为主导竞技能力的运动,属于间接对抗性项目,追求技战术竞技能力稳定发挥和赛前计划的有效执行,等等。技术能力表现为动作的规范性、迅速性、经济性和合理性,达到技能使用自动化。速度、快速力量、速度耐力、快速力量耐力是基础保障因素,而身体形态、技战术能力是重要的制胜因素。

3. 体能主导类耐力性项群

属于体能主导类耐力性项群的项目在高中体育与健康教材中主要包括中长距离跑、中长距离游泳、中长距离速度滑冰、高山滑雪、定向运动等长距离位移项目。该项群属于以耐力为主导竞技能力的运动项目,需要具备长时间、较高速度、持续性的运动能力,以有氧、有氧和无氧混合功能为主。各肌肉群之间的放松与协调能力至关重要,动作的规范性、经济性、稳定性和节奏感是决定胜负的关键因素。该项群的教学内容对提高学生的有氧耐力、速度耐力,培养学生积极进取、顽强拼搏和不断挑战自我的体育品德具有独特的价值。

(二)技能主导类难美性项群教学内容的一般特征

属于技能主导类难美性项群的项目在高中体育与健康教材中主要包括体操、健身健美操、操舞运动、武术套路等。难与美是最显著的特点。难与美的高度统一是该项群技术的发展趋势和竞争取胜的重要因素,它们共同的外在表现特征为:动作规格、艺术表现和成套创编。这些共性特征的表现形式决定了学生的运动能力是通过成套动作来体现的。动作规格是对身体姿态的控制,是体现学生在该类项目中的运动能力的重要标志,是取得优异成绩的决定性因素。艺术表现是该项群区别于其他项群的重要本质特征之一。满足审美的需求是该项群的共同特性,通过展示姿态美、动作美和技能美,将成套内容与伴奏音乐巧妙融合,达到健身育人的目的。成套完成规定动作和创编动作是该项群教学内容的一般特征,它服从于成套动作的整体结构和编排特点,对提升成套动作完成的艺术效果起重要作用。《新课标》中对"展示与比赛"的展示要求主要指向此类项目。

(三) 技心能主导类准确性项群教学内容的一般特征

属于技心能主导类准确性项群的项目一般包括射击、射箭、弓弩、飞镖等。从《新课标》的分类角度看,这些项目将来有可能被归类为新兴体育类运动。该项群对体能要求较低,对技术和心理能力要求较高。随着年龄增长和比赛经验增加,学生的心理能力和技术动作会得到不同程度的提高与完善,运动能力可较长时间保持高水平,因此运动寿命较长。对于该项群的运动项目,稳定是基础,瞄准是前提,击发是关键。稳定性、有恒性、独立性、自律性均为表现准确性项群重要的个性心理特征。[①] 该项群对静力耐力、平衡能力、稳定性等专项素质有很高要求,对培养学生注意力的集中与稳定、自控制能力、感知觉能力、运动表象再现能力等心理能力具有很高的价值。

(四) 技战能主导类项群教学内容的一般特征

1. 技战能主导类隔网对抗性项群

属于技战能主导类隔网对抗性项群的项目主要包括乒乓球、羽毛球、网球和排球,还有藤球、毽球等。该项群各项目的基本运动形态是人、球拍、球、球网形成的特定关系在立体空间中的运动,即人通过持拍或通过上下肢及身体特定部位击、触球完成击球动作。该项群的制胜因素主要体现在对力量、速度、旋转、弧线、落点、变化等时空与物理因素的把握上。快速进攻是该项群项目比赛中的主要特点,变化球的性能是制胜的关键要素,利用落点和路线是实施战术的重要因素。该项群的核心动作技术主要由发球与接发球这一对基本技术动作构成。在这一对核心技术动作的基础上,形成了"发球—进攻""接发

---

① 郭权.技能主导类表现准确性项群的竞技特征与训练要求[J].中国体育教练员,2017,25(1):5-8,14.

球—进攻"等多种技术组合。① 教学内容的设计应围绕发球、接发球、进攻技术、防守技术和既定的战术展开。该项群得分手段包括主动得分和对方失误送分两类。该项群中的技术既可能得分也可能失分,多项技术具有攻防两重性,因此教学内容中对基本技术的规范性和准确性要求较高,学生需要在全面的基础上追求特长。步法是该项群项目的绝对基础,在步法不到位的情况下击球,会造成击球动作的变形和击球效果的低下。发球与接发球技术是该项群项目中的重要技术。因此,既要有丰富的技战术组合设计内容,又要有灵活应对对手变化,组织本方技战术运用的实战性教学内容,通过充分发挥技战术的优势,制约对手,取得比赛的胜利。

2. 技战能主导类同场对抗性项群

属于技战能主导类同场对抗性项群的项目主要包括足球、篮球、冰球、旱地冰球等,其他像手球、水球、曲棍球、橄榄球等也属于该项群的范畴。该项群的参赛主体是由多人构成的团队,整体协同是该项群运动行为的基础,因此战术意识和战术能力培养是其重要内容。② 双方队员在比赛中的对抗表现为体能、技战术能力、心理素质、意志品质、竞赛知识等多方面的综合对抗,因此教学内容的全面性、综合性是该项群的显著特点。该项群的主要运动模式和策略都以争夺控球权为核心,通过对时间与空间的利用将球射(投)进对方球门(篮筐),同时阻止球进入本方球门(篮筐)。比赛最终结果依据在规定时间内双方将球投射或击打进入指定区域的次数来决定,所以准确投射或击打球的基本实战技能对比赛结果起决定性作用。其他同类项目的攻防策略在本质上也是相同或相近的。明确各项目的分类可以在构建结构化教学内容时抓住项目的本质特点,形成内容间的联系,并充分发挥项目间的迁移作用,提升学生的综合运动能力。

---

① 高玉花.技战能主导类隔网对抗性项群的竞技特征及训练要求[J].中国体育教练员,2016,24(4):10-13,17.

② 李静.技战能主导类同场对抗性项群的竞技特点及训练要求[J].中国体育教练员,2017,25(1):9-11.

二、教学内容的实施要点

(一) 体能主导类项群运动能力提升的实施要点

1. 体能主导类快速力量性项群

首先,由于速度和力量是该项群竞技能力的核心要素,在整个教学过程中所占比例最大,因此要把力量和速度放在教学的首要位置。其次,由于学生在此类项目比赛中跳和投的次数都有着严格的规定,在高速助跑或者最后用力时往往容易出现失误或犯规,因此技术上要以稳定为基础,确保动作技术的规范和稳定,在确保成功率的情况下,再追求更高、更远。最后,要抓住"动作衔接"和"最后用力"两个主要环节,如跳高和跳远的助跑和起跳的衔接、投掷的最后用力等。

2. 体能主导类速度性项群

首先,要围绕学生体能中的动作速度、位移速度、速度耐力、爆发力和全身肌肉群协调性进行强化练习,兼顾快速反应和身体的快速动员能力,多采用重复训练法、变换训练法、完整训练法和间歇训练法。其次,教学方法要尽可能多样化,通过趣味性、情景化的教学来提高学生的练习积极性,减少运动疲劳的不利影响。最后,陆地和水上运动教学要有所侧重,如游泳等水上项目要做陆地模拟练习和大量的专项练习。动作的规范性、合理性、稳定性以及全身动作节奏的连贯性是该项群整体教学关注的主要方面。

3. 体能主导类耐力性项群

教学中,首先要提高学生体能中的心肺耐力,其次是速度耐力和力量耐力。宜采取多种小负荷量、小运动强度的学练手段,促进学生的生长发育。学练前要做好充分的拉伸准备活动,避免运动伤害的发生。学练中要重视技术动作的规范性、合理性、稳定性和实用性相结合的原则。应根据不同学生的特点进行有针对性的学练,形成技术动作的自动化和经济化。动作节奏与呼吸的配合是教学的重点,合理的体力分配是赢得比赛的战术要求。学练后要积极放松,拉伸用力部位。教学手段的选择尽量多样化,以减缓心理疲劳,提升学生的学练积极性,促进学生的机体得到全面刺激。该项群不同项目间的练习方法和手段可以相互借鉴。

(二) 技能主导类难美性项群运动能力提升的实施要点

该项群的核心教学问题是成套动作的完成和创编。因此，在日常教学中，首先要通过系统的学习来提高学生动作的质量，在动作路线、方向、节奏、力量和连贯性方面做到规范、准确。其次，要在学生的面部表情、动作姿态和动作的连接上有相应的要求，在与音乐的紧密联系上实现动作与情感表达的高度统一，体现成套动作的完整性和艺术感染力。最后，成套动作的创编成为该项群实践过程中最为重要的环节。该项群成套动作的创编要表现出目的性、合理性和有效性的项群特征。在成套动作的编排中，要遵循人类文明漫长历程中固定下来的形式美法则：整齐、对称、比例、均衡、对比、和谐、层次、曲线、节奏和多样化统一。①

(三) 技心能主导类准确性项群运动能力提升的实施要点

根据射击、射箭动作结构、程序的共同特点，归纳起来，其基本功可由稳定功、击发(撒放)功、运枪(举开)功三部分组成。对于该项群，学生的基本功训练是教学的重要内容，并应贯穿学习的始终。在教学中，应侧重于意志品质及心理自控能力的提高。心理训练和技术训练、战术训练相互依存、相互制约、相互促进，不能将它们割裂开来，孤立地看待不同的训练，而应将心理训练与技术训练、战术训练有机结合，使它们融为一体，全面发展学生的专项运动能力。通过变换训练条件提高运动员在不同条件下的比赛能力和抗干扰能力，是该项群经常采用的训练方法。如仓促进行射击的训练、在组与组之间有意拖延时间、射击开始时间早晚不定、单组快速发射、长时间举枪等候发射等，都是该项群经常采用的训练方法。②

(四) 技战能主导类项群运动能力提升的实施要点

1. 技战能主导类隔网对抗性项群

该项群的运动项目都是在快速多变的移动后完成击球动作的，其移动主要靠各种步法及其组合，因此步法和结合步法的技战术学练是其主要且重要的内容。教学中，要培养学生全面观察来球，迅速进行判断并做出决策的能力，重视快速移

---

① 王宏.技能主导类表现难美性项群的竞技特点与训练要求[J].中国体育教练员,2016,24(4):6-9.

② 郭权.技能主导类表现准确性项群的竞技特征与训练要求[J].中国体育教练员,2017,25(1):5-8,14.

动步法的教学,强调重心转换的作用和连续击球的重要性,注重各类技术动作的转换和有效衔接,利用上肢、肩带和腰腹的肌肉爆发力击球并迅速还原回位。发球技术的选择与运用、发球目的的设计都要具有明显的战术目的:直接得分或破坏对方接发球和进攻。接发球技术的选择、运用与目的设计同样具有明显的战术目的。[①] 在发接发训练中,要注意力量、速度、旋转、弧线和落点的变化,并融合战术要素,结合实战要求,加强学生心理稳定性的对抗练习,对发接发及之后的击球提出明确的要求。该项群技术动作细腻,攻防转换频繁,球速快,变化多,各种技术间有一种相互承接的关系,可以依据这种关系安排教学内容,组织教学。比如,对排球的"发球和接发球""垫球和传球""传球和扣球""扣球和拦网",可以采用技术串联的形式组织教学,提升学生的实战运用能力。

2. 技战能主导类同场对抗性项群

该项群的运动特征对学生体能、技战术能力、心理能力、意志品质等多方面提出较高要求。由于该项群都是集体项目,学生在场上有明确的位置分工,技战术及体能要求具有明显的位置特征,因此要处理好全队与个体之间的关系。在教学中,要合理分配基本技术和实战战术的比例,既要保证基本技术的规范、准确,又要重视实战战术的应用。要强化组合技术和位置技术的教学,在分工、合作的基础上处理好个人战术、小组战术与集体战术之间的有效衔接和能效叠加,加强队员对战术知识的学习、战术经验的积累。[②]

"结构化"是当前新课程教学改革的高频热词,是通过整体去认识部分,并在发现联系规律的基础上,为部分找到相应的位置和来源的一种方法策略。"从大处着眼、小处着手"的高中体育专项课程教学内容结构化设计,可以帮助体育教师从整体上把握教学内容结构,提升课程教学的设计和开发能力。借助数字化工具,逐步实现高中体育专项课程教学内容结构化设计的数字化转型,实施高中体育结构化重组教学,对完善体育与健康课程体系建设,促进体育与健康新课标、新教材在教学实践中的有效推进,全面培育学科核心素养,具有积极的现实意义。

---

① 高玉花.技战能主导类隔网对抗性项群的竞技特征及训练要求[J].中国体育教练员,2016,24(4):10-13,17.

② 李静.技战能主导类同场对抗性项群的竞技特点及训练要求[J].中国体育教练员,2017,25(1):9-11.

参考文献

1. 中华人民共和国教育部.普通高中体育与健康课程标准(2017年版2020年修订)[S].北京:人民教育出版社,2020.

2. 布鲁纳.教育过程[M].邵瑞珍,译.北京:文化教育出版社,1982.

3. 冯忠良,冯姬.教学新论——结构化与定向化教学心理学原理[M].北京:北京师范大学出版社,2011.

4. 刘月霞,郭华.深度学习:走向核心素养(理论普及读本)[M].北京:教育科学出版社,2018.

5. 郭元祥.深度教学——促进学生素养发育的教学变革[M].福州:福建教育出版社,2021.

6. 刘徽.大概念教学:素养导向的单元整体设计[M].北京:教育科学出版社,2022.

7. 范印哲.教材设计导论[M].北京:高等教育出版社,2003.

8. 熊彼特.经济发展理论[M].何畏,易家祥,译.北京:商务印书馆,1990.

9. 中国社会科学院语言研究所词典编辑室.现代汉语词典[M].7版.北京:商务印书馆,2016.

10. 顾明远.教育大辞典[M].简编本.上海:上海教育出版社,1999.

11. 钟启泉,汪霞,王文静.课程与教学论[M].上海:华东师范大学出版社,2008.

12. L.W.安德森,D.R.克拉斯沃尔,P.W.艾雷辛,等.学习、教学和评估的分类学[M].皮连生,主译.上海:华东师范大学出版社,2008.

13. 朱伟强.体育课程模式[M].天津:天津教育出版社,2011.

14. 林恩·埃里克森,洛伊斯·兰宁.以概念为本的课程与教学:培养核心素养的绝佳实践[M].鲁效孔,译.上海:华东师范大学出版社,2018.

15. 上海市中小学(幼儿园)课程改革委员会.普通高中教科书体育与健康必修(全一册)[M].上海:上海教育出版社,2023.

16. 国家体育总局青少年体育司,国家体育总局篮球运动管理中心.中国青少年篮球训练教学大纲[M].北京:北京体育大学出版社,2012.

17. 季浏,钟秉枢.普通高中体育与健康课程标准(2017年版)解读[M].北京:高等教育出版社,2018.

18. 冯忠良,伍新春,姚海林,等.教育心理学[M].3版.北京:人民教育出版社,2015.

19. 皮亚杰.结构主义[M].倪连生,王琳,译.北京:商务印书馆,1984.

20. 毛振明.体育教学论[M].3版.北京:高等教育出版社,2017.

21. 王瑞元,孙飙.运动生理学[M].6版.北京:人民体育出版社,2022.

22. 杜泽·邦帕,迈克尔·卡雷拉.青少年运动员体能训练[M].尹晓峰,等,译.上海:上海文化出版社,2017.

23. 田麦久.运动训练学[M].2版.北京:高等教育出版社,2017.

24. 陈佩杰,王人卫,胡琪琛,等.体适能评定理论与方法[M].哈尔滨:黑龙江科学技术出版社,2005.

25. 王卫星.体能训练理论与实践[M].北京:高等教育出版社,2012.

26. 罗伟柱,邓星华.体育深度教学:体育学科核心素养培育的应然进路[J].体育学刊,2020,27(2):90-95.

27. 郭元祥,李炎清.论学生课程履历及其规约[J].课程·教材·教法,2016,36(2):17-23.

28. 熊焰.项群训练理论发展若干问题思考[J].中国体育教练员,2019,27(1):8-10,18.

29. 田麦久.项群训练理论向项群理论的拓展[J].中国体育教练员,2019,27(1):3-7.

30. 钟启泉."优化教材"——教师专业成长的标尺[J].上海教育科研,2008(1):7-9.

31. 杨秋颖,董翠香,柴大任.基于教材本质的体育教材概念辨析与反思[J].体育学刊,2018,25(3):85-90.

32. 殷荣宾,季浏.基础教育体育课程内容改革的现实诉求与路径[J].体育学刊,2015,22(5):75-80.

33. 柴如鹤.建构有效衔接的大中小学体育教材内容体系的必要性[J].体育学刊,2011,18(6):91-93.

34. 于素梅.一体化体育课程内容体系的建构[J].体育学刊,2019,26(4):16-21.

35. 王鉴,王文丽.结构化理论视角下的课堂教学变革研究[J].山西大学学报(哲学社会科学版),2019(3):91-99.

36. 王乐,熊明亮.体育课结构化技能教学的内涵阐释与应用路径[J].体育学刊,2020,27(1):104-110.

37. 郭巍,李丽,国屾.对结构化教学的理解与应用[J].中国学校体育,2018(7):54-55.

38. 张震.整体性与独特性:体育知识基本问题的具身哲学阐析[J].体育科学,2021,41(6):68-77.

39. 吴桥.体能教学内容一体化的架构策略研究[J].中国学校体育,2020(9):21-22.

40. 尹志华.论核心素养下体能与运动能力的关系[J].体育教学,2019(2):7-10.

41. 张玲.试论自由体操与竞技健美操之间的运动技能迁移[J].辽宁体育科技,2006,28(2):71-72.

42. 于松江,陆雯,杨森.两侧性迁移在高校运动项目训练中应用的文献综述[J].体育风尚,2020(4):91.

43. 董文梅.运动技能分类的新视角及运动技能"会能度"的调查(二)[J].体育教学,2009(8):43-45.

44. 于素梅.运动需求理论建构——兼论学校体育运动项目分类[J].体育学刊,2019(6):1-7.

45. 郭权.技能主导类表现准确性项群的竞技特征与训练要求[J].中国体育教练员,2017,25(1):5-8,14.

46. 李静.技战能主导类同场对抗性项群的竞技特点及训练要求[J].中国体育教练员,2017,25(1):9-11.

47. 高玉花.技战能主导类隔网对抗性项群的竞技特征及训练要求[J].中国体

育教练员,2016,24(4):10-13,17.

48. 王宏.技能主导类表现难美性项群的竞技特点与训练要求[J].中国体育教练员,2016,24(4):6-9.

49. 荣俊杰.上海市高中体育专项化教学的优化研究[D].上海:华东师范大学,2020.

50. SHAPE American. Grade-level outcomes for K-12 physical education [R]. Reston,VA:Author,2013.

后 记

写作是一个漫长、枯燥的过程,更何况是第一次完成二三十万字的书。这让我深感与以往写论文完全不一样,是一次非常艰难的跋涉,需要百分之百的心力和智力。我常常会在一个词语的使用上反复斟酌,因为越研究越发现要把一种来自实践中看似简单、实则复杂的现象上升到理论高度并叙述清楚,并不是一件容易的事情。

目前,对高中体育结构化重组教学的研究尚处于初步发展阶段。呈现于读者面前的这部拙作,与其说是研究成果,不如说是研究的新起点。本书力图将科创界"组合创新"的理念运用于高中体育课程教学内容的组织过程之中,勾勒出高中体育结构化重组教学的大致轮廓,提出一些基于结构化重组教学实践的粗浅思考和观点,以期与广大同仁共同进行深入探讨。

数字工具的使用和完善是结构化重组教学的重要支撑和持续保障。高中体育结构化重组教学下一阶段的研究将以数字工具的迭代升级为主,推动数字工具从目前的 1.0 版本向 2.0 版本演进。相信随着用户数量的不断增加以及大量的数据积累,阶段性出现的问题将会得到修正,进而更好地服务体育教学。

本书的编写和出版得到了上海市静安区教育学院领导的大力支持和帮助,在此表示诚挚的谢意。我还要感谢两位评议专家:上海体育大学党委常委、副校长唐炎教授和上海市新中高级中学原校长徐阿根老师。他们从开题、中期报告到结题,一路关注,细致耐心地审阅与修改,并提出了很多建设性的意见。从他们身上,我感受到了体育教学的严谨和细致以及甘为人梯的奉献精神。

我要感谢"学科核心素养视域下高中体育与健康专项课程教学结构化内容体系研究(以篮球为例)"课题组成员,他们是:市西中学丛聪老师,民立中学孙亮老师、杨靖老师,华东模范中学冯巍老师,新和中学李贺老师,彭浦中学金超老师,新中高级中学殷永志老师,上海大学市北附属中学王嘉庆老师。他们在整个写作过程中给予我极大的帮助,无论是一次次的电话沟通或微信联系,还是阶段性集中会议时对课题内容的修改意见,都是督促我不断前进的无尽动力。

最后,还要特别感谢上海教育出版社李祥编辑,他认真细致地编校文稿,多次电话沟通,指出不足并给出建议,让我感受到了他对工作的热爱和敬业,体现出极高的专业素养和职业精神。

美国苹果公司联合创办人乔布斯曾说,"我此生意义在于改变世界"。他的创造的确给世界带来了变化。他还说过,要学习掌握各种各样的知识和技能,然后把学到的所有一切整合起来,去开创自己的事业。对此,我也深有体会:看似非常艰难的事,只要你静下心来专注地去做,最终会成就你的目标。作此后记时正值弃旧从新的腊月底,且用雪莱的诗句收尾吧:"冬天来了,春天还会远吗?"

陈　峰

2024年1月

《高中体育结构化重组教学》参考资料

参考资料包括四方面内容：(1)体育结构化教学、教研案例；(2)高中篮球专项课程教学结构化内容体系；(3)篮球专项综合测试评定；(4)上海市静安区高中体育专项课程教学结构化内容实施现状调查问卷。这些资料可以帮助读者深入理解书中的相关内容，对于开展结构化重组教学实践具有重要的参考价值。

扫描二维码即可查看，欢迎提出宝贵意见。

参考资料

图书在版编目（CIP）数据

高中体育结构化重组教学：学科核心素养视域下高中体育与健康专项课程教学结构化内容体系研究：以篮球为例/陈峰著.—上海：上海教育出版社，2024.4
ISBN 978-7-5720-2621-8

Ⅰ.①高… Ⅱ.①陈… Ⅲ.①篮球运动－体育教学－教学研究－高中 Ⅳ.①G633.962

中国国家版本馆CIP数据核字(2024)第078411号

责任编辑　李　祥
审读编辑　朱　彦
封面设计　周　吉

高中体育结构化重组教学
——学科核心素养视域下高中体育与健康专项课程教学结构化内容体系研究：以篮球为例
陈　峰　著

出版发行	上海教育出版社有限公司
官　　网	www.seph.com.cn
地　　址	上海市闵行区号景路159弄C座
邮　　编	201101
印　　刷	上海颛辉印刷厂有限公司
开　　本	700×1000　1/16　印张 15
字　　数	235千字
版　　次	2024年5月第1版
印　　次	2024年5月第1次印刷
书　　号	ISBN 978-7-5720-2621-8/G·2314
定　　价	75.00元

如发现质量问题，读者可向本社调换　　电话：021-64373213